刑法学习定律

封面题字：周 光 权
扉页篆刻：简阅楼主

刑法学习定律

第二版

周光权 著

图书在版编目（CIP）数据

刑法学习定律／周光权著． -- 2 版． -- 北京：北京大学出版社, 2024.11． -- ISBN 978-7-301-35548-0

Ⅰ．D914.01

中国国家版本馆 CIP 数据核字第 2024T5H395 号

书　　　名	刑法学习定律（第二版）
	XINGFA XUEXI DINGLÜ（DI-ER BAN）
著作责任者	周光权　著
责任编辑	孙　辉　方尔埼
标准书号	ISBN 978-7-301-35548-0
出版发行	北京大学出版社
地　　　址	北京市海淀区成府路 205 号　100871
网　　　址	http://www.pup.cn　http://www.yandayuanzhao.com
电子邮箱	编辑部 yandayuanzhao@pup.cn　总编室 zpup@pup.cn
新浪微博	@北京大学出版社　@北大出版社燕大元照法律图书
电　　　话	邮购部 010-62752015　发行部 010-62750672
	编辑部 010-62117788
印　刷　者	南京爱德印刷有限公司
经　销　者	新华书店
	880 毫米×1230 毫米　A5　13.375 印张　265 千字
	2019 年 10 月第 1 版
	2024 年 11 月第 2 版　2025 年 2 月第 2 次印刷
定　　　价	68.00 元

未经许可，不得以任何方式复制或抄袭本书之部分或全部内容。
版权所有，侵权必究
举报电话：010-62752024　电子邮箱：fd@pup.cn
图书如有印装质量问题，请与出版部联系，电话：010-62756370

【作者简介】

周光权，清华大学法学院教授、博士生导师，教育部"长江学者"特聘教授，入选国家百千万人才工程（国家级人选），享受国务院政府特殊津贴。现为第十四届全国人大常务委员会委员、全国人大宪法和法律委员会副主任委员。兼任中国犯罪学学会常务副会长、中国法学会检察学研究会副会长、最高人民法院特邀咨询员、最高人民检察院特约监督员，担任中共山东省委、福建省委、河北省委法律顾问，是全国二十余家司法机关专家咨询委员、专家顾问。

主要研究领域：中国刑法学、比较刑法学等。出版《刑法客观主义与方法论》《刑法公开课》等专著十三部；合著、主编、参编刑法学著作三十余部。在《中国社会科学》《中国法学》《法学研究》等刊物发表论文三百多篇，获得省部级奖励十余项。

【内容简介】

本书系统介绍了刑法学习的若干具体方法，汇集了周光权教授二十多年来在清华大学法学院指导刑法学博士研究生、硕士研究生的内心感悟。本书从刑法学的独特魅力、学习刑法应先储备哪些知识、重点从老师那里学什么谈起，然后依次对如何形成比较研究方法、如何高效地阅读、如何形成刑法思维、如何把论文写得更好、如何看待刑法立法、如何学习犯罪论、如何训练刑罚思维、如何面对生活经验、如何沟通理论与实践等18个问题进行了深入的讨论，语言生动活泼，讨论的问题与时俱进。作者问题意识强烈，竭力将传统上似乎难以言传的"师傅带徒弟"的过程付诸文字，能够帮助刑法学研习者少走弯路，同时能够感受到学习刑法的愉悦。

第二版序

本书第一版出版于 2019 年，到 2022 年秋季，三年间先后印刷了六次。对于读者的厚爱，我一直诚惶诚恐，深感有必要将这本书打磨得更好，以回报读者诸君的厚爱，修订这本书的必要性也就凸显出来了。

到清华大学法学院任教 20 多年来，我越来越认识到，刑法导师的任务重点不在于教学生思考什么，而在于教学生如何思考。在这个过程中，需要倾听不同的声音，包括学生们的声音，对于不同的观点不带偏见地予以评价，冷静地思考不同观点中是否有合理的成分，对于实践难题的解决是否有帮助，然后给予学生必要的提示、鼓励，让他们多思考、多写作。我觉得，只有这样做，学生才会有所收获，老师也才能在与学生的讨论中实现教学相长。

这次修订，增加了两章。其中一章是定律 14，"善于运用刑法展开论证"，分别讨论了什么是法学领域的论证和说服，展开论证的前提，如何为论证准备"武器"，以及刑法论证的技巧与方法的具体展开。另外一章是定律 17，"在刑法学习中保持反思能力",我认为对我国刑法学的发展应当充满自信,同时要看到我国刑法学研究方法论方面还有很多值得我们认真总结的地方,以及在未来的刑法学习中如何进一步提升反思能力。

此外,还新增了如下内容:(1)在定律5"学会高效阅读刑法文献"中增加了一节,提示各位在刑法学习中要善于总结,可能还需要一个《"不必读"书单》;(2)在定律18"必须持之以恒地学习"中增加了一节"寻找形成本土刑法理论的契机";(3)对客观归责论的实际意义,尤其对哪些案件的处理、哪些司法解释规定认同这一理论进行了展开;(4)对如何贯彻功能主义刑法观,如何看待刑事判决等问题,进行了阐释;(5)对于刑法实践如何接纳生活经验和生活常识,增加了一些例证。总体而言,第二版比第一版的解说更为详尽,基本将我近年来关于刑法学习方法的很多新思考融入其中。

写书已然不易,修订一本不属于学术著作的书更为不易。尽量使这本书不落后于时代,且被刑法爱好者所认同,是我所期待的。

周光权

2024年5月8日

晚窗举盏读书灯（代序）

在每一个人都渴望独立自由发展的今天，"好为人师"已然接近于贬义。但我还是压抑不住"好为人师"的冲动，理由有三：

首先，我本就是教员"一枚"，说我"好为人师"倒也符合事实。老师是一个靠说话维持生计的行业，三尺讲坛，不说"不足以平民愤"，滔滔不绝，指指点点，没有办法。

其次，年龄越大越愿意分享所谓的"人生经验"，谆谆教导下一代，这好像是规律。"在日本的民间传说中，人的生命被划分为五部分。'10岁，是个动物；20岁，是个疯子；30岁，是个失败者；40岁，是个骗子；50岁，是个罪犯。'在这一让人欢乐的评估外，有人补充道：'60岁，一个人开始劝告自己的朋友；70岁（意识到无论说什么都会被人误解），保持沉默，被视为圣人'。"〔美〕詹姆斯·克里斯蒂安：《像哲学家一样思考（第11版）》（上），赫忠慧译，北京大学出版社2015年版，第161页〕看一下我的发型，就知道我长得有些"着急"，因此，50岁一过内心里就直奔60岁才适合展开的"开始劝告自己的朋友"这一主题，也属正常（本书出版以后，我准备筹划一下如何"保持沉默")。

最后,"法学教学不仅是向学生介绍必要的法律知识,而更要教会其进行法学研究和运用法律的方法"〔〔德〕托马斯·M.J.默勒斯:《法律研习的方法:作业、考试和论文写作(第9版)》,申柳华等译,北京大学出版社2019年版,第4页〕。即便我不想当谁的人生导师,但我作为一个过来人讲一讲"我眼中的"或者"我自己体会到的"刑法学习方法,说说自己学习、研究过程中的内心感受、个体性认识,总是没有"社会危害性"的,因为这样多多少少可以让现在以及未来有意研习刑法学的人少走弯路,走得更快、更远,让"后浪"们势头强劲!

我1999年进入清华大学工作,2000年开始指导硕士研究生,2006年开始带博士研究生,到今年已然20个年头。我指导的学生进校后,我都会在不同的时间和他们聊聊学习方法问题,内容基本上是想到哪儿就聊到哪儿。这些聊天内容,成为本书的素材。本书系统介绍了学习刑法的若干具体方法,汇集了我20年来在清华大学法学院指导刑法学博士研究生、硕士研究生,以及为本科生授课时的许多体验和感悟。

经常和比自己年龄小很多的孩子们"一块儿混",就感觉自己是一个"老小孩儿",时间一不小心就从指尖溜走了,真的如白驹过隙。无论你如何恋恋不舍都没有用。漫步在这个人来人往、颇有历史沧桑感的校园里,任何人都会有细若尘埃的感觉。这种感觉，随着年龄的增长会越来越强烈。刚入大学校园或即将进入大学校园的学子们大多意气风发，满怀治国平天下的一腔热血，但随着时间的流逝慢慢会产生"很多事都搞不定"的情绪，甚至偶尔会有挫败感。学生如此，老师也不例外。其实，在这个偌大的园子里，每个人能够做的都极其有限，重要的是你的每一天是不是都过得真实和充实。

在清华大学法学院工作20年来，我好像没有做过太多值得回味的事，虽然指导的刑法学博士生和硕士生、法律硕士加起来也有一百多人，但总是忙于"迎来送往"，在因材施教、潜心育人方面下的功夫总是觉得不够。讲了上千节课，与学生谈话数百次，修改论文无数篇，但在刑法学习的方法方面仅有只言片语，有时想来真是憾事，正可谓"烛残漏断频欹枕，起坐不能平"（李煜：《乌夜啼·昨夜风兼雨》）。因此，这次下决心尽可能详尽地梳理一下自己关于刑法学习方法的体会。我先从刑法学的独特魅力、学习刑法应先储备哪些知识、重点从老师那里学什么谈起，然后对如何形成比较研究方法、如何高效地阅读、如何思考刑法问题、如何把论文写得更像样、如何看待刑法立法、如何学习犯罪论、如何训练刑罚思维、如何面对生活经验、如何沟通理论与实践等16个问题进行了深入讨论，我想尽力将传统上似乎无法言说的"师傅带徒弟"的过程付诸文字，希望能够帮助刑法学研习者少走弯路，在轻松、愉快的学习氛围中体会刑法学的真谛。本书没有使用华丽的辞藻，且不免有记流水账之嫌，但尽可能真实；每一章的篇幅不尽相同，"形式美"在本书中很难实现，但尽可能把想说的话说完；罗列的问题不少，讲的却都是你所熟悉的浅显道理，但想尽可能让你有所收获。

我无意用20年的个人感受为学界同行指导学生提供"样板"，只希望记录指导同学们学习的过程，等于也是在追忆与学生们共同度过的一段人生岁月，为学生们如何学好刑法提一些建议，审视导师和学生之间可能存在的"代沟"，进而反思自己指导方法的得失，督促自己今后能做得更好，让进入清华大学的优秀学子们能得到更好一些的教育，使他们具备一些西原春夫教授所说的特殊能力。"法律家不但必须熟悉法律制度，同时还必须接受训练，掌握使自己所作出的判断能与神、佛的判断尽量接近的本领。在思想准备上，有三条是非常重要的。一是要养成一种习惯，即对于相互对立的利益，要绞尽脑汁地充分思考，而且必须拿出结论；二是培养自己掌握好寻找相互对立的利益所发生的根据，并正确把握其意义的能力；三是要具有充分理解相互对立利益持有者的心情、感情的情操和善良的心。"〔〔日〕西原春夫：《刑法的根基与哲学（增补版）》，顾肖荣等译，中国法制出版社2017年版，第198页〕

当然，我希望：这本书除可能有益于刑法专业的硕士生、博士生们学习之外，对乐于钻研刑法学的司法实务人员、刑事辩护律师以及其他刑法学爱好者也能有所帮助。

说实话，写一本并非理论刑法学的书，我还是有些诚惶诚恐。对于刑法学，自己或许都还没有"摸到门"，却要教别人学习，这多少有点让人觉得不好意思。陈平原教授曾经说过："当校长或老师的，万一遇见了'天才'，该怎么办？我的想法是，深度关切，但任其自由发展，必要时伸手扶一下，这样就行了。你自己都不是天才，按你的思路来'倾力相助'，有时适得其反。"（陈平原：《大学小言——我眼中的北大与港中大》，生活·读书·新知三联书店2014年版，第77页）我写这本书，是以自己目前尚未遇到天才为假设前提的。当然，如果你觉得自己是天才，后面的内容就可以直接忽略。

需要说明的是，对于很多专业问题（如不作为犯、客观归责论、犯罪支配说等），都会在课堂上系统地进行讨论，本书没有详细分析过于专业性、体系性的问题。传授刑法解释学的其他相关知识，不是本书的任务（稍有例外的是定律14，对罗克辛教授在刑法与刑事政策之间架设沟通的桥梁，从而影响刑法教义学的相关理论有较为详细的介绍）。顺便提及一下，如果你期待了解本书所提到的刑法学本体知识，请留意我关于刑法学研究的其他著作，如《行为无价值论的中国展开》（法律出版社2015年版）、《刑法公开课》（第1卷，北京大学出版社2019年版），等等。

流沙河先生说："写诗好比跳舞，愈老愈瘟。四肢僵硬了，腰肥了，颈粗了，脸呆了，气紧了，身不来力，力不从心……年已半百，写来写去，旧腔旧调，很不耐读，该挨骂。"（流沙河：《晚窗偷得读书灯》，新星出版社2015年版，第70页）20多年来，我写了不少刑法论文，对"年已半百，写来写去，旧腔旧调，很不耐读"的说法感同身受。不过，本书讲的是刑法学习方法，写的不是我相对驾轻就熟的刑法专业问题，因此，不属于"旧腔旧调"，勉强属于"新腔新调"。我所琢磨的只不过是想在晚窗之下，为你举一盏读书灯。

至此，我要顺势而为，祈求这本虽劳神费力但在现行考评机制下并不算学术成果的"新腔新调"不至于"很不耐读"！

周光权

2019年4月28日

目 录

定律 1　弄懂刑法学的魅力　001
　1.1　把刑法学好，才对得起在"最艰难的时刻"
　　　 与你相遇的人　005
　1.2　研习刑法"有益于身心健康"　007
　1.3　以刑法为业者的人生会比较精彩　011

定律 2　学刑法前的知识储备　015
　2.1　不同学习阶段需要储备的知识不同　017
　2.2　研习刑法需要储备相当水准的教义学知识　021
　2.3　研习刑法需要储备一定的哲学、社会学知识　022
　2.4　研习刑法需要储备涉及"学派之争"的知识　024
　2.5　研习刑法需要特别重视学习犯罪学知识　026
　2.6　研习刑法需要注重"实践理性"　032

定律 3　明确刑法学习重点　035
　3.1　学刑法教义学知识是无可置疑的"重中之重"　037
　3.2　学刑法知识不是唯一目标　046

3.3 学会培养自己持之以恒的学术兴趣、怀疑
　　 能力及想象力　　　　　　　　　　　050
3.4 跟着导师学大气：君子"和而不同"　　051
3.5 把刑法理论学得很精深，在生活中做一个
　　 温和的人　　　　　　　　　　　　　056

定律 4　带着比较眼光学刑法　　　　　　　059

4.1 只有通过比较和借鉴，才能完善中国刑法学　062
4.2 在进行比较和借鉴时，要探究德日刑法立场
　　 差异的原因　　　　　　　　　　　　066
4.3 在比较和借鉴中尽可能澄清误解　　　　069

定律 5　学会高效阅读刑法文献　　　　　　075

5.1 明确你的核心阅读目的　　　　　　　078
5.2 制订合理的阅读计划　　　　　　　　080
5.3 阅读的初阶、进阶和高阶阶段　　　　082
5.4 如何高效地进行阅读　　　　　　　　095
5.5 你可能还需要一个《"不必读"书单》　104

定律 6　培养自己的刑法思维　　　　　　　107

6.1 思考的前提：若干共识　　　　　　　110
6.2 善于结合中国的实务难题做教义学上的思考　111
6.3 一定要进行体系性思考　　　　　　　120
6.4 不宜把理论立场绝对化　　　　　　　124

定律 7　把刑法论文写得像样　131
7.1　具有明确的问题意识　134
7.2　把文献收集、利用好　138
7.3　论文的正式写作　143

定律 8　不以批评刑法立法为时髦　155
8.1　不要动辄批评立法，尽量少写立法论方面的文章　157
8.2　立法中的哪些问题可以成为你重点关注的对象　163
8.3　不要轻易说我们的立法是象征性的　166

定律 9　试着走近阶层犯罪论　171
9.1　阶层性思考属于"本土资源"，不是"外来物种"　175
9.2　四要件说在一体地解决刑法难题时明显存在缺陷　177
9.3　学理上应有的定罪逻辑　181
9.4　司法实务上究竟该如何用好阶层性犯罪论　184

定律 10　有意识训练刑罚思维　187
10.1　要保持量刑论与犯罪论的贯通　191
10.2　一定要学会区分责任刑和预防刑　193
10.3　要多留心观察实务中的刑罚裁量难题　197

定律 11　在大数据时代不迷失学习方向　203
11.1　大数据的司法运用有一定现实意义　206

11.2　必须正视发展司法人工智能在刑法领域所
　　　　　面临的困难　　　　　　　　　　　　　　208
　　11.3　大数据时代的刑事司法需要特别注意什么？　214

定律 12　使刑法判断不偏离生活经验　　　　　　　　223
　　12.1　生活经验不是情绪化的直觉　　　　　　　230
　　12.2　在哪些情况下确实需要考虑生活经验　　　234
　　12.3　回应生活经验与刑法教义学的关系　　　　245

定律 13　不能脱离司法实践学刑法　　　　　　　　　249
　　13.1　正视实践中存在的刑法适用"乱象"　　　252
　　13.2　确实存在实践"倒逼"理论的情形　　　　254
　　13.3　如何看待理论和实践似乎"脱节"的特殊
　　　　　情形　　　　　　　　　　　　　　　　　258
　　13.4　认真对待判决　　　　　　　　　　　　　263
　　13.5　如何看待司法解释　　　　　　　　　　　270

定律 14　善于运用刑法展开论证　　　　　　　　　　279
　　14.1　什么是法学领域的论证和说服　　　　　　282
　　14.2　论证的前提：了解实务现状　　　　　　　292
　　14.3　为论证准备"武器"　　　　　　　　　　296
　　14.4　刑法论证的技巧与方法：具体展开　　　　301

定律 15　在刑法学中接纳政策思想　　　　　　　　　317
　　15.1　刑事政策影响犯罪论体系的建构　　　　　321
　　15.2　刑事政策影响构成要件判断　　　　　　　323

15.3　刑事政策与违法性　　328

　　15.4　刑事政策与责任　　332

定律16　追求刑法与刑诉法的一体化　　337

　　16.1　在学习刑法过程中，必须树立刑事诉讼法上的权利保障理念　　342

　　16.2　要充分认识司法制度改革给刑法解释带来的冲击　　346

　　16.3　思考通过刑事程序实现实体法目标的可能性　　351

　　16.4　保持对刑事实务中某些做法的反思精神　　354

定律17　在刑法学习中保持反思能力　　365

　　17.1　对我国刑法学的发展应当充满自信　　367

　　17.2　我国刑法学的特色和创新性已经较为明显　　368

　　17.3　方法论上值得我们总结的经验　　370

　　17.4　学习刑法过程中如何进一步提升反思能力　　372

定律18　必须持之以恒地学习　　383

　　18.1　始终保持对学术的"纯真"　　386

　　18.2　要有探索、质疑的精神　　390

　　18.3　有意识地培养自己的学派意识，形成基本立场　　392

　　18.4　寻找形成本土刑法理论的契机　　393

　　18.5　勤于笔耕，一定要过写作关　　399

草色新雨中（代跋）　　405

定律 1

弄懂刑法学的魅力

对于很多人而言，喜欢上刑法学或者以刑事法律实务为业并非精心挑选的结果。诚如西原春夫教授所说："人生，越重大的事越是偶然决定。"（〔日〕西原春夫：《我的刑法研究》，曹菲译，北京大学出版社2016年版，"中文版序"，第5页）各位选择喜欢刑法，或者选择读刑法学研究生，目标都很明确，并且朝着这个目标做出了各种努力，但仍然可以说很多人走上这条路都是很偶然的。

说实话，我学刑法也很偶然。1988年我考上四川大学法律系，大学的前两年对自己究竟偏向哪个部门法没有想法。不过，影响我后来人生抉择的因素逐步开始显现，这主要得益于著名刑法学家伍柳村先生以及恩师陈兴良教授的提携。伍柳村教授是"教唆犯二重性论"的倡导者（参见伍柳村：《试论教唆犯的二重性》，载《法学研究》1982年第1期）。伍柳村先生在西南政法大学讲授刑法学时就"迷倒"了无数学子，不久前我还看到一些1978年或1979年前后入学的西南政法大学的本科生写文章回忆伍柳村教授的风采。他20世纪80年代末还在四川大学为研究生讲课，也偶尔为本科生做讲座，我曾听过他关于因果关系的讲座，在两个小时内将传统因果关系的理论梳理得很清楚，而且有不少他自己的想法。后来，我还多次得到伍老师的当面指点，自那时起刑法学开始吸引我。

另外，对我影响最大的是 1993 年前后的两个学期，恩师陈兴良教授到四川大学为刑法研究生讲授"外国刑法学"课程，承蒙宗建文博士、韩耀元博士大力引荐，我后来得到陈老师允许，报考了中国人民大学法学院的博士生。此后，在陈老师的指导下，我逐步走入刑法学的迷宫，徜徉其中。20 多年来，我对刑法的迷恋和热爱可以说与日俱增。

我自己觉得，如果没有伍柳村教授、陈兴良教授的影响和提携，我极有可能不会走上学习和研究刑法学的道路。

我讲这些是想说明，很多时候，与其讲刑法学有魅力，不如说引导或者指导你学习的导师有魅力。

当然，即便不考虑老师的因素，我也会觉得刑法学是非常有魅力的学科。虽然今天的刑法学已经不处于"显学"地位，但是，它在整个法学学科中的重要性仍然是无可置疑的，依然值得你去认真学习。

所以，我今天要讲讲为什么说刑法学是一个好专业，研习刑法学是一个"好行当"，这会使你今后的学习更轻松、快乐一些，而不会在学校有度日如年的感觉。

充分认识刑法学的独特魅力，学习的动力才能强劲，这是学习刑法的第一条定律。

1.1 把刑法学好,才对得起在"最艰难的时刻"与你相遇的人

刑法运用得当,就能够把社会中那些极端的案件处理得很妥当。刑法既要及时对犯罪进行惩罚,又要防止打击错误,实现不枉不纵。学习刑法时,千万不要认为它仅仅是为了满足定罪的需要而存在的。其实,没有刑法,靠一般国民的朴素情感或直觉,有时也可以把案件处理得差不多。作家叶延滨有一篇短文提道,20 世纪 70 年代初,他到秦岭山区一个部队的工厂工作时,厂政治部的康干事凭着自己的小聪明,就能够"稀里糊涂"地处理强奸、失火、爆炸等多起看起来比较复杂的案件,"想起这位'二把刀'保卫干事,就能感知那个时代的法治环境。想起他的这些故事,就发现人世间的聪明,有些是不能用条例来比量,最比量不出的恰恰是'难得糊涂'也"(叶延滨:《康干事》,载《检察日报》2001 年 9 月 22 日,第 3 版)。

在现代法治国家,对那些重大、疑难、复杂案件不能指望再用稀里糊涂的方式"摆平"即可。"法官和律师的共同点都是从事法律工作,都会与普通市民相遇在他们一生中最重要且最艰难的时刻。"([日]秋山贤三:《法官因何错判》,曾玉婷译,魏磊杰校,法律出版社 2019 年版,第 1 页)借用一句网络流行语:对于司法人员来说,你所办的不是案子,而是别人的人

生。因此，权力行使必须慎之又慎。对于社会上的恶行需要定罪处罚的，就要运用刑法去及时解决。刑法学最应该教给你的，是要对得起秋山贤三所说的那些在"最艰难的时刻"与你相遇的人。准确甄别哪些行为可能不是犯罪，是你的本领；此外，对于那些确实值得处罚的行为，在定罪和量刑时具备论证和说理的技巧，会让你获得处理复杂问题的方法论，能够明断是非，输送正义，通过准确的处罚使社会更加有序，让所有人都活得更安心，也是至关重要的。另外，需要特别注意的是，一般认为刑法为定罪提供根据。但是，由于刑法涉及对被告人的生杀予夺，因此，对刑法的运用必须慎之又慎，所有的处罚都必须有根据，刑法更是为了限制处罚，确保定罪准确，把案子办对而存在的。只有刑法以及刑法学能够确保定罪不是司法恣意的产物，让那些在"最艰难的时刻"与你相遇的人不会被冤枉。对此，西原春夫教授说："在刑法的脸中，包含着受害人父母、兄弟的悲伤和愤怒，也包含着对犯人的怜悯，更包含着对犯人将来的祈望。在充分理解犯人的犯罪动机的同时，不得不对他的犯法行为动用刑罚，而这其中必然包含有审判官的泪水。"〔〔日〕西原春夫：《刑法的根基与哲学（增补版）》，顾肖荣等译，中国法制出版社2017年版，第195页〕如此说来，学习刑法，是学习一种社会治理技巧，同时也是学习一种惩罚犯罪和保障人权之间的"平衡术"。因此，研习、运用刑法的人，是社会中比较独特的法律人。

1.2 研习刑法"有益于身心健康"

研习刑法能够"劳其筋骨,饿其体肤"。刑法学教授大多心情愉悦、身体健康。就这一点而言,国内外的教授概莫能外。2015 年 10 月初,我们几个中国刑法教授去早稻田大学参加第五届中日刑事法研讨会,抵达东京的当晚,日方举行欢迎晚宴,当时已 88 岁高龄的西原春夫教授亲自驾车赴宴,让我们很吃惊,可是日方教授似乎都见惯不怪!

研习刑法为何有益于身心健康,不是一两句话可以说清楚的。我觉得最为重要的可能有两点:

一方面,"除了生死,都是小事"。研习刑法的人,对各种各样的案件见得太多了,那些打打杀杀的"人命"案子很大,涉及别人的人生,但在研习刑法的人看了,也不过是千千万万案件中的一个,看得多了,也就内心豁达了。

另一方面,可能是因为刑事法律分析比较"养人":面对那些极端案件,学刑法的人必须心平气和地思索和阐述问题。清晰明了地表达自己的观点就是一种愉悦,而表达有助于人的身体健康。存在通常是通过表达来体现的。在网络社会,各位"刷存在感",不说话也可以,发一个微信朋友圈就行了。但是,过去想要"刷存在感"就要靠语言表达。在法学教授中,尤其刑法学教授的表达欲较为强烈,定罪或不定罪,都"兹事体大",不用尽"洪荒之力"怎么能够说服别人。2015 年 11 月 11 日（也就是年轻人所说的"光棍节"），法理学家朱苏力教授在北大"跨界"主讲死刑问题，几名刑法学教授参加，和朱教授进行了一场酣畅淋漓的"肉搏战"。这种表达，确实能够起到"换气"的作用，身体里充溢着令人心旷神怡的"中气"，岂不快哉！因此，学刑法的人好像在劳心费力的过程中达到了锻炼身体、延年益寿的目的。

刑法学者大多身心健康、精力过人。在这方面，我要特别提一下意大利刑法学者菲利。"菲利一生追求科学和理想，取得了非凡的成就，他 22 岁就出版了专著，被公认为实证派刑事科学的领袖。菲利还是一个非常成功的出庭律师和当时意大利最著名的法庭辩论家、国会议员、社会主义报纸的主编、公共演说家、大学教授、许多备受尊崇的学术著作的作者和一份影响最大的杂志的创办者，他举办了 2300 多场学术讲座、600 多场公共讲座，他举办了数千场政治演说，涉及的题目有 40 多个。"（〔意〕恩里科·菲利：《犯罪社会学》，郭建安译，中国人民公安大学出版社 2004 年版，第 12 页）试想，一个刑法学者能够做这么多有益于社会的大事，没有强健的体魄，怎么可能成功？

刑法学教授之所以身心健康，还因为他们大多有很多业余爱好。比如，高铭暄教授酷爱唱京剧。在学术研讨会的晚宴上，高老师经常会应邀"引吭高歌"几段京剧。2019 年 1 月 17 日，"燕大元照"微信公众号推送了《"不务正业"的法学家》一文，其中提到法学家的"正业"是法学教学、研究、写作，但很多法学家还有"别业"：舞文弄墨、吟诗作画、唱戏放歌，或观影评剧，术业专攻和多才多艺相得益彰，这些非正业之业成为法学家人文性、趣味性的重要呈现方式。在这篇短文中，分别提到了高铭暄教授、苏力教授、王人博教授、林维教授、何家弘教授以及我本人等，共7人，刑法学教授占"三席"。我还曾和林维教授"飙诗"（参见林维：《深夜我回到故乡》，载《人民司法》2017年第30期；周光权：《读林维〈深夜我回到故乡〉有感》，载《法制日报》2019年1月15日，第9版）。刑法学教授偏离正业，似乎都比较"好玩"、贪玩，由此可见一斑。确实，研习刑法"真心不易"，所以逼迫很多人去"苦中作乐"，在学习刑法的过程中形成某些很有趣的业余爱好，这其实也是刑法学的魅力。

另外，刑法学者的钟爱随着年龄的增长还会发生变化，例如，有少数刑法学教授晚年转而研究佛教。就此而言，日本的代表性人物是小野清一郎教授，"小野是佛教徒，他本人可以说是日本佛教界的泰斗"［李海东主编：《日本刑事法学者》（上），法律出版社、成文堂1995年版，第129页］。我国台湾地区的代表性人物则有林东茂教授等。

一方面，是因为在这些教授看来，佛教和刑法之间存在贯通理解的可能性：犯罪只不过是社会当中的一段恶缘，刑法就是要处理这段"恶缘"。比如，林东茂教授就曾指出，一般认为刑法会限制个人自由。但是，刑法是通过限制少数人在某些时点的自由这种方式,创造出了更多自由。"至此方知,幽幽之中,刑法亦事生产,有其社会功能。此社会功能发自恶缘的贬抑、责难与否定。"［林东茂:《刑法综览》(修订五版),中国人民大学出版社 2009 年版,第 10 页］按我的引申理解,这里的"恶缘"是对规范关系加以破坏的结果。犯罪是一段"恶缘",意味着犯罪是对规范秩序的破坏。规范关系意味着社会当中的底线秩序。刑法的功能在于恢复社会关系当中被犯罪所破坏的规范关系、规范秩序,也就是说,社会的存在,或者说社会之所以有意义,是因为有规范存在,有规范对一般人的行为进行指引、设定处罚体系。如果说社会有意义是因为有规范,那么,社会就是因为规范而存在的,而不是规范因为社会而存在。在这个过程当中,犯罪行为是对这个规范网络的破坏,是对这个规范网络当中某一段的破坏。所以,林东茂教授讲犯罪是一段"恶缘",是有道理的。既然犯罪意味着是结下了一段"恶缘",刑法就要了结它。把这一段"恶缘"终结,最终目的是让人们生活得安心,确保人们的生活有秩序。当然,刑法要圆满应对"恶缘"的兴灭,要保障最大可能的个人行动自由,在立法和司法上当然就要保持谦抑、谨慎。否则,就可能使因为各种原因卷入其中的无辜者遭受灭顶之灾［参见林东茂:《一个知识论上的刑法学思考》(增订 3 版),五南图书出版股份有限公司 2007 年版,第 6 页］。

另一方面,可能是这些教授在人生历程中对世间各种不平事看多了,因而认为事后的刑罚处罚并不能拯救人,转而求助于拯救人心的宗教，想来也不奇怪。当然，这也使他们晚年更加心平气和，长寿当在情理之中。

写到这里，需要为思考刑法有益于身心健康提供一些例证：团藤重光教授（1913—2012年），享年99岁；小野清一郎教授（1891—1986年），享年95岁；西原春夫教授（1928—2023年），享年94岁；耶赛克教授（1915—2009年），享年94岁；王作富教授（1928—2022年），享年94岁；伍柳村教授（1912—2006年），享年94岁。国内外长寿的刑法学者还有很多，无法全部列举。无论如何，一边研究刑法，一边享受着看似平平淡淡的生活，想必是难得的人生境界。

1.3 以刑法为业者的人生会比较精彩

研习刑法者大多充满激情、"干劲十足"，甚至有些"生猛"，人生因此而多彩多姿。

学过刑法的人，身上一定有"印记"，看看那些学过刑法又去做公诉人的毕业生就什么都明白了：一个很温和的人，在做了检察官之后，也许是因为总是跟罪犯打交道，跟家里人说话时，即便不像讯问犯人，也会非常有进攻性。无论家里人说什么，他可能都要去辩驳、批评，都要说家里人不对，做了检察官之后，回家说话总是"中气十足"，一定要在气势上压倒对方，让父母怀疑是不是回来了一个"假孩子"。有的法科毕业生到司法实务部门工作以后,刚通过法律职业资格考试,便觉得自己特别厉害,看见谁都觉得不顺眼,恨不得判他个三年五载。实际上,这也很正常。检察官、刑事法官用得最多的是刑法,他们的言行举止都打上了刑法的烙印。所以,刑庭的法官和民庭的法官一看就是有区别的。民庭的法官总是和颜悦色地调解,而且经常把两方都安抚得很好。但是,刑庭的法官是不做这个工作的。再公正、客观、温和的刑庭法官,对待被告人也会有严厉的一面。刑庭的法官穿着法袍坐在法庭上,立即"霸气外露",被告人便不敢说什么,因为被告人毕竟是被司法力量所控制的。所以,刑法要达到这样的目的,在手段上就要通过限制自由或者以阴森森的面目出现,通过限制自由这种最后的手段来保护规范关系,保护底线的秩序。这是为了让所有人都生活得更安心、更自由。

与检察官相比,刑法学教授的"印记"有时候可能更明显,他们的表现更"生猛"。一般人都会认同这样的结论:法学院的教授"猛于虎",院长是看守"猛兽"的人。刑法学教授在其中可能算是最"调皮捣蛋"的人。这方面的例子为数不少。弗莱彻是哥伦比亚大学很有名的刑法学教授,他出过一道刑法学考试题,结果引起轩然大波。在试题的假设事例中,一位受到强暴的女性对施暴者表示感谢,说是施暴结果有意想不到的好处。这下惹了大祸,谴责之声如潮水般汹涌而来。哥伦比亚大学法学院的院长不得不出面找弗莱彻教授谈话，说他的试题可能违反了"性骚扰法"。不过，院长和弗莱彻说话时也很小心。只说"可能"（possibly）不合法，"有可能违反"（may have violated）了"性骚扰法"（参见朱伟一：《法学院》，北京大学出版社2014年版，第41页）。

其实，对于刑法学教授的小调皮，法学院院长的办法真不多。刑法学教授之所以比较调皮，我的感觉是，因为这个专业比较特殊，其"做派"要么喊打，要么喊杀，处罚结果不是让被告人被杀头就是蹲大牢，总之结果让人有压抑感，因此，刑法学教授偶尔活跃一下"气氛"，这也是可以理解的。当然，这丝毫不意味着我赞成弗莱彻出的那道题，我认为他做得有点过了！

虽然大多数刑法学教授不可能像弗莱彻那样"生猛"，但是，一定有独特魅力。因此，法学很值得玩味，学起来会很有趣。其中，刑法学会更让人"心旷神怡"，坚持学下去你会有意想不到的收获。

说来说去，对于刑法学的魅力，我最想说的是：这是一个重视体系性思考、注重说理且非常成熟的学科，学习刑法是一项"益智活动"。

不过，我得诚实地说：如果你仅仅是为了找工作或挣钱方便，刑法学或许不是太好的专业。过去刑法是"刀把子"，从事刑事审判的人"牛气冲天"，提拔也快，学刑法的研究生也大多有一股"执掌天下"的豪情壮志。但随着市场经济的发展，情况变了，似乎中了涂尔干在《社会分工论》一书中所设下的魔咒——社会分工越细、经济越发展,刑法的作用越有限。所以,现在最吃香的专业是民法学、商法学、经济法学,刑法学已然不是"显学"。

　　看到这里,你想"转行"还来得及。不过,即便你去学民商法学那些显学,由于学习定律上具有相通性,后面的文字也许对你还是有帮助的,所以,你不妨继续往下读。

定律 2

学刑法前的知识储备

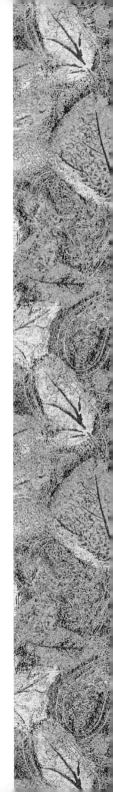

我们终其一生所能够积累的知识，其实也不过是"沧海一粟"，关于"随着年龄的增长，知识就会增长"的话，你不要太当真。就刑法学而言，其实学得越多，越应该有一种"无知感"，如果你仅仅看了几本刑法学教科书以后，在知识方面就很自负，甚至天不怕地不怕，那就真的是有勇无谋。法律人的无知，甚为可怕；执掌生杀大权的刑法人的无知，更为可怕。不要忘了，苏格拉底能够以智慧闻名于世并不是因为他无所不知，而是因为他在 70 岁的时候认识到自己什么都不知道。连如此智慧的苏格拉底都这样，何况你我？

要真正学好刑法，就必须用充足的时间储备足够的知识。这与旅行前必须准备足够干粮的道理一样，只有这样，才能走得远。因此，我要特别讲一下研习刑法前的知识储备问题。

2.1 不同学习阶段需要储备的知识不同

大学本科阶段开设的所有课程，对于学生形成完整的知识结构都有意义，所以每一门课程都要认真学习，不能"挑肥拣瘦"。

刑法是关于如何认定犯罪、确定处罚必要性和具体刑罚轻重的部门法。任何一个国家，在没有刑法或者刑法制度不健全的情况下，要进行妥善的治理，是不太可能的。因此，在各部门法中，刑法学的重要性是不言而喻的。刑法学对于国家治理和训练个人思维都有特殊意义，在法学院的教学安排中，不将刑法学放在相对比较重要的位置，也可能是不太妥当的。所以，对于本科生来说，学好刑法学，对于完善知识结构，掌握应对法律问题的实际本领，具有现实意义。本科阶段是一个人知识形成的重要时期，只有在这一阶段把刑法学的基础打牢了、学扎实了，今后才能掌握坚实的法学基础理论和系统、深入的刑法学知识，这对以后或者攻读研究生学位，或者直接从事刑事立法、审判、起诉、法律服务工作，都会有所帮助。

　　本科阶段学习刑法学，必须始于学习了法学入门知识乃至民法总论、侵权责任法等部门法之后，所学的主要还是一些定罪量刑的基本知识，"知其然"即可。研究生阶段学习刑法学，要注意和本科阶段的差异，不仅要"知其然"，而且要"知其所以然"，同时要有更广泛的知识视野和知识储备。虽然想把刑法学好，但将研究生学习阶段和本科生学习阶段混同，以为手捧同一本刑法学教科书就可以走遍天下，这是绝对不应该的。你一定要知道，刑法教科书无论写得多好，都必须顾及体系性，因此都有缺陷。我写教科书的体会是，越是想做到"滴水不漏"，自己所提着的那个木桶就越容易四处漏水。所以，越是要深入研习刑法学，就越应该抛弃教科书"一本主义"。"教科书最终的、普遍的目标就是阐述在此书出版之时仍旧有效的法律。这种实证主义的思维存在着造就学生沉迷于现实情况而不去思考法律可以如何阐述的风险。"（〔荷〕扬·斯密茨：《法学的观念与方法》，魏磊杰、吴雅婷译，法律出版社2017年版，第162页）

硕士研究生、博士研究生阶段的学习与本科生阶段的学习有很多区别：本科生阶段的学习是为了培养一个心智健全的人，能够掌握各方面的通识知识。就法学学科而言，能够掌握法学各学科的基础知识，形成规范意识，能够妥善地处理简单的、相对标准的案件，在实务中加以训练，就可以办理简单的刑事案件，但处理疑难、复杂个案的能力还有所欠缺。硕士研究生阶段的学习则是为了培养一个能解决复杂问题的专门型人才，学习相对复杂的刑法理论，但对理论本身的质疑与批评相对较少，保证其毕业后在从事的实务工作中，通过训练可以办理相对复杂、疑难的案件。博士研究生阶段的学习面相对较窄，但对于特定领域的研究更为深入。博士，"不是指博大精深、博古通今、博闻强记、博物君子，而是指'术业有专攻'"〔陈平原：《读书的风景：大学生活之春花秋月》（增订版），北京大学出版社2019年版，第38页〕。在知识广度的差异上，不同的学习阶段，特别是硕士生阶段与博士生阶段的知识学习在很多方面很难体现出来，但这其中还是有区别的。本科生阶段主要是听老师讲授知识，消化吸收相关知识；硕士生阶段则需要有一定的阅读量，对于老师讲授的知识有一定的判断能力；但到了博士生阶段，应当在足够丰富的阅读基础上进行深入的反思，对于理论本身的怀疑与批评要多一些，甚至可以怀疑一切刑法知识，"怀疑人生"。在某种意义上，刑法学上所有的问题在解释上都有无限的可能。因此，理论研究不需要把某一种观点理所当然地看成是绝对正确的。

我在清华大学讲授刑法课，就很注重刑法学研究生教育和其他类型学生教育的差异。例如，清华大学法学院目前招收的法律硕士生在本科阶段都是非法学专业的，对于他们的"刑法总论"课就要和本科生的课程一样，较为系统、完整地讲，一般第一次课讲刑法的概念，第二次课讲罪刑法定原则，第三次课讲犯罪构成要件理论，如此往下讲。但在教学过程中，法律硕士的课程比本科生课程要更紧密地结合实务。如果有的法律硕士生选了刑法学硕士生的"刑法总论"课程，我会告诉他们，这门课程不是系统地讲，只讨论专题性问题，我会在前面用大约3周时间讲刑法学习方法，但是不会单纯地、空洞地去讲，会结合实务问题和案例，结合刑法理论来讲。这个学习方法其实也是刑法方法论的一些问题，是思考问题、解决问题的方法，通过讨论能够帮助我们形成独特的刑法观。然后在后面的13周里，讨论非常具体的问题，比如结果加重犯的认定、打击错误的具体符合说，等等。所以，有可能讲到某个问题的时候，一下就跳到与之关联的共犯论、未遂论。因此，学生必须之前系统地学过刑法学基础知识,看过刑法学教科书,然后再来听刑法学硕士生的"刑法总论"课,才会觉得相对比较容易,而且也会觉得有点收获。如果在本科阶段完全没有修过刑法学,没有听过刑法总论的系统课程,直接听硕士生的"刑法总论"课,可能会有点吃力,后面还要完成作业,会更有压力。因此,我大多会让他们把课程退掉,去选专门为法律硕士生开设的刑法学课程。

这样说来,研究生阶段是比较特殊的学习阶段,在硕士研究生、博士研究生阶段学习刑法,以及研究生毕业以后研究刑法,没有足够的知识储备是绝对不行的。

2.2 研习刑法需要储备相当水准的教义学知识

研习刑法,必须体系性地储备、掌握刑法教义学的本体论知识。体系性的教义学知识对研习刑法很重要。有人会质疑,其他学科的知识可能都是碎片化的,民事律师在很多情况下懂得生活常理就够了,办理离婚案件、财产继承案件就是如此。为什么对刑事法律人的知识要做体系性的、教义学化的特殊要求?这主要是因为刑事案件的认定事关重大,被告人一旦被定罪,一生就被改变了。因此,刑法理论最好没有漏洞,各种说法必须相互没有矛盾,刑法制度必须设计得很精巧,这些都对体系性的理论建构提出了严格要求。对于刑法教义学知识,在教学过程中,老师会特别强调,我在这里不详细讲。我要问的是，除了那些体系性的刑法教义学知识，你还需要掌握哪些知识？

2.3 研习刑法需要储备一定的哲学、社会学知识

学习刑法，要有一定的哲学、社会学知识背景。在现代社会，一般认为学哲学、社会学的人最有学问，我们一提起亚里士多德、康德、黑格尔，都认为他们有学问，法理学也是如此。刑法过去一直被认为是"刀把子"，凭暴力说话。但其实刑法长着慈父般的面孔，它洞察一切，宽严有度。研习刑法的人要认识到：要把刑法学研究得很透彻，就必须掌握足够的哲学、社会学知识。比如，你应该了解康德、黑格尔关于刑罚报应论的思想；知晓新康德主义对客观归责论的重大影响；也应该看看涂尔干在《社会分工论》一书中关于刑法和民法的起源、各自对于社会治理的意义、在现代社会的走向等分析。此外，你还可以阅读福柯的《规训与惩罚：监狱的诞生》一书，看看思想家们关于刑法的功能、现代刑事司法改革的长远考虑等的分析，透过这些知识，你才能明白刑法对社会发展的深远影响。例如，福柯的研究表明，现代国家通过对刑罚的灵活运用，在社会治理和管控上更为温和，但实则深入灵魂，也更为有效；涂尔干的研究则揭示出，虽然在现代国家，法人得以发展，通过合同等形成契约关系，民法能够发挥重要作用，但是刑法对集体意识形成的

影响事实上也是存在的。这样一些背景知识，应当成为你所拥有的刑法学知识"家族"中的重要成员。

研习刑法，还要学一点法哲学的知识，这样你就会发现"世界真奇妙"。比如，刑法学与刑事案件审判有关。众所周知，今天出庭接受审判的都是人，但比较法哲学的研究表明，人类历史上有审判动物的传统。1522年，一群老鼠在欧坦教会法庭受到审判，不少著名法学家为老鼠辩护，辩解理由涉及：法庭未提前发出审理公告；被告人分布广，前来出庭需要时间；过街老鼠怕猫，出庭有困难。而从公元9世纪到19世纪，西欧有200多件记录下来的对动物的审判，涉及动物30种，有的适用了死刑（例如，母猪和小猪一起咬死婴儿的，对母猪判死刑，把小猪认定为从犯，认为其认识能力、责任能力低），死刑执行方式多种多样。法哲学研究会追问审判动物的多重目的：动物没有现代刑法学所讲的"个人责任"，对其进行审判，那些可憎恨的行为才好被人所忘记；审判动物是为了让可能作恶的"人"感受到恐惧，进而放弃犯罪意念，实现对人的威慑，正所谓"杀鸡儆猴"；把犯错的动物（如狮子）钉在十字架上，可以吓走其他动物；认为魔鬼在动物身上附体，审判动物可以驱鬼；把动物视为负责任的理性人，进而要求动物出庭（参见〔美〕威廉·B.埃尔瓦德：《比较法哲学》，于庆生、郭宪功译，中国法制出版社2016年版，第18页以下）。

阅读比较法哲学著作，你可以得到很多启发：（1）我们应当更加重视自贝卡里亚以来的刑法改革，刑法更加人性化、更加理性、科学，更加重视罪刑相适应，以使我们今天的刑法改革趋势符合现代刑法发展潮流。（2）社会背景、文化背景不一样，对违法的"评价"态度就有所不同。认为动物的行为也是不法、不合时宜，动物也可以造成损害，但不法是规范的概念而非单纯造成损害意义上的事实的概念。（3）刑法是一种规则。刑法学是一种思维方式、推理方式，是更大的认知框架的一部分，反映时代的形而上学和情感。当然，你还可以得出其他思考结论。但无论如何，研习刑法时需要思考的关联性问题还有很多。

2.4 研习刑法需要储备涉及"学派之争"的知识

刑法"学派之争"的主要内容及其历史背景、刑法思想史的内容等，对研习刑法很重要，尤其对博士生而言，更不能忽视。陈兴良教授写了一本专著叫作《刑法的启蒙》，书中选择10位历史上最有影响的哲学家、刑法学家的思想进行介绍，充分阐明了这些大家的理论贡献，建议大家认真看看。张明楷教授在他的专著《刑法的基本立场》中说，只要一提到与学派有关的问题，就有进行讨论的冲动，"学派之争使我寻思他人学说的实质，追问自己的观点的根基……学派之争促使我发现了刑法解释的奥秘，初懂了刑法解释的方法。随处可以看到的现象是，对于同样的条文、同样的用语，不同的学者可能有理有据地作出完全不同的解释"［张明楷：《刑法的基本立场》（修订版），商务印书馆2019年版，第4页］。此言不虚！

我认为，如果要具备深厚的刑法学功底，一定要积累与刑法学派、刑法思想有关的知识，你需要了解贝卡里亚、费尔巴哈、菲利等人的刑法学思想，进而拓宽知识视野。"学问的开端，最好是这一学问的思想史。"（汪丁丁：《思想史基本问题》，东方出版社2019年版，第4页）阅读有关刑法思想史著作，可以训练你对刑法重要问题的敏感度。

很多人会觉得我这样说太夸张了，因为这些知识看起来与处理案件无关。但如果本着这样的态度去学习，也未免太功利了，刑法思想史的知识储备决定了你的思维底色，这些短时间内看起来似乎"无用"的知识，从长远看会对你学好刑法学有很多启发：(1)通过"学派之争"，你会逐步知道刑法思想、刑法制度的来龙去脉，你的知识才会"有根"。你和一线司法人员不同，他们只需要把案子办好就可以了。但是，作为深入研习刑法的人，需要懂得更多。(2)"学派之争"中旧派的理论，奠定了今天刑法学的基础：前期旧派是结果无价值论的理论来源；后期旧派则为行为无价值论提供了支撑。我们今天逐步展开的许多重要理论，如客观归责论、犯罪事实支配说、责任主义等，都以"学派之争"中被反复讨论的问题为前提，很多我们冥思苦想的问题，先行者们要么讨论过，要么已经有定论，站在他们的肩膀上思考问题，既可以节省我们的资源，也可以保证我们思考的深度。(3)通过"学派之争",你才能明白今天的许多刑事政策(宽严相济、监狱改革等)、案件处理方法(客观性思考)等都与"学派之争"有关。

2.5 研习刑法需要特别重视学习犯罪学知识

犯罪学和刑法学的界限在我国是很清晰的,这种划分有时候是想象的、相对的。确实,我们大致可以说,犯罪学是研究犯罪现象的,是现象科学、实证科学;刑法学是研究规范的,研究方法是分析和解释;与这两个学科有关的刑事政策学是对策科学,所以它强调价值判断。这种区分其实是一种相当粗放的思路。实际上,这三个学科在讨论犯罪的时候,其背后的对象是一样的,比如犯罪学的对象,实际上也是刑法想去处理的那种犯罪现象。犯罪现象由此成为犯罪学、刑法学的重心。其实在讨论量刑的时候,刑法学就是一种对策,只不过是规范意义上的对策,它和刑事政策学很多时候是一体的,因此,这种学科的区分意义是相对的。

我觉得刑事一体化这种理念、方法始终对我们有启发。按照刑事一体化理论,学科的区分只能是相对的,在实际的教学、研究中不可能把它分得特别清楚。

从刑法学的发展史上来看,刑法学受到来自犯罪学的最强烈的冲击,而且真正开始走上坡路是靠犯罪学的推动。从刑法学派发展的历史来看,早期对付犯罪是没有什么固定的

定律2 学刑法前的知识储备

招数的，刑罚临时出击、见招拆招，这样很容易侵犯人权。后来理性主义讲人权保障，讲启蒙主义、罪刑法定、刑法人道主义，讲人的意志自由。一旦涉及这些问题，刑法理论就变得很"高大上"，符合法治理念。但是，后来学者们很快就发现，理性主义、古典主义的刑法观这套东西在实践中是很难对付犯罪人的，导致罪犯，特别是累犯大量增加。这个时候，刑事实证学派出面，说自己能够提供一些控制犯罪的实招。但是，仔细看，那些招数全是犯罪学的，其核心思想是：这个社会中有一些人是危险个体，国家的教育改造措施要针对这些特定的人去设计，要因人而异，对罪犯进行个性化的处置。这样一来，犯罪学的很多东西就潜移默化地被嵌入刑法理论里面，使整个刑法学发生了根本性的变化，传统的刑法理论开始反思。

当然，我们今天讲的这套刑法理论总体上还是古典主义的。但是，使这套理论受到当头棒喝的冲击，直接让它进行深入反思的，恰好是犯罪学者。迅猛发展的犯罪学理论逼迫古典主义、理性主义去做一些应对和改变，而且犯罪学的很多理论最后都被嵌入刑法学中。我国现行《刑法》中有关禁止令、累犯这样的规定，是犯罪学理论强力冲击刑法学以后所导致的刑法学的变化。

我也承认刑法学自身发展有其特殊的脉络和规律。但是，如果刑法理论完全按照最开始设定的那条理性主义的套路，在实践中用起来肯定会出一些问题。这个时候，刑法学者就必须重视犯罪学的研究,将其重要成果吸纳到刑法学中,走储槐植教授讲的"刑事一体化"的道路。

犯罪学对今天的中国刑法发展究竟有什么意义?我想这种意义在立法上最为重大。立法者增设一个新罪,背后的实证基础究竟在哪里?立法者提出要取消一个罪的死刑,背后的实证支撑又在哪里?最高人民法院、最高人民检察院可能掌握很多相关数据,但是,似乎并不对参与讨论的立法者以及公众公开。其实,很多时候如果把犯罪数据公开,公众的质疑就会释怀,刑法立法上的很多争议就可以消除。例如,立法者提出要取消走私武器、弹药罪,走私核材料罪的死刑,他就应该告诉民众,走私核材料的案件在实践中几乎没有。如果没有犯罪学上的实证数据,公众就会觉得这些罪的死刑都取消了,社会可能变得很危险,从而产生不必要的担心。另外,现在"反恐"形势严峻、网络犯罪猖獗,因此,增设了很多新罪,但这些行为的问题严重性在哪里,我觉得实证犯罪学上的调查其实至关重要。

实际上,现在的刑法立法中,犯罪学的很多研究已经潜移默化地影响立法者,比如盗窃罪中规定了扒窃、入户盗窃等实行行为,都是犯罪学的研究最后影响刑法立法的结果。未来刑法立法要想更加科学、合理,还需要犯罪学提供更多的理论支撑,提供更多的实证数据。

在司法上,犯罪学上的实证分析能够为司法的正确判断带来一些积极影响。比如我们在研究未遂犯和不能犯问题的时候，总觉得它们是特别复杂的问题，是刑法学上的问题。但是，在犯罪学上，你会看到不同国家在不同时期认定未遂犯和不能犯的标准是变化的。虽然刑法学上想设计很多尽可能确定的标准来把未遂犯和不能犯分开，但是，实务中其实是很难操作的。犯罪学上的这种研究，能够为司法上的很多判断带来影响，促使刑法学对其理论进行反思和调整。

另外，犯罪学上的这种统计分析能够影响定罪。例如，醉酒驾驶型危险驾驶罪在很多地方的发案率排在盗窃罪之后，在有的地方可能排名第一。这就需要我们去思考这样一些问题，比如认罪认罚从宽适用于轻罪，那么，醉酒驾驶型危险驾驶罪明显属于轻罪，但是，现在对这个罪名的行为人既不适用缓刑，也不适用免予刑事处罚，大多被判拘役的实刑，这样就和轻罪的本质以及现在推行的认罪认罚从宽这项改革不相协调。实际上在国外，比如，美国的醉酒驾驶也是犯罪。但是，对初次醉驾的行为人就判实刑的非常少见，大多适用的是缓刑。有一个 1997 年的数据（我手边暂时没有更新一些的数据），美国判了 51 万名罪犯，45 万余人适用的是缓刑，真正被送去服刑的大概只有 5 万人。犯罪学上的数据，确实可以倒逼刑法学者思考定罪量刑的很多问题。比如，刚增设危险驾驶罪的那一两年，行为人基本被判实刑。但是，普遍被判实刑也会导致罪刑失衡，同时造成刑罚附随处罚措施过重。根据这种犯罪学上的实证分析，这几年危险驾驶罪判缓刑的比例有所提高，有的省高级人民法院就出台了一些指导性文件，规定每 100 毫升血液中酒精含量低于 160 毫克或者 180 毫克以下等情形，也都可以判缓刑。

未来犯罪学和刑法学的学科融合，可能有一些特别紧迫的任务：（1）犯罪的数据确实需要有关部门及时公开，尽可能让学术界、理论界了解和掌握。没有相对准确的犯罪调查和犯罪数据，犯罪学的发展就不可能有好的基础，也就不可能有刑法学的长远发展。犯罪数据最主要的是犯罪调查数据，且不可能有太准确的数据。因为有"犯罪黑数"存在，所以，太准确的数据在实践中是没有的。但是，在国外总是尽可能进行相对准确的犯罪调查，而且尽可能公开这些调查数据。美国主要通过两种途径将犯罪统计数据告诉公众：一种途径是通过美国联邦调查局的"统一犯罪报告项目的简要报告系统"，它能够提供警方统计的所有犯罪数据，尤其对八种最严重的犯罪，如故意杀人、强奸等犯罪，统计得很详细。这些犯罪数据对公众和政府会有重大和积极的影响。像这样的数据在中国其实应该也是有的，但是搞犯罪学研究的人很难获得。这样的话，我们的很多研究就缺乏针对性，对社会生活的影响就很小。所以，我们可以看到，犯罪学在中国本身就很难有很大的实质性的发展。另外一种途径是通过美国联邦司法数据统计局的"全美犯罪被害情况调查项目"，这种大规模的调查，无论是对研究，还是对犯罪的预防和控制其实都非常重要。在日本，除了对前面讲的这些犯罪进行调查，对刑法的适用也有大量的社会调查，比如对死刑的适用，我们总是不太进行这方面的调查。法院对某些罪的判决是否合适，日本也有一些对公众的调查，此外，关于犯罪发展的样态、公众对犯罪的态度、国家对犯罪的态度等都有公开的数据可以用。在中国做犯罪学研究，这些数据很难获得，未来，有关数据确实应该被公开，甚至包括死刑适用的数据，我认为除危害国家安全罪的相关数据可以不被公开外，故意杀人罪、抢劫罪等相关数据都应该被公开。把判处死刑的数据全部公开，实际上也不会危及国家政权的稳定。现在，各个部门都掌握一些数据，但秘而不宣，最后导致犯罪学的学科发展很困难，刑法学当然也就没有支撑。(2) 刑事一体化观念必须在学术研究中尽可能得到贯彻，我们一定要认识到犯罪控制是多个刑事法学科共同努力的结果，这项工作是一个系统的工程，刑法只是其中的一种手段，而且是代价最高的手段。在犯罪学明确提供支撑的基础上，采取最低限度的刑法手段，是未来需要认真考虑的。比如前面讲到的醉酒驾驶，现在有的国家已经采用一些新的方法，比如因为醉酒驾驶被处罚过的人，再开车的时候，车上必须安装一种装置，这种装置就是在他发动汽车之前，先要对他进行酒精检测，检测通过之后汽车才能发动起来，这是通过技术手段来预防犯罪。所以，控制犯罪的手段不能全部寄托在刑法身上。对刑事一体化的理念、方法论与思路的贯彻很重要。(3) 刑法学者要始终保持对犯罪学学科的敬意，要和犯罪学学科的研究保持非常紧密的关系，要有实质性的关联，不要认为犯罪学的很多研究不重要，因为从学科发展史上来看，刑法学每一步的发展都是依靠犯罪学，犯罪学是刑法学发展的助推器。此外，犯罪学对当前中国的立法、司法都很重要，刑法上的思考一定不能割裂它和犯罪学千丝万缕的联系，只有犯罪学、刑法学、政策学携手并肩，整个刑事法的繁荣发展才有可能。

2.6 研习刑法需要注重"实践理性"

研习刑法，需要熟悉司法解释。虽然实践对司法解释有渴求，但理论上对司法解释的合理性、数量始终要保持谨慎态度。我们国家的司法解释可能真的太多了，我写刑法学教科书时经常有一种感觉：书一出版，各论部分的有些内容就过时了，因为司法解释很快就被修改了，或者出了新的司法解释。我的《刑法各论》一书大概每3年修订1次，但也远远跟不上司法解释出台的速度。对于研习刑法的人来说，你可以不喜欢司法解释，但是你绕不开它，因为其反映了一种实践立场。同时，如果你想进行批评，也需要了解司法解释制定者的态度。

研习刑法，特别需要多看看刑事裁判文书，了解实务立场，理解实践理性。实务上，对同一类案件进行不同处理的情形比比皆是，看看关于"盗回自己所有但他人占有的财物""两头骗"或者"一房二卖"等案件的判决书,就既能够了解司法乱象,又能够反思合理的刑法理论的建构问题。我喜欢经常讲的一句话是:德国、日本刑法学者反复讨论的疑难案件,在中国也有,只要你留心,就一定能够发现。因此,与实务结合,边干边学,对于全面学好刑法真的很重要。

这样说来,如果你想学得很好,走得很远,就需要从知识上"武装"起来,既懂得经验知识、生活常识,又能够系统地学习刑法教义学知识。我们之所以能够进步,是因为我们知道自己的无知,然后才能勤于学习、有所畏惧、谨慎从事。即便被告人做错了事情,刑法人对其行为性质的认定也不会犯错!既然所有法律人都不是无所不知的人,谦虚地从书本里、从他人那里学习一些知识,对于我们把事情做好是没有害处的。这样,我们就必须对思想史上的、老一辈刑法学者们所积累的、实践部门所确立的那些相关知识心存敬畏。

定律 3

明确刑法学习重点

法律人应该内心阳光、理性平和，要学会论证，善于讲道理，持之以恒地向理论界前辈和实务界人士学习，诚恳地接受学术训练。但是，究竟应该学什么，却是很值得讨论的问题。

3.1 学刑法教义学知识是无可置疑的"重中之重"

"法律教义学不仅扮演着一种实践智慧渊源的角色，同时还具有其他两个功能。首先，它建立起一种关于文本、概念和分类的共同框架，没有它甚至不可能存在辩论……其次，一套教义体系可以增强法律的融贯性和清晰度。"（〔荷〕扬·斯密茨：《法学的观念与方法》，魏磊杰、吴雅婷译，法律出版社2017年版，第162页）正是考虑到教义学的重要性，我建议你学刑法时，首要任务是要下苦功夫学习刑法教义学知识。离开这一点，要想学好刑法无异于"痴人说梦"。

这样讲，是因为刑法学的特殊性。哲学可能提供一些人生哲理，社会学也可能做一些抽象研究，但刑法学一定是"实践学科"，它的使命是教给你处理案件的技巧。所以，通过学习刑法能够应对定罪量刑的难题，这是你的学习目标。要想对刑法学有深刻的理解，就必须明确学习目标。

"我在学习医学时，接触临床后，才明白书上的知识不是为了考试回答出某个问题,而是与那些鲜活的生命密切相关。我试图用书上的知识解决患者的一个一个诊断和治疗问题,这样的目标当然会激励你学得更棒。"(〔加〕斯科特·扬:《如何高效学习》,程冕译,机械工业出版社2018年版,第64页)明确学习目标的重要性对学医而言至关重要,对学习刑法亦然。任何时候他人给你一个疑难案件,或者你今后在从事实务工作中碰到一个疑难案件,你想处理得很"顺手",就离不开刑法教义学知识。

  我可以举一个例子来说明教义学的重要性:甲在乙骑摩托车必经的偏僻路段"挖坑",精心设置了路障,欲让乙摔死在坑里。丙无意中得知甲的杀人计划后,诱骗仇人丁骑自行车经过该路段,丁被摔死,如何处理甲、丙两个人?这是比较难的问题。如果没有教义学知识,你会觉得这是一团乱麻。要解决这样的难题,仅仅从天理、国法、人情和公平正义的角度天花乱坠地讲一通是没有意义的,你必须要提出实际解决方案,要从刑法学的角度说出一个子丑寅卯来。

  遇到这种案件,就要从你的教义学知识"网格"中迅速地把问题点定位出来,梳理出本案可能涉及的具体问题,此时,你会发现教义学知识、体系性思考非常有用。

  第一步,你要能够想到本案所涉及的主要问题:因果关系、间接正犯的认定、对象错误与打击错误的区分等。如果对这些问题点罗列不准,你在处理本案时,思考和检验的问题就会有重大遗漏。

第二步，依据前面对问题点的"搜寻"，你应该形成对本案处理的预判：丙和甲都应对丁的死亡结果负责，不追究这两个人的刑事责任说不过去。就丙的责任而言，因为丙客观上利用了甲的行为造成丁死亡，成立间接正犯，丙主观上对自己的行为并无认识错误，可以认定其实施了杀人行为，构成故意杀人罪既遂。就甲的责任而言，从客观上看，甲的行为和丁死亡之间有因果关系；从主观上看，甲的行为属对象错误（而非打击错误），因此，也应构成故意杀人罪既遂。

第三步，结合刑法教义学知识对案件进行深度分析。

在分析甲和丙的责任时，先从甲入手或者先从丙入手，其实都是可以的。先从甲入手，是因为他是整个因果链的最初设计者；先从丙入手，是由于丁实质上死在丙的手上。

如果你认为，在本案中，死亡结果这个事实最让人震撼，对分析者来说最重要，先分析丙的责任就是比较顺畅的。由于丙没有直接动手杀死丁，只是"借刀杀人"，这就必须要引出间接正犯的概念。

间接正犯是将他人作为犯罪工具予以利用从而实施犯罪。这里的犯罪工具，并非意味着被利用的一定是"傻乎乎"的人，一定是不具有刑事责任能力者或未达到刑事责任年龄者。聪明人、正常人也可能被利用，只要是利用自己的认知优势或意志优势将他人作为自己犯罪的工具予以利用的，都可能成立间接正犯。丙很清楚地认识到甲要通过设置路障的方式杀人，他利用这一点来实现自己的犯罪意图，主观上有支配意志，客观上也确实有支配行为，成立间接正犯。丙是"正犯背后的正犯"（被利用者甲也成立正犯），作为幕后利用者完全可以成立正犯。丙很清楚地认识到并实际利用甲设置的路障杀害了丁，对丁的死亡持希望态度，不存在认识错误，其成立犯罪既遂是理所当然的。

借助于间接正犯的概念讨论丙的责任相对比较简单。但在切入甲的刑事责任部分时，问题就变得相对复杂一些。

一方面，丙实施诱骗行为导致丁掉到坑里死亡的结果为什么要让甲负责？这样"算账"的合理性在哪里？这就涉及客观归责论的问题。甲本欲通过设置路障的方式杀死乙，结果却杀死了丁，肯定具备（事实性的）条件关系。接着需要考查是否存在"异常的因果介入"从而影响结果归属可能性的问题。尽管甲和丁的死亡之间介入了丙故意利用甲设置的路障杀人这一因素，但是，甲在路上挖坑以后，可能导致目标客体以外的其他路人死亡的情形，并非属于不可想象的异常介入因素，再偏僻的道路也是公共道路，经过这个路段的人就会有死亡危险，甲设置路障的行为和丁死亡之间的联系具有通常性。此外，甲的行为和丁的死亡之间，虽然介入了丙的故意犯罪，但是，丙利用该路障创设的是与甲的前行为（挖坑）相同的致死风险，而非全新的风险。因此，从规范的角度无法否认甲的行为与丁的死亡之间的结果归属。

另一方面，要分析甲想杀的人是乙，但最终死的是丁，甲所预想的结果和真实发生的结果是不一致的，甲一定会辩解"我连丁是谁都不知道,我根本不想杀他"。那么,甲的这种认识偏差或认识错误是否会影响甲的刑事责任,这就涉及事实认识错误问题。

对于事实认识错误问题,很多人一接触到这部分知识,就有一种走进原始森林的感觉。在各种各样的学说中绕来绕去,就是不知道出口在哪里。我觉得,要准确掌握事实认识错误问题,就必须对事实认识错误有一个总体框架上的印象,明确它的主要类型、理论上的不同处理方案、通常的实务立场等。只有这样,才能找准问题的定位以及对应的处理方式,否则,就会在碰到类似问题时"捣糨糊",不知从何下手。

打击错误,是行为人由于作案当时在行为手段上的误差,导致一开始想攻击的客体与最终实际侵害的客体不一致(想杀张三,因为枪法不准,打死了张三旁边的李四);对象错误,是行为人在实行行为之前就将对象认错了,把张三当成了李四,但客观上在实行行为的时点并不存在"打错人"的问题(打死的就是行为人瞄准的李四)。

在这个案件中,甲究竟是打击错误还是对象错误?甲在路上挖了坑,无论他事后如何否定自己的罪责,那个坑一直在那里。路障设置以后,他对这个现场没有做过任何改变,谈不上在具体实施犯罪过程中,甲还存在行为手段上的"打击偏差"问题。因此,甲的错误不是打击错误。

如果一定要说甲有认识错误,就得说在他设置好路障的那一刻，他在内心希望杀死的人是乙而不是其他人，他不愿意去认识（也可能没有认识）对其他人可能造成的死亡，所以存在认识错误。这个错误属于甲设置路障时对特定攻击客体的认识错误。根据关于着手实行的实质客观危险理论（只有在法益面临紧迫危险时才是着手），由于甲设置路障的行为还停留在预备阶段，当被害人即将掉入甲挖的坑时才是杀人的着手。因此，甲在杀人着手之前的预备阶段已经对目标客体与攻击客体的同一性存在不正确认识，在被害人即将掉进坑里的那一刻并没有发生目标客体与攻击客体不一致的问题。

只要承认甲存在对象错误而非打击错误，那么，无论是具体符合说还是法定符合说在处理结论上都是相同的，都认为甲成立故意犯罪既遂。

当然，如果你非要得出甲是打击错误的结论（我不赞成这种结论），那么，接下来你还要结合具体符合说和法定符合说进一步分析甲成立故意杀人罪既遂还是过失致人死亡的问题。

讲了这么多，我想说的是，在学习刑法时，你首先要学好教义学知识。离开教义学知识，要学好刑法，真的是强人所难，完全缺乏"期待可能性"！

好在最近20年来我国刑法学（尤其是刑法教义学）的发展可以用突飞猛进来形容，因此，跟着导师学习这些知识是你学好刑法的前提。改革开放以后，中国刑法学逐步恢复、发展起来。不过，实话实说，前20年的发展基本上乏善可陈（除陈兴良教授的刑法哲学研究之外。陈兴良教授的《刑法哲学》一书有可能是20世纪90年代以来，刑法学教科书之外销量较大的刑法学专著之一）。我曾经写过一篇文章《无声的中国刑法学》，讲我国的犯罪构成要件理论只有要素的理论，不能区分违法（行为性质）和责任（个人值得谴责），很难与国外交流，即便参会，也无法与人沟通，是"无声"的。最近看西原春夫教授的《我的刑法研究》一书，我的观点得到了证实。西原春夫教授也认为，长期以来，中国的犯罪构成要件理论不区分违法和责任，相互之间要进行实质性讨论是很困难的。但是，这一状况在20世纪90年代中期以后有了改观。"到了（20世纪——引者注）90年代中期，中国学者之间开始展开讨论了。比如，'你所说的是不对的'。在报告中也是，'对于这个问题有A、B、C三种学说，我基于怎样的理由采取B说'，会这样进行说明。此前从没有过的情况在90年代中期之后开始出现了，这是很了不起的。"（〔日〕西原春夫：《我的刑法研究》，曹菲译，北京大学出版社2016年版，第229页）我认为，一方面，这可以理解为是日本老一代刑法学者对中国刑法学者的激励；另一方面，这主要是因为阶层的理论从那个时候起被中国学者逐渐认同，使得大陆法系不同国家的刑法学者之间的对话有了可能。

1996年，我在陈老师指导下读博士，碰上了一个好时候，就是我国刑法学一直在走上坡路。因此，我成为刑法学最近20年来突飞猛进的见证者、参与者而非旁观者。刑法学最近20年来的发展,有四个方面的争论是非常要紧的:(1)犯罪论体系;(2)客观归责论;(3)形式刑法观和实质刑法观;(4)行为无价值论和结果无价值论。每一次争论都对未来有深刻影响,各位都可以从中受益,你们可以轻装前进,而不必纠结于过去那些显而易见的错误。

我国刑法学在最近20年的深入发展,使得你的学习对象很多元,可以供你看的论文、著作很多,这些文献提供了足够的知识量。学习了这些知识,今后你才能为刑法学的进一步发展添砖加瓦。刑法学的发展是刑法学者共同的事业,因为刑法学体系庞大,任何人想凭借一己之力,做"百科全书式"的研究,将所有刑法问题一网打尽,要么不可能,要么是学者自我感觉良好。众所周知,罗克辛教授在客观归责方面有很多探索,取得了令世人瞩目的成就。但罗克辛教授也并非"事事如意",他的理论其实也是有破绽的。由此可见,合力很重要,每个人侧重于一个方面:有的人擅长规范思考,可以做"阳春白雪"式的研究;有的人擅长事实判断或者总是能够对司法给予同情式的理解,可以做无限接近于实务的"下里巴人"式的研究,各行其道,非常好。事实上,一个人对刑法学越是研究到最后,越是将信将疑、胆战心惊,越是能够悄悄地调整自己的观点。只有无知者无畏,才觉得什么问题自己都可以讲、可以写。因此,刑法学者需要正视自己的无知,正视自己的不可为,同时虚心地学习前行者所积累下来的那些文字、知识,只有这样,才能共同推进刑法学的发展。

最后,我还想多说一句:需要承认,刑法教义学的很多知识点相对比较抽象、深奥或枯燥,学起来不那么容易。因此,你要善于结合自己所熟悉的典型案例、故事、图形乃至电影去学习,因为这些东西都比抽象的概念、教义学理论更容易记忆和接受。

对于如何结合生动的图像或图形进行法律方面的"主动学习",把待解决的问题和案件事实结合起来,使抽象的理论形象化、具体化,德国学者思考得很深入。这里以刑法上的打击错误为例做一个介绍。

一般认为,刑法上的打击错误是因果关系偏离的一种情形,即由于行为偏差导致结果发生在另一个行为对象身上,行为人希望加害的人并未遭受损害,此时如何处理行为人就是一个难题。初学刑法的人很难想象前面关于打击错误的定义。他只能大概理解行为人基于杀意向张三射击,但是由于枪法不准,最终导致无关第三人李四死亡。即使是这样的描述,也还是不那么直观。此时,"你应当试图用自己的图像或者电影来描述相关的法律问题,并赋予一个标题(Schlagwort)。最好尽可能地直观和显著地记住这些问题。越是令人难忘的和引人注目的电影,越容易被人想起,即越能够长时间地被记住。你可以用下面的案例来加深对打击错误的印象:'周日弥撒案'(Sonntagsmessenfall):被背叛的丈夫带着枪躲在篱笆后面,等待正在做弥撒的妻子。在毫不知情的妻子离开教堂时,丈夫朝妻子开了枪。正在此时,牧师却挡在了妻子的前面,牧师被子弹击中心脏倒地。运用这种所谓的影片联想法(Filmmethode)后,你将不会忘记'周日弥撒案'。在这个标题之下,你会把'打击错误'及其定义都关联上并很可能记忆非常长的时间"[〔德〕托马斯·M.J.默勒斯:《法律研习的方法:作业、考试和论文写作(第10版)》,申柳华等译,北京大学出版社2024年版,第30页]。

当然,刑法教义学持续向前发展,可能会变得相对比较复杂,难免给人以眼花缭乱之感,司法实践对此完全吸纳,存在一定困难。但我们不能由此就认为刑法理论已经发展到头了,更不能认为没有什么问题值得我们再研究了。其实,需要我们认真对待的刑法教义学难题每天都在出现,有的是新技术发展带来的理论困扰,有的是老问题如何在当下充分展开,例如,法益理论、罪责论、刑罚裁量理论等,今天仍然是我们需要深入思考的课题,刑法教义学的学习和研究可以说是永无止境的。

3.2 学刑法知识不是唯一目标

其实,对各位而言,很多基础性的刑法学知识大致在硕士阶段就学得差不多了,更艰深的理论,在博士阶段自学就可以。但无论如何,学来的那些"静态的知识"都很容易遗忘。

我印象很深的是，之前参加法学院的推荐免试研究生入学面试工作，问学生本科阶段的刑法学是谁教的？学生答某某；进一步问，你觉得他哪一部分讲得让你印象深刻？学生答不上来了；再问，老师说过的什么话让你感觉比较有趣？学生勉强能够回答一两句。这说明，刑法老师在本科教育阶段所讲的那些具体知识已经被学生忘得差不多了。同样，指望学生通过研究生学习能够记得老师讲授的刑法学具体知识也未必现实。这样说来，老师对研究生仅仅讲授刑法学知识的指导效果未必好，学生在研究生阶段仅仅学刑法学知识也是不够的。

我一直觉得清华大学法学院对刑法学研究生培养方案的设计是比较好的，同学们第一年需要修完的课程很多，专业课就有刑法总论、刑法各论、外国刑法，等等，各位同学掌握刑法理论的深度、广度都相当好，很多前沿的理论都为大家所熟悉。可以说，张明楷教授、黎宏教授、劳东燕教授、王钢教授以及我本人为大家的学习倾注了大量心血。但是，我要特别提示的是，老师厉害终归是老师厉害，你必须随时思考自己究竟该跟着老师学什么的问题。

对于研究生来说，不能把自己的学习与到法学院来学知识完全画等号。你来学知识是理所当然的，"敲门"进入清华大学的入学考试也是考知识，这就很容易让你误解为知识是研究生教育的全部内容。"知识不是人生的目标，它只是帮助人省思而已，未经省思的生活是不值得过的。"（汪丁丁：《思想史基本问题》，东方出版社 2019 年版，第 5 页）如果你将来想走得更远，写出一点有意义的、多多少少有些创新的文章，仅仅靠知识的积累还很不够。研究生阶段的学习，确实要学知识，首先也是学知识，但是，又必须超越仅仅从老师那里学知识这一点。你一定要知道，无论老师多么牛气冲天、踌躇满志，他的知识总量终究是有限的。有的老师给本科生讲课讲得很好，非常受欢迎，但他未必愿意再给研究生讲课，他也许会觉得自己的知识总量有限，讲来讲去都是那些东西，也就不愿意再重复讲授相同的内容。另外，有的同学硕士阶段、博士阶段是同一个导师，你以为研究生就是从导师那里学知识，其实老师那点知识一两年就被你学得差不多了，再学下去也许老师真的不能教给你新知识了，你还有必要跟同一个导师"混"五六年吗？

你们千万不要以为到大学读刑法学硕士、博士就仅仅是学理论、背知识点。对此，我还有一个理由，就是现代科学技术，尤其是互联网、人工智能突飞猛进的发展，已经在很大程度上改变了我们对教育的看法，颠覆了我们对学习的认知。学刑法时，你不需要背法条，也不需要机械地去"背诵"相关理论，现代科学技术瞬间都能够帮你解决，因为互联网上有海量的资料、案例、电子书，还有功能无比强大的搜索引擎，需要什么资料都能够瞬间获取，不怕你要求多，就怕你不知道自己需要什么信息，可以说只要你发出指令，互联网都查得到。在未来人工智能懂得深度学习的时代，你所积累的知识在机器面前真是少得可怜。在这种背景下，你去死记硬背那些法条、案件处理结论或是导师的刑法理论有什么意义呢？在网上可以迅速查到答案的那些知识，都不需要你劳心费力去掌握，也不需要你挖空心思去导师那里学。

因此，你也许不需要从导师那里学到多少知识，而是要学习导师的刑法基本立场、思考方式、研究方法，学习他遇到难题的切入点是什么？是如何解决的？和别人有什么差异？换言之，你要好好观察导师，信任导师，从导师那里多学一些方法论的东西，而不是那些通过死记硬背获得的知识。只有这样，你才能培养自己的创新思维。

不过，你也不能太迷信导师，否则这会限制你未来的创新。导师是受过长期专业训练的人，因为被"规训"过，所以可能总是戴着"有色眼镜"看问题，反而使他的思维受限，创新的冲动或者能力未必赶得上你。胡适先生说："一个受过训练的头脑，就是对于易陷入于偏见、武断和盲目接受传统与权威的陷阱，存有戒心和疑惧。"（胡适：《读书与治学》，生活·读书·新知三联书店1999年版，第117页）对此，日本学者也特别提示说："不要过分相信导师。认为导师什么都对很危险，应该扩展自己的见识，将导师相对化。特别是，不管跟着导师多少年，都不用自己的头脑去思考，总是想'导师会怎么说'，这看起来可能是一种'美好的师生关系'，却是很恐怖的事情。这样做只能是反复进行缩小再生产。向导师学习，超越导师，这才是对导师最好的回报。"（〔日〕大村敦志等：《民法研究指引：专业论文撰写必携》，徐浩等译，北京大学出版社2018年版，第54页）

3.3 学会培养自己持之以恒的学术兴趣、怀疑能力及想象力

确实，如何为师为学，无论对老师还是学生而言，都是一个需要长久探索的话题。怎么做老师，如何做学生，民国时期的师生关系提供了很多样本。我们现在的博士招生数量很少，有点书院的样子，但是师生关系却远没有达到民国时期的境界。那个时候，老师确实很注重发掘学生的潜能，看他是否适合做研究，也很注重唤醒学生学习的兴趣和持续动力，让他不松懈，在学问上养成"一丝一毫不草率不苟且的工作习惯"（罗尔纲：《师门五年记：胡适琐记》，生活·读书·新知三联书店1995年版，第4页）。相应地，学生如何做好，似乎自然就很明白了。学生也必须主动培养自己的学习兴趣和持续动力，不苟且、不松懈。学问做得好的人，都是数十年如一日地坚持的人。正所谓"板凳一坐十年冷"。这方面，你看看康德就行了，他每天苦心孤诣地读书写作，除此之外，别无其他爱好，生活极其规律（镇上的家庭主妇大多按照康德外出散步的时间调闹钟）。所以，你必须学习导师保持学术兴趣的方法，从而形成你对刑法学科的敬畏和热爱。

要学好刑法，就必须敢于怀疑一切，包括对导师（以及导师的导师）的学术观点的大胆怀疑、反复追问。刑法学中存在激烈的学派之争，不同观点各领风骚数十年，如果研习者没有怀疑一切的能力，就不能有创新。有怀疑和反思，才能有创新，刑法学者共同推进刑法学发展的脉络也才能被清晰地标示出来。比如，日本刑法学中的共谋共同正犯概念是在实务上首先被提出来的，理论上予以肯定的学者很多（包括草野豹一郎、齐藤金作、竹田直平等），但是对此予以怀疑和反对的见解也很有力。再比如，对承继的共犯，全面肯定说的不合理性是显而易见的，中间说由于接近于司法实务立场也容易被人所接受，但是，仍然有学者坚定地站在因果共犯论的角度否定承继的共犯概念。

正是理论上的怀疑精神和反思能力，才使得刑法学能够一步步地向前发展。我们的研究生教育就是期待通过增加各位的知识来提高你们的创造性，如果你能够提出一些颠覆性创新、革命性创新的刑法主张，那就是老师们的光荣。

另外，要学好刑法，学习者还必须保持一份对学术的纯真，要有想象力，在基础知识扎实的前提下敢想敢做，这样才能创新。

3.4 跟着导师学大气：君子"和而不同"

根据我的观察，最近 20 年来的刑法学发展，当然是刑法学者共同努力的结果,其中学派论争厥功至伟。可以说,没有学派的论争,就没有中国刑法学今天的巨大成就。特别是最近10年来,关于学派论争的研究,最大限度地缩小了中国刑法学和德日刑法学的差距。

但是,由于有些人习惯于猜忌人际关系,有的人从学派论争会自然而然地附带产生一个问题:不同学派、学术观点不同的人,是否还能够好好相处,是否还聊得下去?清华大学的研究生偶尔会问:自己如果和导师的立场不同,毕业论文是否有问题?我的回答是:"君子和而不同"!《论语》说,君子和而不同,小人同而不和。在真君子之间,观点不同没关系。那些有独到的见解,不盲目附和、人云亦云的人,才能和周围那些有思想的人保持和谐融洽的关系。

其实,学者之间相互有论争,丝毫不影响他们之间的相互尊重。这方面,有许多值得我们学习的例子。历史学家罗尔纲年轻时曾经做过胡适的助手,前前后后帮助胡适整理文献大概五六年时间,长期跟着胡适,接受胡适的指导。罗尔纲的《师门五年记:胡适琐记》中讲到一段话:人人都知道胡适和鲁迅两个人之间是"不对付"的,经常在媒体上"开战",给外人的感觉就是这两个人是"老死不相往来"的。但是,罗尔纲说,实际上这两个人关系还"过得去"。鲁迅偶尔去胡适的家里,去的时候还自嘲说"我卷土重来了"。北京的冬天特别冷,大家都穿着外套,胡适的大儿子只要看见鲁迅先生一推门进来,就赶紧去帮他接外衣,对鲁迅先生特别客气，特别尊重。罗尔纲就很感慨地说，像胡适这样显赫的人，到他家里来的客人一年到头不知道有多少。很多客人来，胡适的大儿子都是不管的，但是，恰恰是鲁迅先生来，他要对先生那么客气（参见罗尔纲：《师门五年记：胡适琐记》，生活·读书·新知三联书店1995年版，第172页）。

我觉得，连"论敌"之间都能够这样平等交往，能够做朋友，能够沟通，研究刑法的学者之间，尤其是在案件处理结论上差异很小的学者之间，更应该坚持这种"和而不同"，有什么必要因为学术观点不同而把人际关系搞得很紧张？

每个学者在刑法立场上与他人有一些差异，形成自己的特色，这是正常的，也只有这样，刑法学才能得到较好、较快的发展。所以，我也对自己能在清华大学法学院这样的地方工作，与这么多有自己独特想法的同事共同深入讨论问题感到很开心。因为只有这样不断地讨论，刑法学研究才能更为深入。

你要知道，那些批评你的人，可能是最在意你的人，他至少认真看了你的观点，觉得有批评的价值才会理会你。如果你写了一辈子论文，没有人批评你，那真的是你的悲哀。所以，你不能将学术立场和你不一致的人树为"敌人"，"只因为在人群中多看了你一眼"就非得和对方过意不去。刑法学一定是在论争、批评中螺旋式上升、发展的，必须要尊重那些和你观点不同的人。否则，当你有滔滔不绝的欲望，环顾四周却空无一人，没有人与你对话，这将是何等的悲凉？

我们应该敬佩的人一定是为人谦和、内心波澜不惊,学问却好得要命的人。

我一直认为,刑法学者要能够容忍和接受批评,特别是来自晚辈的批评。这个话,其实也是说给我自己听的,因为与很多年轻学者相比,我很快就会是沙滩上的"前辈",我也提醒自己要能够容忍和接受批评。前不久读西原春夫的书,有一段文字特别令我震撼:1964年,德国刑法学会在汉堡召开,韦尔策尔、耶赛克等都参加了,罗克辛当时是年轻人,但是,他敢于站出来对似乎不可冒犯的刑法学泰斗们进行批评,说"康德、黑格尔式的思考方法是不行的"。50多年后的2015年,西原春夫回忆起那次年会,还感叹道,"他滔滔不绝批评的样子,直到现在这两次年会还印在我的脑海里"([日]西原春夫:《我的刑法研究》,曹菲译,北京大学出版社2016年版,第46页)。这说明,罗克辛对前辈的批评使西原春夫受到的"刺激"不小。针对罗克辛的批评,耶赛克说了"岂有此理"这样的话,但这是建立在其对自己的观点有自信的基础上的。这样的局面如果在中国刑法学界出现,虽然批评的一方资历浅,知识储备不充分,理论准备不足,我们也要容忍这样的批评。只有上一代刑法学者做到和年轻一代学者之间的"和而不同",学术的事业才能传承下去。

由此决定了,对刑法学教授而言,"和而不同"意味着不能把学术论争带入人际关系的处理中。这方面,我们的教授们都做得很不错,值得研究生们好好学习。

定律3　明确刑法学习重点

胡适先生在谈读书与治学时曾说过这样一段话："自己万不可先存一点成见，总要不分地域门户，一概虚心的加以考察后，再决定取舍。"（胡适：《读书与治学》，生活·读书·新知三联书店1999年版，第22页）对各位同学，尤其是博士生而言，要深入思考刑法问题但不要过早站队，你的任务是学习，呼喊站队的口号或列举论争图表对目前的你而言都不重要，老师们原本关系都不错，不需要你们为了一个学派"站队"先去明争暗斗"打起来"。

君子和而不同，首先是对他人的尊重。西田典之教授在其教科书《刑法总论（第二版）》的序言中说过"每当难以决断之时，总是奉行 in dubio pro Hirano（存疑时从平野说）"，表达了对作为同行和恩师的平野龙一教授的尊重。在此基础上，展开西田教授自己的研究，从而在很多具体问题的解决上形成了为数不少的西田说。在今天的日本刑法学研究中，持不同学派立场的学者之间相互引用他人的观点。例如，日本学者并未因为结果无价值论是当下的学界主流而全面排斥行为无价值论的主张，井田良教授的观点被广泛重视，藤木英雄教授关于过失犯、财产犯罪的很多主张时至今日仍然被广泛引用，都是君子和而不同的生动体现。这些例证，值得我们学习刑法学时予以关注。

3.5 把刑法理论学得很精深，在生活中做一个温和的人

刑法学所认识和处理的行为，都是展示社会阴暗面的情形。面对罪犯和他的恶行，你可能哀其不幸、怒其不争，总之，肯定比民法学者更容易在面对案情时"满腔怒火"、内心冲动。所以，学刑法的人越是把理论学得精深，越是要注意管理和控制自己的情绪，在生活中要做一个温和的人。

20多年前我认识一个刑法教授，他做兼职律师，由于性格刚烈，每次出庭后，如果自己的观点不被法官接受，回家以后就一定会生一场大病，然后住院治疗。他对事业和工作真是非常投入，对这样的人我表示敬意。但是，我认为，他没有学会做一个温和的人，使得自己受一些没有必要的"内伤"。

在常人眼中，刑法学专门研究"严重危害社会的行为"，研究者应当世事通达、眼观六路。所以，你不能完全自足地、旁若无人地生活在"法学概念的天国"里，一手打造很多只有你自己才能搞得明白的范畴和原理，吃饭、睡觉、散步时想的都是刑法问题，和朋友，甚至家人交流都用刑法术语，将学问的世界和生活的世界高度"混同"，这会严重影响你的生活质量。"我时常想，做学问，做事业，在人生中只能算是第二桩事。人生第一桩事是生活。我所谓'生活'是'享受'，是'领略'，是'培养生机'。假若为学问、为

事业而忘却生活，那种学问、事业在人生中便失其真正意义与价值。"（朱光潜：《给青年的十二封信》，东方出版中心2016年版，第31页）研习刑法学，当然要思考、要写作，有时就得"两句三年得，一吟双泪流"。但是，你总得要腾出时间来了解社会生活，甚至游山玩水，学问不是你生活的全部。在这方面，你要多向前辈学习。菲利就是你学习的榜样之一。菲利"把自己的生活安排得井井有条，整个上午（从7点到12点半）都用来写作，下午阅读专业文献、做笔记和写信，晚上8点之前结束一天的工作，吃完晚饭就上床睡觉。他非常有节制，从不抽烟，坚持体育锻炼和体力劳动。夏季，他通常带全家到意大利各地去度假，在度假中他尽可能摆脱所有工作来休息。8月至9月，他外出旅行参加各种国际会议。他不喜欢歌剧和音乐会，因为那会打搅他的睡眠"（〔意〕恩里科·菲利：《犯罪社会学》，郭建安译，中国人民公安大学出版社2004年版，第12页）。因此，无论怎么说，学问都远不是你生活的唯一。

这样说来，在读研究生期间，你就应该对自己在生活中要做什么样的人有一个大致规划，逐步调整或多多少少改变一下自己的性格，这样在你将来成名以后，也会有点君子之风，智商不低且情商也不低，有很好的交往能力、沟通能力，能够有效管控自己的情绪，做一个既阳光又温和友善的人，使那些不赞成甚至可能反对你主张的人都能够成为你的朋友。如果能够领悟到这一点，你几年的学习时光也就算没有荒废。

定律 4

带着比较眼光学刑法

定律4　带着比较眼光学刑法

谁都会承认，为了建构科学合理的中国刑法学理论体系，就必须从中国的实际出发，以解决现实司法难题作为出发点和归宿点。但是，这只是问题的一个方面，中国的问题必须和世界的眼光结合起来，其目的是更好地解决中国的定罪量刑难题，服务于本国的法律制度。这样说来，在研习刑法时，学会比较和借鉴国外的刑法学就是非常重要的。

你今天能够阅读到的刑法学文献可以说是汗牛充栋，那些对你来说都是有用的资源。阅读和掌握不同流派的理论是你的入门捷径，会让你少走很多弯路。阅读时，一定要带着比较的眼光，要与他人的思考对话，从中发现对你未来的研究有用的素材，为你的研究进行积累，而不是简单的死记硬背。

这种在刑法学派理论的交锋点上考虑问题的比较方法，可以训练你的多种能力，比如发现和提出问题的能力、概括提炼的能力、沟通理论和实践的能力等，能够让你的刑法学思考一开始就站在很高的起点上，并为你有朝一日超越现有研究做必要的准备。因此，形成比较眼光，具备国际视野，是学习刑法的定律之一。

4.1　只有通过比较和借鉴，才能完善中国刑法学

"最好的法学教育应当能够教授给学生一种方法：他们需要学习存在哪些支持和反对某些解决方案的论据、如何权衡这些论据以及如何处理相互抵牾的规则体系。这意味着，法学课程必须较之如今的课程更加国际化。"（〔荷〕扬·斯密茨：《法学的观念与方法》，魏磊杰、吴雅婷译，法律出版社2017年版，第162页）最近20多年来，我国刑法学者和来自德国、日本、法国等国家的同行之间进行了大量交流，对诸多专题取得了共识，这其实并不是因为不同国家的实定刑法有多少共同的地方，而是面对特定问题时，不同法域解决这个问题的方法有共通性或者能够相互借鉴，再通过发展规范的刑法教义学，使得不同国家的学者有大量的共同语言。借助于比较方法建构和逐步发展起来的刑法教义学，也为中国刑法学的发展和走向科学化开辟了一条道路，中国刑法学的学术生态从理论构造到法学方法论都在发生巨大变化。可以说，没有比较眼光，就没有今天中国刑法学蓬勃发展、欣欣向荣的良好局面。

在研习刑法，进行比较和借鉴时，需要注意的一个问题是：不能把中国刑法学和外国刑法学截然分开，不能认为哪一种理论一定是外国的理论，从而对其本能地持一种排斥，甚至拒斥的态度。其实，没有真正的"外国刑法学"，讨论

外国刑法理论也是为了思考和检讨中国刑法学理论，为了解决中国难题。称德日刑法学为外国刑法学或者欧陆刑法学，很多时候只是为了表达的便利。

在这方面有很多例证。比如，很多人认为犯罪构成四要件说是中国的理论，三阶层论是外国的理论，这是特别大的误解。一方面，四要件说是苏联学者从德国三阶层论改造过来的，然后再被中国学者所接受，它本身就不是土生土长的中国理论。另一方面，三阶层论未必和我们的"本土资源"相抵触。构成要件该当性和中国古代清官审案时首先追问的**"该当何罪"**大体相同，在曾朴所著的《孽海花》第二回中也有"你该当何罪"的表述。更重要的是，所谓的阶层论只是把不法和责任分开，和一个理性人的思考逻辑相吻合，其实司法人员大抵也是按照这个逻辑思考问题的，谈不上它一定是外国的理论。罗克辛教授认为："如果将不法和责任融合在一起，会抹平取消本质上的事实区别。某个举止是否是一种受到刑罚禁止的法益侵害，这是一个问题；在所有案件中，违反这种禁止规范是否必须要动用刑罚加以处罚，这是另一个问题。这两个问题是不同的。"［[德]克劳斯·罗克辛：《刑事政策与刑法体系（第二版）》，蔡桂生译，中国人民大学出版社2011年版，第91页］运用比较眼光思考犯罪论，并对三阶层论的话语体系进行适度转换，就能够形成中国的犯罪论体系。

也就是说，通过比较和借鉴发现我们的不足之后，我们才能逐步提出完善中国刑法学的具体方案。例如，我一直认为，在中国采用阶层论，未必一定要使用三阶层论的术语。教科书上的犯罪论体系没有必要严格按照三阶层论去写，实务中也未必要绝对按照三阶层论的进路去分析案件。肯定阶层的犯罪论体系，坚持违法与责任分开、确保客观优先、事实判断和价值评价适度分离，一个合理的、能够沟通理论和实务的犯罪成立理论体系就可以形成。合理的犯罪论体系的重要性并不体现在形式和技术意义上，也根本不需要苛求在刑事判决书中出现构成要件该当性、违法性和有责性的概念。在认定犯罪时，先判断客观构成要件，再讨论主观构成要件，在有的案件中如果存在特殊的违法阻却事由、责任阻却事由，须再行检验，这其实就是阶层的理论。这样的思考在很大程度上吸纳了四要件说中的合理内容，因为四要件说所看重的那些主客观要素在阶层论中也会得到重视，只不过阶层论在分析这些要素时，一定要确保哪些要素先判断、哪些要素后判断。

谁都会承认，犯罪论体系是刑法学中牵一发而动全身的问题，我结合这一问题充分说明了比较研究眼光的重要性，也充分说明，在刑法学中其实没有纯粹的外国刑法学。因为连阶层论这样的重要问题都是"本土资源"，有本土文化的根基，刑法学作为处理极端社会矛盾的学问，还有什么问题只能是国外才能面对，而中国可以完全无视的？"其实，许多东西被广大人民接受之后就不再是哪一个国家的了。马克思主义就是真理，谁也不会计较马克思是德国人还是英国人

(两个地方，伟人都长期居住过）。澳大利亚最高法院大法官R. A. 芬克尔斯坦（R. A. Finkelstein）很自豪地说，美国最高法院的全套判例，他办公室里都有。他还专门从美国邀请来了美国法学院的毕业生做其助手。说起美国最高法院的判例，芬克尔斯坦推崇备至。"（朱伟一：《法学院》，北京大学出版社2014年版，第36页）

"我渐渐意识到中、西方的差异远没有我想象中那么巨大，两者之间的相似之处却远比我想象的多。两种文化中，人们对美、知识和探索的痴迷是一样的。我们处在一个幸福的时代，世界上不同的文化正彼此融合，成为更加丰富多彩的全球文明。"（〔意〕卡洛·罗韦利：《七堂极简物理课》，文铮、陶慧慧译，湖南科学技术出版社2016年版，"写给中国读者的话"）我非常赞成这个说法。因此，在学习刑法时，你不需要去细致区分哪个理论是德国的，哪个理论是日本的。我不久前看到经济学上也在讨论，说没有什么经济学是美国的，或者是英国的，经济学只有一个，那就是"现代经济学"：在一个国家面临一些经济问题、经济困难的时候，经济学怎么去解决？情同此理，刑法学也是同样的逻辑，没有什么日本刑法学、德国刑法学、法国刑法学，唯一在世界范围内存在的就是"现代刑法学"。所以，你学习时不要分得那么清楚，不存在绝对的、纯粹的外国刑法学，略微有点差异的是，对同一个难题，不同的学者用不同的立场和方法来解决而已。

4.2 在进行比较和借鉴时，要探究德日刑法立场差异的原因

中国刑法的立法规定、定罪量刑的一般理论都和日本、德国很接近，因此，德日刑法学发展的经验值得我们重视，这不是崇洋媚外，而是为了在审视别国刑法学发展利弊得失的基础上少走弯路。

在学习刑法教义学时，很多人经常会被德日刑法立场的差异所困扰，不明白为什么日本的通说是结果本位的刑法观，而德国则是行为导向的刑法观（行为无价值二元论）。对此，我要简单讲讲。

我认为，德日刑法学总体上都坚持了刑法客观主义。但是，日本在学习和借鉴德国刑法学过程中，形成了自己的特色，走出来一条自己的道路，实现了学术的自主化［参见〔日〕井田良：《走向自主与本土化：日本刑法与刑法学的现状》，陈璇译，载陈兴良主编：《刑事法评论：教义学的犯罪论》（第40卷），北京大学出版社2017年版，第372—383页］。日本刑法学是结果本位，重视法益保护，排斥客观归责论，侧重于事实判断；而德国刑法学重视行为导向，看重对规范的效力维护，强调立足于客观归责论的规范判断。之所以出现以上差异，主要理由大致有：（1）国家治理观念有一些差异，而且映射到了刑法领域。德国的治国目标是建立"社会法治国"，强调国家利用

法治手段实现积极干预，进而建构社会秩序，因此，肯定国家主义，重视行为规范对个人举止的导向性。这种国家理性立场和行为导向的刑法观高度一致。但在日本，第二次世界大战后的宪法受美国影响，强调自由主义和人权保障，对国家力量的强大本能地予以排斥，从而尽量用法益侵害这类客观的可观察事实来确定处罚界限，限制法官自由裁量权，肯定"个人自由主义"，从而认同结果本位刑法观。西原春夫教授说过："日本在很长的历史中，直到第二次世界大战结束前，既没有受到外国军队的攻击，也没有战败过，这在历史上是罕见的。正因为如此，日本国民对于因战败而受到的打击不知有多大……欧美战胜国以基本人权、自由、民主主义思想为中心的原理，在美国占领军的强有力的影响下，成为日本制定新宪法的基本原理，并且成为国民意识中信奉的金科玉律。与此相反，战败后的德意志，战争的责任全部集中到法西斯身上，除此之外的战前的思想仍然维持着，再加之北欧等国家在实践中建立的福利思想和制度仍在延续，德意志因而得以建构新的战后法治社会的国家形态。"（〔日〕西原春夫：《刑法·儒学与亚洲和平——西原春夫教授在华演讲集》，山东大学出版社2008年版，第21页）"美国人有充分理由对其战胜以来在管理日本方面所发挥的作用感到自豪。"〔〔美〕鲁思·本尼迪克特：《菊与刀——日本文化诸模式（增订版）》，吕万和等译，商务印书馆2012年版，第266页〕国家观的不同，使得德国刑法学中的不法判断为个人行为提供了样板、指引，展示了公权力积极的一面。日本刑法学则强调不法判断必须从客观化的角度来进行，从而限制司法权，以实现人权保障的目标。（2）受目的行为论影响的程度不同。德国是目的行为论的发源地，学者们普遍认同将主观要素作为判断不法的基础，承认人的不法论，并在此基础上承认结果无价值的评价意义和独立作用。但是，这样的理论基础在日本并不存在。日本刑法学通说拒绝将主观要素放到违法性判断中，将行为无价值视作结果无价值的对立面，从而否认二者之间的互补关系。（3）工业化及社会进程。德国在20世纪60年代后，比日本更早进入后工业社会，需要重建规范，对违反规范的行为进行惩罚的任务在德国比在日本更为迫切，因此，立法活跃化、处罚普遍化、处罚早期化在德国并未受到过多的抵触。近年来，日本的刑事立法也在实现这种转向，这也间接说明德国的行为导向刑法观的影响力在日本有逐渐增强的趋势。

上述两种立场，究竟哪一种合理，不好直接下结论。刑法学发展究竟走什么路，与国家观、经济社会发展形势、学者的阅读范围和个人体验都有直接关系，中国也完全不需要在德国、日本刑法学的后面亦步亦趋。但是，了解德日刑法学者的研究动向，始终站在学科前沿思考问题，是我们无法推脱的使命。各位在学习刑法的过程中，要更好地了解德日刑法学动态，知晓其理论的利弊得失，就不能从内心抵触德日刑法学者所提出的教义学理论。如果你接受这一点，我会给你提以下建议：学好日语或者德语，对你研究刑法非常重要。如果在研究生入学前你的日语或德语已达到阅读国外教科书的水平，那就最好。打开一扇窗，多了解世界，在研究生期间能够去德国、日本交流一段时间，对你未来的长远发展具有不可估量的作用。

4.3 在比较和借鉴中尽可能澄清误解

研习刑法，必须要有比较眼光、注重比较研究，但在引进德日刑法理论之初，可能会有很多误解，而且有的误解中可能还蕴含着积极的一面。日本学者丸山真男就提道，清末中国的思想家严复通过同时引进孟德斯鸠的思想和赫胥黎的进化论，创造了一个思想，并产生了巨大的影响。但是，把18世纪法国孟德斯鸠的思想和19世纪后半期英国赫胥黎的进化论结合在一起，这本来是不恰当的，如果单纯从欧洲思想史的发展来看，那简直是逻辑上的混乱。但是，如果内在地去理解严复对当时中国现状的认识和所采取的克服、解决的办法，把西欧思想用作改变现状的手段，那么就会发现，把孟德斯鸠的思想和赫胥黎的进化论同时引进并不奇怪（参见〔日〕丸山真男：《日本的思想》，区建英、刘岳兵译，生活·读书·新知三联书店2009年版，第94页）。

不过，话说回来，在比较研究过程中，有误解固然难以避免。但是，我们还是应当在尊重现在的德日刑法学，看看别人究竟是怎么讲道理的基础上，在比较中尽可能澄清对国外理论的误解，不能被某些误解牵着鼻子走，否则你有可能得出很多不当的结论，反而对你形成合理的刑法学知识结构不利。

刘仁文教授曾经发表过《再返弗莱堡》一文（参见刘仁文：《再返弗莱堡》，载《法制日报》2017年12月27日，第9版），他结合自己在弗莱堡参加学术会议所取得的收获，得出中国学者主体意识不够，存在着对域外知识的盲目推崇，甚至误读的结论。刘仁文教授的两个论据是：(1)在会议讨论环节，帕夫利克教授问中国通过什么来限制犯罪化，我方学者介绍，中国过去主要通过"社会危害性"这个概念来限制犯罪化，即只有具备较大的社会危害性的行为才可能构成犯罪，反之，没有社会危害性或社会危害性显著轻微的行为就不构成犯罪；但近年来越来越多的中国学者主张用"法益"概念来取代"社会危害性"，认为它更能起到限制犯罪化的作用。但此时，帕夫利克插话说，"法益"在德国并未起到限制犯罪化的作用，法益理论的实际效力被高估了，因为"法益"在内容上是空洞的。在2008年一起著名的兄妹乱伦案中，宪法法院指出：禁止兄妹间发生性关系完全是考虑了《基本法》（即德国宪法）的规定，而不需要考虑法益的概念。这不但宣布了法益理论的局限性，也说明从宪法的角度来审视某种行为是否应该给予刑事处罚更具可操作性。(2)刘仁文教授发现金德霍伊泽尔教授对于客观归责论并不感兴趣，认为客观归责论谈不上是对刑法学理论体系的创造性发展，它

定律4 带着比较眼光学刑法

只不过是对犯罪总论中一些具体问题解决方案的总结，而这些解决方案有些是有益的，有些则完全是多余的。刘仁文教授进一步感叹说：客观归责这一提法有些令人费解，其本身混杂了客观要件和主观要件的内容，起不到限制处罚范围的作用。因此，不能把客观归责论过于神化。对于特定行为是否创造了不被容许的风险这样的问题，根本无法像客观归责论所宣称的单纯从客观的基础去决定，而是也取决于行为人对特定情状的主观认识。

我认为，刘仁文教授的文章反映了他在对德国刑法进行比较和借鉴时，对德国刑法教义学存在着一定程度的误解，这也是各位在未来的学习中要尽可能避免的。

我们不能否定法益理论在限制犯罪化方面的作用。我也承认，法益概念的边界不太清晰，有些犯罪的法益高度抽象或精神化，用法益理论限制犯罪范围在个别情形下确实存在一定难度。但是，法益理论仅仅是在某些极端情况下难以约束立法、司法，通过法益概念来阐释刑事可罚的基本界限是可行的，不能否定法益理论的犯罪化限定功能。现在的问题是我们对法益理论的复杂性估计不足、研究不透彻，而不是法益概念存在什么根本性问题。

在论述法益理论在德国面临的局限性时，刘仁文教授引用了德国宪法法院对兄妹乱伦案的宪法诉讼判例。他认为，宪法法院的判决只考虑了《基本法》（即德国宪法）的规定，而没有采用法益概念。因此，法益理论无用。但是，刘仁文教授的分析存在先天不足，德国宪法法院不是联邦普通法院，无权对刑事案件适用刑法与否进行裁判，其只能在宪法诉讼中审查其他法院是否在相关判决中限制或剥夺了个人的宪法基本权利。因此，在其判决中当然不可能引用法益理论，刘仁文教授的第一个论据无法成立。

关于刘仁文教授所提到并批评的客观归责论，尽管人们对其仍存在各种争议，但该理论在方法论上的合理性、对整个刑法教义学的影响都是无可否认的。传统刑法理论在因果关系问题上通常采用条件说。但是，条件说的判断是事实判断、经验判断。为进一步限定处罚范围，客观归责论是在条件关系得以证成的前提下进行规范的归责判断，即在确定了某一行为是造成某一结果的原因后，再进一步按照规范的观点来检验结果是否要归责于此一行为，是对结果发生这笔"账"能否算到被告人头上的判断。实践中，有大量案件从事实的角度看条件关系都是存在的。但是，从规范判断的角度看，难以进行归责，客观的违法性就不存在。这样说来，在限定处罚范围方面，客观归责论的优势是显而易见的。对刑法思维方法上必须进行实质的规范的判断这一点，德国和日本一流学者均无人反对。

在我国司法实务中，在事实的因果关系之外，进行结果归属判断的方法论或者潜意识是存在的，即便司法判决没有使用通常所说的制造法所禁止的危险、实现法所禁止的危险、构成要件的效力范围等用语。在很多情况下，我国司法实务的特色是将归责的规范判断和条件关系的事实判断融合在一起考虑，而不是像德国法院那样相对明确地在对结果原因进行经验判断之后，再进行结果归属的规范判断。

所以，在研习刑法学，特别是对客观归责论进行研究时，可以对其下位规则、适用范围等有不同看法。但是，一定要看到，其所指明的刑法规范判断方向是完全没有问题的，至于是否非得使用客观归责这一术语倒是无关紧要。所以，一定不要排斥客观归责论及其方法论。

必须承认，法益理论、客观归责论是现代刑法学的核心内容，是整个刑法教义学的支柱。由这些基本概念和理论所支撑起来的教义学是刑法学发展的唯一方向。我国的刑法学发展当然要走自己的路，但通过比较和借鉴向他人虚心学习也很重要。否定法益理论的合理性，拒斥客观归责论及其方法论，会造成刑法教义学知识的根本性欠缺，也会展示出学者对刑法学发展的应然方向缺乏基本判断。一心向学的刑法学硕士生、博士生们不能被停留在直觉上、缺乏教义学应有训练的说法所迷惑，更不能思想固化，在原本应该轻装上阵、虚心学习欧陆刑法教义学理论的阶段，却固守与你们的年龄并不相当的陈旧知识体系。不能仅仅在对国外理论蜻蜓点水式地了解一个大概，或者在没有理解别人的问题意识和论证逻辑之时，就"开足火力"进行批评。刑法学上的比较、借鉴和批评，都以正确理解他国刑法学的理论构造、论证方式和时代背景为前提，不仅要看该国的刑法条文，而且要对其背后所涉及的一系列理论做体系性理解，还要理解相关立法和理论在实务中的运作状况，而不能将分析建立在误解或片面理解的基础之上。

定律 5

学会高效阅读刑法文献

定律 5　学会高效阅读刑法文献

读书使人进步。此言不虚！

要说起来，每个人的智商都差不多，但是，在学术上有大成就的人，一定都是读书很多的人。阅读可以锻炼大脑，促进大脑各项功能的发育（锻炼脑力和锻炼肌肉或许是一样的道理），增强思维分析能力，还会逼着你去思考人生。读很少的书，又想干大事，那就只能耍小聪明了，很难长久地成为"人生赢家"。

不可否认，各个学科的基础知识都能够从课堂获得，但是，要想进一步深入思考和研究某一个法律问题，则需要通过大量阅读获得。研习刑法，应当尽可能多阅读与法学有关的书籍，了解人类思想；多阅读相关刑法学重要文献，在此基础上多思考，形成自己的独特看法。

"不读书是不可能学好刑法的，读一两本书也不可能学好刑法。"（张明楷：《刑法第一课》，载桑磊主编：《法学第一课》，中国政法大学出版社2017年版，第93页）学会高效阅读，是刑法学习的又一个重要定律。所以，我在这里谈一谈研习刑法时的阅读问题。

5.1 明确你的核心阅读目的

每一个人在成长过程中,根据个人经历所获取的知识是很有限的,只有阅读才能让我们的知识成倍增长。因此,阅读的重要目的是让我们获得知识,让我们比没有阅读习惯的人了解这个世界更多一些。我觉得,就你们目前的学习来说,这是阅读的次要目的。

对各位来讲,大量阅读还有一个更为重要、特别实用的目的:积累更多的素材,便于自己更好地从事未来的研究和写作(至少能够把研究生毕业论文"对付"过去)。要超越别人,要脱颖而出,就必须比别人守更多的"孤灯清影"。众所周知,人的短期记忆很强,随着时间的推移所记住的信息会越来越少。所以,人们习惯说"岁月是把杀猪刀",人的记忆更经不起时间的考验。你看一本书或一篇论文之后,在几天甚至几个月中,对它的记忆可能还比较清晰,之后就逐渐模糊,过了很长时间,你可能就想不起来作者说过什么了。因此,你不要对自己的记忆能力"过于自信",它有时候会偷懒,有时候真的是力所不逮、记不住,你最好在刚看完一本书或者一篇论文,而且印象还比较深刻的时候,就做一些笔记。而这些笔记恰好可以帮助你,它可以是片言只语,也可以是比较详细的读书笔记,用以为你未来的写作或研究准备、积累素材。这种读书笔记,不是原封不动地摘抄，而是要把他人的想法过滤、"咀嚼"以后"内化于心"，积极消化，然后逼迫自己陷入卢梭所说的"一个孤独的散步者的遐思"。俗话说，一分耕耘一分收获，你现在看过的书或者论文，或许在眼下并没有用处，但是，你今后写论文或者思考问题时，当年记下的片言只语或许就会浮现在你脑海，变得很有用处。多读书，读好书，你一定会感觉到读书的好！

积累素材，未必仅仅是去读刑法书，读别的书，甚至闲书也可能促使你去思考刑法问题。

比如，清代文人曾衍东所著的笔记小说《小豆棚·李湘》中就记载了发生在浙江宁波的一个案件：有个叫吴慎修的裁缝，他的妻子袁氏和邻居马姓屠夫通奸。吴慎修有个喜欢搬弄是非的朋友叫李湘，有一天当面嘲笑吴慎修说："如果我有这样的老婆，早就把她杀了，哪像你这样只会做缩头乌龟。"吴慎修说："我不怕拼命，就怕被官府追究。"李湘笑着说："你几时看到过杀奸被判刑的？只怕还可以得赏呢！"

吴慎修果然买了把刀，以加夜班为名离家。实际上他拿着刀躲在角落里，半夜里见马屠夫进了自己家门，他就冲进去。不料马屠夫身强力壮，夺门而逃。吴慎修只杀了妻子，割下脑袋，用布包了，拎到李湘家，说："我把老婆杀了，该怎么去请赏？"李湘大惊，问："马屠夫的头呢？"吴慎修说马屠夫已经逃走了。李湘说："没有马屠夫的头就不能算杀奸了。"他叫吴慎修在家门口等着,杀一个过路人,再把尸体拖进去伪造现场。吴慎修回到家门口,正好见有个和尚经过,就从背后一刀捅死了和尚。他把尸体拖入房内,和自己老婆的尸体放在一起,割了那人的头,慌慌张张地赶往官府报案。

第二天一大早,县官带人到吴慎修家勘查现场,验尸的人将那和尚的僧衣一脱,发现原来是个尼姑。县官立即命令将吴慎修抓起来审问,吴慎修无言以对,只好一五一十说实话。最后,官府对吴慎修以故意杀人、李湘以教唆杀人判处死刑。

学习刑法时,我们总是对打击错误、对象错误以及因果关系错误有很多困惑,甚至觉得老师列举这么多学说就是为了"打精神牙祭",研究事实认识错误纯粹就是困在书斋里做学问。可是,如果碰巧读了《小豆棚》这样的书,你是不是对刑法上的认识错误问题会有新的或者更深的思考,会不会觉得刑法学有趣呢?

5.2 制订合理的阅读计划

制订阅读计划很重要。如果你刚开始读研,我希望你能够制订在校这几年的详细阅读计划,最好精确到每个月要读哪些书,要加以细化。阅读意味着就是要用时间去"堆",要下苦功夫、笨功夫,没有捷径可走,必须有足够的阅读量,只有这样，你今后思考、研究问题才有基础。要从事一项专题性的刑法学研究，如果有1万个小时左右的阅读积累，你就会得心应手。

这是什么概念呢？假设你每天看书或听讲的时间加起来是8个小时，每个月天天都在看书，总共是240个小时，一年就是将近3000个小时，3年多就能达到1万个小时。当然，如果每天达不到8个小时，你就需要4—5年的积累，才能达到我刚才所说的时间要求。只有经过这样长时期的历练，你才会对刑法学学科的几乎所有问题做到心中有数、游刃有余，今后在你的知识结构中才不会出现学术"盲区"，别人和你讨论刑法学中的无论哪一个问题，你都能够有所反应、能够应答。如果时间积累不够，你想要沉淀足够的知识，还是有一定难度的。

当然有的人会提出来，你这样的要求是不是太高了？在必须下苦功夫阅读方面，我建议大家多听听塞缪尔·约翰逊的说法。作为18世纪的英国学者，他出身贫寒，但经过不懈努力后成为一代文豪，编写过英语词典，写过《诗人传》，研究过莎士比亚戏剧。他成就巨大，不仅因为他记性特别好，而且读书不止，他说："一个年轻人一天应该阅读5小时，这样他会获得大量的知识……一个人要提高一般修养，读书应随兴之所至，一时想读什么就读什么；若是有某一门学问要学习，那自然就得经常坚持不懈地求得进步。我们有心读书时，读的东西留下的印象要深得多；

无心读书时,心思一半是花在集中注意力上,只有一半用在读的东西上。"(转引自贝小戎:《跟约翰逊博士学读书》,载《三联生活周刊》2019年第20期)

  制订阅读计划,要考虑个人之前的阅读、学习经历和阅读兴趣。这样,每个人的读书计划都是不同的。比如,很多人在之前的学习中如果已经阅读了大量刑法方面的教科书,现在就需要适度阅读论文、专著,同时要拓展阅读范围,民商法学、诉讼法学、证据学、社会学、法哲学的书都要看,甚至文学的书也要看,有时甚至看看金庸的武侠小说也没有问题,不能仅仅盯住几本教科书不放。当然,由于教育背景和个人志趣不同,每个人的阅读范围和方式不一样,所以,我在以往指导研究生的过程中,一入学就告诉他们,我希望你们每个人都能够根据自己的实际情况"量身定制"一个阅读计划。网上流传的刑法学研究生阅读书目有一定意义,但有的要么列举书目太多,要么不列举或者遗漏了很多重要的刑法学论文,它可能把你的学习限制在一个很逼仄的范围,或许并不适合你。

5.3 阅读的初阶、进阶和高阶阶段

  按理说,阅读是非常个人化的事情。由于每个人的学习基础、人生阅历、学习情趣不同,阅读的范围并不相同。对于读书,汪丁丁教授的说法颇有些神秘主义色彩:"我偶然

遇见叔本华的作品，佛家可以说，这是'缘分'，类似地，我读本科数学系时，偶然遇见罗素和怀特海，并通过罗素遇见休谟和黑格尔，佛家依旧说，这是缘分。一个人的阅读路径，与他的性情密切相关。一个人的性情，受到他的先天因素和后天因素的影响。三岁看大，七岁看老。先贤的作品是否有机会'击中'我，依赖于我的阅读路径。我的心境、情绪、人格气质，我的家人和朋友的气质和性格，我遇到挫折喜欢读何种书，我顺利时喜欢读很多书，诸如此类的因素冥冥之中引导我遇见我喜欢的作品。"（汪丁丁：《思想史基本问题》，东方出版社2019年版，第75页）我虽然不认为阅读有那么神秘，但是，确实哪一个先贤的作品能够"击中"你，取决于很多偶然因素。

就多数刑法学习者而言，我认为大概应该读哪些书，还是有一定之规的。我在这里把为研习刑法学的阅读分为初阶、进阶、高阶三个阶段，每个层次的阅读范围并不相同。

要确定自己应该看哪些刑法文献，与你现在处于什么样的阶段有关。如果你在本科阶段对刑法的学习投入很多，已经阅读了大量刑法教科书，你就可以直接进入进阶或高阶阶段。如果你刚开始上硕士研究生、博士研究生，你就需要思考这一阶段的学习有什么特点？和前一阶段的学习有什么差别？哪些知识是前一阶段就要掌握的？或者是有些你已经掌握了的内容，在目前阶段的学习中就不需要再重复学习。你一定要弄得很清楚，只有这样，才能够提高你的学习效率。

如果你在研究生阶段接受的信息，还是原来那些的话，或者说根深蒂固的本科阶段的知识还在你的大脑里打转，你的学习就很难有真正的提高。

最近20多年来，国内出版的刑法学著作可以说是"海量"的，要全面阅读，无论从时间，还是精力上看都是完全不可能的，也没有必要。选择其中的一些文献加以精读，则是有必要的。你既要看中国刑法学者的著作，也要读国外学者的著作。阅读这些著作，对于你分析刑法问题，形成刑法思维和刑法学眼光，会有实际帮助；对于开阔你的知识视野，形成广泛的知识视域，也一定会有意义。

5.3.1 初阶阅读

在这个阶段，你一定要选择既有作者的独立见解，又对刑法学的基本观点有所提炼的体系性教科书进行阅读，并且最好是独著，而非合编的。这种个人独著的教科书可能会有多本，包括陈兴良教授、张明楷教授、阮齐林教授、曲新久教授、黎宏教授以及我本人撰写的教科书，你都要尽量抽出时间去看看。这几本教科书各自的特色都很鲜明，也有很多创新的地方，对刑法难题的分析和解决有深度，对于开阔你的视野、提高你的刑法学整体水平会有实际帮助。

具体来说，以下著作是你在初阶阅读阶段最好不要绕过的：

（1）高铭暄、马克昌主编：《刑法学》（第十版），北京大学出版社、高等教育出版社2022年版；

（2）陈兴良：《教义刑法学》（第三版），中国人民大学出版社2017年版；

（3）张明楷：《刑法学》（第六版·上下册），法律出版社2021年版；

（4）周光权：《刑法总论》（第四版）、《刑法各论》（第四版），中国人民大学出版社2021年版。

5.3.2 进阶阅读

在进阶阅读阶段，你需要尽量跳出中国刑法学教科书的限制。不同的阶段，读的书不一样，本科阶段看中国学者写的教科书基本就可以了，硕士生和博士生阶段就不能满足于这个目的，要多看书，阅读范围要尽量超出耳熟能详的教科书。

有人观察后说，法学专业很奇怪，历史学、经济学、哲学等学科写专业论文时，在注释中基本不引用教科书，但法学论文引用中国学者撰写的教科书的情形很多。这个说法也从侧面敲打我们，在学习刑法的过程中，特别是博士生阶段，如果也是只看教科书，写论文就会局限在教科书的框架内，往往理论水平不高或深度不够。所以，你的阅读范围应该跳出中国刑法学教科书这个"紧箍咒"。

在这一阶段，有很多书值得你去看。比如：

（1）王作富主编：《刑法分则实务研究》（第五版·上中下册），中国方正出版社2013年版；

(2) 陈兴良：《刑法哲学》（第六版），中国人民大学出版社 2017 年版；

(3) 陈兴良：《刑法的知识转型（学术史）》（第二版），中国人民大学出版社 2017 年版；

(4) 张明楷：《刑法分则的解释原理》（上下册），高等教育出版社 2024 年版；

(5) 张明楷：《刑法的基本立场》（修订版），商务印书馆 2019 年版；

(6) 冯军：《刑法问题的规范理解》，北京大学出版社 2009 年版；

(7) 黎宏：《刑法总论问题思考》（第二版），中国人民大学出版社 2016 年版；

(8) 周光权：《刑法客观主义与方法论》（第二版），法律出版社 2020 年版；

(9) 劳东燕：《风险社会中的刑法》（第二版），北京大学出版社 2023 年版；

(10) 车浩：《刑法教义学的本土形塑》，法律出版社 2017 年版；

(11) 蔡桂生：《构成要件论》中国人民大学出版社 2015 年版；

(12) 付立庆：《犯罪构成理论：比较研究与路径选择》，法律出版社 2010 年版。

如此等等，不一而足。

此外，在进阶阅读环节，你还应该阅读国外学者所写的研究型教科书。为此，建议你最好能够仔细阅读以下著作：

（1）〔日〕西田典之：《日本刑法总论（第2版）》，王昭武、刘明祥译，法律出版社2013年版；

（2）〔日〕西田典之著、〔日〕桥爪隆补订：《日本刑法各论（第七版）》，王昭武、刘明祥译，法律出版社2020年版；

（3）〔日〕山口厚：《刑法总论（第3版）》，付立庆译，中国人民大学出版社2018年版；

（4）〔日〕山口厚：《刑法各论（第2版）》，王昭武译，中国人民大学出版社2011年版；

（5）〔日〕前田雅英：《刑法总论讲义（第6版）》，曾文科译，北京大学出版社2017年版；

（6）〔德〕克劳斯·罗克辛：《德国刑法总论（第1卷）：犯罪原理的基础构造》，王世洲译，法律出版社2005年版；

（7）〔德〕克劳斯·罗克辛：《德国刑法总论（第2卷）：犯罪行为的特别表现形式》，王世洲主译，法律出版社2013年版；

（8）〔德〕乌韦·穆尔曼：《德国刑法基础课（第7版）》，周子实译，北京大学出版社2023年版；

（9）〔德〕冈特·施特拉腾韦特、〔德〕洛塔尔·库伦：《刑法总论I——犯罪论（2024年第5版）》，杨萌译，法律出版社2006年版；

（10）〔德〕汉斯·海因里希·耶赛克、〔德〕托马斯·魏特根：《德国刑法教科书》，徐久生译，中国法制出版社2017年版；

（11）〔德〕乌尔斯·金德霍伊泽尔：《刑法总论教科书（第六版）》，蔡桂生译，北京大学出版社2015年版。

这些教科书总体上写得很深入，各具特色，其中有很多系统知识值得你去学习。读这些著作，你能够从不同流派的争论点出发，逐步建立起自己的概念体系和应对实务难题的方案。

需要再次重申的是，在看这些教科书时，绝对不能把中国刑法学和外国刑法学分得那么清楚，你要学习的是他们争论的观点背后所涉及的问题在中国是否同样存在。所以，你一定要想到刑法是用技术手段来解决社会纠纷，来确定行为的性质，来解决人们之间的争议，它不涉及意识形态。阅读这些进阶读物时，你不需要区分这是日本的，那是德国的。当然，它们可能会有一些细微的差异。尤其是在处理问题的时候，比如现在有一个结果加重犯的案件，这类案件在实践中很多，有的案件处理起来很棘手，日本学者会提出很多方案，德国学者也有很多方案，国内学者还有很多研究，你在阅读、学习过程中，无须随时去想德国学者或者日本学者怎么讲，只需要想它们都是现代刑法学的组成部分即可。然后，你自己再形成一个倾向性的解决这类案件的方案。这样的阅读才干扰最少，效率最高。

在进阶阅读阶段，你还要随时关注司法实务，多看看疑难案件的裁判文书，以及有关案例分析的著作。很多老师在写论文或者讲课时，举的不少例子是国外的教学案例，未必很合适。近年来，有些年轻老师在期末考试中编一些"神剧"作为试题，我也持保留态度，因为这些"编"的案例既未能用事实方面的陷阱考查学生的敏锐观察力，也很难用重要争点去检验学生的分析论证能力。考试应当着重检验学生的刑法适用能力、解释能力，为此就应当选取实务中的"难办案件"作为素材。其实，目前我们在实务中遇到的难题和德国、日本的案件没有什么差异，国外发生的疑难案件在我们这里几乎都有，只是我们过去的研究不是特别重视判决，这才导致我们讲到一些案例的时候，单纯援引德国、日本的案例。如果你的阅读范围能够广一些，及时关注实务案件的处理，你未来的研究就会言之有物。

关于案例分析方面的著作，目前已经有很多，我向各位推荐几本：

（1）陈兴良主编：《刑法总论精释》（第三版·上下册），人民法院出版社2016年版；

（2）陈兴良主编：《刑法各论精释》（上下册），人民法院出版社2015年版；

（3）车浩：《车浩的刑法题》（第2版），北京大学出版社2021年版；

（4）陈璇：《刑法思维与案例讲习》，北京大学出版社

2023年版；

(5) 蔡圣伟：《刑法案例解析方法论》（第4版），元照出版公司2023年版；

(6) 江溯主编：《美国判例刑法》，北京大学出版社2021年版；

(7)〔日〕山口厚：《从新判例看刑法（第3版）》，付立庆、刘隽、陈少青译，中国人民大学出版社2019年版；

(8)〔德〕克劳斯·罗克辛：《德国最高法院判例：刑法总论》，何庆仁、蔡桂生译，中国人民大学出版社2012年版；

(9)〔德〕埃里克·希尔根多夫：《德国大学刑法案例辅导（新生卷·第三版）》，黄笑岩译，北京大学出版社2019年版。

通过进阶阶段的阅读，你会发现自己对问题的处理能力、对难题的解决能力，在不知不觉中得到提升，而且进步会非常明显。到进阶阅读阶段结束的时候，你的刑法学知识水平会有一个质的飞跃。

5.3.3　高阶阅读

这一阶段，主要应该就你所感兴趣或者意欲深入研究的问题沉下心来阅读有一定论争性的文献。例如，关于结果无价值论或者行为无价值论的争论，在刑法学习时是绕不开的问题。对此，你既要阅读一些结果无价值论者的作品（例如，张明楷：《行为无价值论与结果无价值论》，北京大学出版社

2012年版；付立庆：《主观违法要素理论——以目的犯为中心的展开》，中国人民大学出版社2008年版；等等），也要阅读有关行为无价值论者的文献（例如，周光权：《行为无价值论的中国展开》，法律出版社2015年版，等等）。

此外，你还应该阅读有一定深度的专题性研究成果。近年来，我国学者尤其是许多中青年学者写出了很多相当出色的专著，思考非常深入，值得你阅读。由于类似有新意、有深度的专著每年都在新增，难以一一列举，这里仅举四例：

（1）车浩：《阶层犯罪论的构造》，法律出版社2017年版；

（2）柏浪涛：《错误论的新视觉》，中国民主法制出版社2020年版；

（3）陈璇：《刑法归责原理的规范化展开》，法律出版社2019年版；

（4）杨绪峰：《过失犯的结果回避可能性研究》，中国社会科学出版社2023年版。

在高阶阅读阶段，国外学者的很多著作，你也最好不要错过。例如：

（1）〔日〕井田良：《刑法总论的理论构造》，秦一禾译，中国政法大学出版社2021年版；

（2）〔日〕松原芳博：《刑法总论重要问题》，王昭武译，中国政法大学出版社2014年版；

（3）〔日〕佐伯仁志：《刑法总论的思之道·乐之道》，

于佳佳译,中国政法大学出版社2017年版;

(4)〔德〕克劳斯·罗克辛:《刑事政策与刑法体系(第二版)》,蔡桂生译,中国人民大学出版社2011年版;

(5)〔德〕埃里克·希尔根多夫:《德国刑法学:从传统到现代》,江溯等译,北京大学出版社2015年版。

除了上述著作,还有很多需要你在高阶阅读阶段去看的论文。但由于刑法论文浩如烟海,需要你挑选与你当下关注和思考的重点有关的篇什展开阅读。也就是说,在你对某一专题进行研究时,你需要有所侧重地选择一些有深度的论文进行深度阅读。由于刑法学论文是海量的,要求你阅读全部论文显然是不现实的,因此,对很多论文的阅读必须结合你的写作和研究展开。比如,你要深入思考客观归责论,就需要阅读梁根林教授、希尔根多夫教授主编的论文集〔梁根林、〔德〕埃里克·希尔根多夫主编:《刑法体系与客观归责:中德刑法学者的对话(二)》,北京大学出版社2015年版〕,以及赵书鸿等青年学者参与翻译、编辑的论文集〔赵秉志、宋英辉主编:《当代德国刑事法研究》(2017年第1卷,总第2卷),法律出版社2017年版〕,然后再去阅读大量论文,如沃尔夫冈·弗里希的论文〔〔德〕沃尔夫冈·弗里希:《客观之结果归责——结果归责理论的发展、基本路线与未决之问题》,蔡圣伟译,载陈兴良主编:《刑事法评论》(第30卷),北京大学出版社2012年版〕、许乃曼教授的论文〔〔德〕许乃曼:《所谓不纯正不作为犯或者以不作为实施之犯罪》,王莹译,载陈泽宪主编:《刑事法前沿》(第六卷),中国人民公安大学出版社2012年版〕等。再比如,你在思考犯罪论体系时，就应该阅读乌尔斯·金德霍伊泽尔的论文（〔德〕乌尔斯·金德霍伊泽尔：《论犯罪构造的逻辑》，徐凌波、蔡桂生译，载《中外法学》2014年第1期），以及英格博格·普珀的论文（〔德〕英格博格·普珀：《论犯罪的构造》，陈毅坚译，载《清华法学》2011年第6期），等等。因此，阅读这些论文能够真正充实你的知识储备，服务于你的写作。"怎样去看已有的论文才好呢？需要注意以下三点。第一，作者如何从已有的研究中发现漏洞，为了填补漏洞，使用了什么方法，为什么选择这个方法？第二，所选择的方法产生了什么样的成果？第三，成功或失败的原因在哪里？"（〔日〕大村敦志等：《民法研究指引：专业论文撰写必携》，徐浩等译，北京大学出版社2018年版，第35页）

在高阶阅读阶段，你还应该尽可能多地阅读刑法学之外的经典文献。如果说学习经济学知识对学习民商法学、经济法学会有帮助，那么，阅读社会学、哲学著作对你学习刑法学就一定会有益处。研习刑法时，确实需要通过课外大量阅读经典文献来拓宽知识视野，而需要各位去阅读的经典文献又可以分为不同类型。

一类是哲学、社会学经典著作。对于多数本科生而言，这类经典文献或许很难读，但是对于研究生而言，要多读一些经典文献。比如，我建议大家看看福柯的著作，你会受到意想不到的启发。大量哲学、历史学经典文献从法学问题出发，但又超越了法学视野，有些经典文献，比如康德、黑格尔的著作，在刑法学研究中也是绕不开的。如果你要思考刑罚正当根据等问题，首先绕不开的就是康德，绝对报应、社会正义、自由等观念都来自他。然后是黑格尔，规范违反说还有很多新康德主义的文献，都与黑格尔有关。讲到这里，我又要提一下陈兴良教授撰写的《刑法的启蒙》（陈兴良：《刑法的启蒙》（第三版），北京大学出版社2018年版），很多经典文献通过陈老师的解读变得很容易理解。所以，我认为陈老师这本书具有经典文献的导读性质，很值得大家去阅读、学习。

另一类是刑法学派的经典文献。比如龙勃罗梭的书，我建议你们最好从头到尾读一下，对开阔我们的视野是有用的。还有贝卡里亚、边沁等人的著作。你的刑法学思考如果想走得更远，得有底色在里面，这些刑法学经典文献，都会成为你的刑法学思考的底色。

此外，我还建议你尽可能挤出时间阅读以下著作：

（1）〔德〕英格博格·普珀：《法学思维小学堂：法律人的6堂思维训练课（第二版）》，蔡圣伟译，北京大学出版社2024年版；

（2）〔美〕斯蒂芬·E.巴坎：《犯罪学：社会学的理解（长四版）》，秦晨等译，上海人民出版社2011年版；

（3）〔美〕米尔伊安·R.达玛什卡：《司法和国家权力的多种面孔：比较视野中的法律程度（修订版）》，郑戈译，中国政法大学出版社2015年版；

（4）〔德〕卡尔·拉伦茨：《法学方法论》，陈爱娥译，商务印书馆2003年版；

（5）〔德〕托马斯·M.J.默勒斯：《法学方法论（第4版）》，杜志浩译，北京大学出版社2022年版；

（6）储槐植、江溯：《美国刑法》（第四版），北京大学出版社2012年版；

（7）〔德〕阿图尔·考夫曼：《法律哲学（第二版）》，刘幸义等译，法律出版社2011年版；

（8）〔德〕温弗里德·哈斯默尔、〔德〕乌尔弗里德·诺伊曼、〔德〕弗兰克·萨利格主编：《当代法哲学和法律理论导论（第九版）》，郑永流译，商务印书馆2021年版。

阅读是高度个体化的人生体验，上面这些书单，难免挂一漏万。但是，这毕竟是我通过20多年的反复摸索"淘出来"的，对你至少有一定的参考价值。

5.4 如何高效地进行阅读

阅读的方法，每个人都不一样，我自己比较看重的高效阅读方法有以下四点：

一是将阅读与理解紧密结合起来，读懂作者的真实意思。我曾经观察过自己的研究生如何读书，发现有极个别同学看书几乎是一个字接着一个字地往下念，念过就算了，基本记不住。所以，每个人都要摸索对自己而言特别有效的阅读方法。"为了获得一个清晰的理解，你必须在阅读时就对自己的理解有一个完整的把握。做一个积极的阅读者！积极阅读意味着带着策略和目的去阅读。这意味着，你必须把握自己所读的内容、评估自己学到的知识。"（〔美〕特蕾西·E.乔治、〔美〕苏珊娜·雪莉：《到法学院学什么——美国法入门读本》，屠振宇、何帆译，北京大学出版社2014年版，第71页）

各位大概从上初中开始（近年来，好像从小学就开始了），语文老师就会要求你掌握每篇文章的"中心思想"。对于这种教学方法，我们大多会去诟病。但是，你要仔细想想，老师这样要求也可能是合理的。不这样，你怎么能够集中注意力去关注作者的真实想法、核心思想。不过，各位今天的阅读，不是要你单纯去掌握作者的核心观点（中心思想），而是要你结合之前掌握的知识、了解的经验与文本进行对话。只有把你现有的知识与作者在文本中传递的信息进行比较，你才能知道自己知识的不足，才能判断出文本的作者讲得是不是有道理，才能更精确地掌握文献，进而锻炼自己的归纳、整理、提炼文献的能力。我最近给博士生讲外国刑法专题，让同学们课外看大量文献，然后在课堂上对他们进行提问："你是否阅读完了指定的文献？你觉得作者说得有道理吗？哪些观点、哪些论述最为精彩，让你有意想不到的收获？哪些文献很一般，如果要你对其进行修改，你从何处入手？如果这个主题完全由你来写，你的核心观点是什么，你有哪些判决做支撑，你如何谋篇布局？"这样的提问，很多时候涉及对文献作者的批评，所以略显苛刻，选我课程的博士生们有时候也觉得勉为其难。但是，我认为，在阅读过程中掌握作者的核心观点（中心思想），同时懂得换位思考，对阅读者理论研究能力的提升应该是有好处的。这种以阅读为前提的学术训练我们过去做得不是多了，而是太少了。

在阅读完一篇文献以后，要想对文献内容理解得更为透彻，我觉得写好在这一讲开始提到的读书笔记就很重要。胡适先生说："吸收进来的智识思想，无论是看书来的，或者是听讲来的，都只是模糊零碎，都算不得我们自己的东西。自己必须做一番手脚，或做提要，或做说明，或做讨论。自己重新组织过，申叙过，用自己的语言记述过——那种智识思想方才算是你自己的了。"（胡适：《读书与治学》，生活·读书·新知三联书店1999年版，第7页）

对于如何做读书笔记，在专门性的讨论学习方法的著作中对此大多有所涉及，一般也都认为，只有积极阅读才能对文献内容有深入的理解。在进行积极阅读时，要准备好所读的书，并做一些必要的笔记。流沙河先生说："读书不是看书。看书随便，车上枕上厕上，以及会上，皆可。读书则须端坐桌前，研磨濡毫，外添一支红铅笔在手，潜心阅览，划红杠，写眉批。"（流沙河：《晚窗偷得读书灯》，新星出版社2015年版，第29页）这也是在讲读书时做笔记的重要性。在进行积极阅读时你需要记下：（1）这一节中主要观点是什么？（2）我怎样才能记住主要观点？（3）我要怎样将主要观点拓展开以及应用它？第一个问题仅仅促使你完整地获取信息；

第二个问题迫使你对信息进行联系、视觉化；第三个问题要求你将信息应用在不同的情境中（参见〔加〕斯科特·扬：《如何高效学习》，程冕译，机械工业出版社2013年版，第75页）。

在阅读刑法学著作时，做读书笔记的方法未必完全按照前面所说的套路来。但是，无论如何你要探索出自己应如何做读书笔记的一种有效方法。应该说，在刑法学研究中，纯粹资料积累型文献很少，大量的学术著作和论文都有一个"中心思想"，你读完之后，要能够用自己的语言表达、概括出来。我也曾经在一些研究生课程上，要求学生课前阅读文献，在课堂上先用一段话概括作者的主要想法，再慢慢浓缩为三句话、两句话、一句话，以此训练学生的概括能力。要做到这一点，确实应该做一些必要的读书笔记，好记性不如烂笔头。读书笔记不是复印资料，不是原文摘抄，而是要在理解的基础上，用你自己的话说出来。只有这样，才能表明你理解了作者的意思，把别人的东西变成了自己的，这和写作时的抄袭有实质差别。我自己不成熟的经验是：对一些感觉写得很好的著作，在看完每一章以后，记下作者的创新点或主要观点；在看完全书以后，对作者的"中心思想"或主要创新点进行概括、提炼，最后就会形成对整部文献的看法。这样做，也是对自己进行思维上的锻炼，通过长期积累，一定能够为你未来的思考、研究、写作打下坚实的基础。

更为简略的读书笔记是"树干结构"式的。以不作为犯为例，"作为义务"是核心概念，是树干，在此之外，衍生出形式说、实质说，这两种学说各自又有一些下位判断规则，尤其是实质说的法益保护型义务和危险源管理监督型义务之下有很多复杂问题值得研究，你在做读书笔记时，围绕这些从"树干"衍生出来的"树枝"，可以择其要者做必要的记录，以使你的阅读更有效率和效果。

这样的读书笔记是把要点整理出来，有利于掌握所阅读文献的全貌。因此，从文字上就不会有特别的要求，可长可短，最短几十字，最长不宜超过3000字。另外，对于某些特殊的、重要的、创新性极强的观点最好把要点记下来，但不需要你去背下来。切记不能把书读死了。

在读书的时候，最好把一本书从头读到尾，不要跳着读，也不要选择章节读，不能"挑三拣四"和"断章取义"，因为只有完整地读完一本书，才能了解作者观点的前后关联性、理论体系性。在进阶阶段阅读日本、德国的著作时，这一点显得更为重要。国外教授特别注重思考的连贯性，他们做得真的很好，在其著作和论文中，对主要观点的阐述确实是沿着一条线下来的，和整个刑法学知识体系是密切关联的。比如我们在思考犯罪事实支配说时，当然要想到其是对正犯和狭义共犯进行区分的理论，同时要将其与共犯论的其他知识（如共谋共同正犯、共犯处罚根据、身份犯等）相贯通。此外，还要考虑该问题也与犯罪的实行紧密关联。因此，读一本书时，一定要从头到尾、一气呵成，这样才能确保今后思考问题时的周密,杜绝断章取义、虎头蛇尾。

二是在阅读过程中要善于提问。有的同学在阅读完某些重要文献的每一章后,都会提出很多问题,列明作者讨论的哪些问题是非常重要的,作者的哪些观点是值得质疑的。我认为,这样一边阅读一边提问的方法很好。在做这种提问、设问时,特别要注意这样几点:文献中的这些理论和实务是什么关系;能够解决实务中的哪些难题;作者的问题意识和解决思路是否正确;对这一问题其他学者是怎么考虑的。很多人都讲,提出问题比解决问题更重要。如果在阅读过程中有意识地培养自己提出问题的能力,就一定能够让你的阅读有意想不到的收获。

三是要慢慢把书读薄。现在的刑法学著作一般都在300页以上,因此你要把书读"薄"。文献中的重点是什么,你要大概能够说出来。如果在花费很多时间阅读之后,书还是很"厚",就说明有问题。300页以上的著作,读完之后,你能够在两三分钟内把全书的核心内容描述出来,把作者的核心观点慢慢提炼出来,就很不错了。比如,在高阶阅读阶段,你可以看看涂尔干的著作(〔法〕埃米尔·涂尔干:《社会分工论》,渠东译,生活·读书·新知三联书店2000年版)。读完以后,你应该提炼出作者的问题意识,一个社会怎样才是道德的社会、好的社会?在涂尔干看来,社会团结有两种:一是机械团结,在这样的社会里,所有人看起来似乎都很友好,社会团结、有序,但每个人都没有特色、个性;二是有机团结,每个人都有自己的特色，都能发挥自己的个性和作用。涂尔干说，要观察一个社会好与不好有很多指标，法律是其中一个重要指标。在机械团结的社会里，刑法最为发达，人们将犯罪视为侵犯集体意识的行为，在这样的社会，民商法都是没有的，而这样的社会注定存在缺陷。随着近现代社会的发展，民商法逐步强大，法人组织特别发达，个人能找到自己的位置，整个社会就符合有机团结的社会，刑法的作用和影响力不断下降。涂尔干似乎在讲刑法和民法、商法此消彼长的发展态势，但是其讨论的是社会团结和社会进步问题，阅读这一文献对学习刑法是有好处的。涂尔干的书很厚，看的时候如果能够好好归纳，看看他想通过这本书告诉我们什么道理，你就会从他的论证和结论中感受到惊喜。这种惊世之作一般人肯定写不出来，但我们可以尽量去阅读，从中感受经典作家的问题意识和思考方法。

四是要在阅读中积累知识，把他人的知识吸纳、转变成自己的知识体系的有机组成部分。通过阅读，把握他人的观点和思路，慢慢地进行思考，为自己以后思考、做研究做好积累。这样，写在纸上的知识、别人的知识慢慢地就会成为你做研究时可以应用的文献。如果阅读之后马上就忘了，实在太可惜了。读书时，绝不能"十年寒窗，一朝忘光"。当然，很多书在看过之后，要回过头去记住全部细节是不可能的。但是，对于那些让人很震撼的观点你应该记住，使之成为自己的知识储备。比如，关于行为人对于幼女年龄是否需要明知,最高人民法院曾经发布《关于行为人不明知是不满十四周岁的幼女,双方自愿发生性关系是否构成强奸罪问题的批复》(2003年1月17日发布,现已失效),其中规定:行为人明知是不满十四周岁的幼女而与其发生性关系,不论幼女是否自愿,均应依照《刑法》第236条第2款的规定,以强奸罪定罪处罚;行为人确实不知对方是不满十四周岁的幼女,双方自愿发生性关系,未造成严重后果,情节显著轻微的,不认为是犯罪。对于这一司法解释,苏力教授进行了猛烈抨击,他的理由集中起来主要有三点:(1)世界上绝大多数国家都规定了只要是同法定意思表示年龄以下的非其配偶的女性(或男性)发生性关系,即构成法定强奸。从英美国家的法律史上看,支持有关法定强奸之法律有两个基本理由:第一个理由是需要给予年轻女孩严格的保护,第二个理由是被告犯法定强奸的犯罪意图可以从他有意做这些道德上或法律上不当的行为中推断出来。更进一步看,法定强奸之罪的形成史表明,从古代开始,法律就对于那些被认为是年龄太小而不能理解自己行为的女性予以特别保护。因此,在美国法律中其一直都被视为一种严格责任。我国《刑法》第236条关于奸淫幼女的规定,也应被视为严格责任的制度设计。(2)这一司法解释一旦付诸实践可能造成严重后果。该司法解释事实上选择性地将被社会唾弃且无法容忍的同幼女的性关系豁免了。而这种豁免客观上主要是因为某些有权有势可以利用各种权力和机会与幼女发生性行为的男性,利用其地位、影响，更容易以各种方式诱使少女"自愿"，而且他们也更可能"确实不知"少女的年龄。而其他与幼女自愿发生性关系的人则由于其他原因无法豁免。特别应当注意的是，少男幼女之间相对来说更为纯洁的双方自愿的性冲动，则由于他们肯定了解对方年龄，根据该解释，反倒有很大可能受到强奸罪的惩罚。(3)大陆法系刑法学传统中的责任主义原则如果没有变通就是不合适的，犯罪构成要件理论的实际功能需要反思。犯罪构成要件作为一种公式化操作的便利工具，如果要保持其开放性和实用性，就必须考虑一定程度的例外情况，同时，在案件处理涉及公共政策，固守传统犯罪构成要件理论会明显得出不合理结论时，需要弱化构成要件的功能，不将构成要件理论作为公共政策决策的决定性知识框架（参见苏力：《道路通向城市：转型中国的法治》，法律出版社2004年版，第116页以下）。苏力教授按照英美刑法的严格责任论来分析奸淫幼女时不需要明知的观点，一定会让坚持责任主义的刑法学者很震撼。阅读这样的文献，就应该充分关注其独特性，无论你赞成还是反对苏力教授的主张，在今后研究责任论时，都无法完全无视这一文献的存在。通过阅读把别人的知识变成自己的，并不意味着写文章时就一定会引用那个文献，而是文献中的核心观点能够成为你所储备的知识，在你需要时能够想得起来，成为你反驳的对象或者支撑你观点的素材，在你进行刑法学论文写作时，确保你的核心观点没有教义学知识上的明显缺陷。

最后，关于如何阅读这部分，我需要借用王涌教授的一句话作为结尾："你千万不能成为法学院的猪，一定要成为一只狼，自己捕猎食物，图书馆就是你的地盘。"（王涌：《写给十八岁的法学少年卡尔》，载桑磊主编：《法学第一课》，中国政法大学出版社2017年版，第17页）确实，唯有与好书为伴，你才能不至于堕落为"法学院的猪"。

5.5 你可能还需要一个《"不必读"书单》

说实话，有些书你未必要读。因此，你还需要列出一个《"不必读"书单》，因为你不能把有限的时间浪费在不值得的书上。有一个文学方面的教授就列过这样的书单，他认为绝大多数中国古典小说（除了四大名著、《金瓶梅》《儒林外史》《聊斋》等少数作品，都不值得读；很多现当代文学作品、当代中国人写的历史小说、通俗小说，所有名著的续书，以及译为中文的很多经典哲学著作，都不值得你为此投入巨大精力。他说得对不对，见仁见智。但他提示的这个问题，很有价值。

为了不得罪人，我在这里没有办法为你列出刑法学领域的《"不必读"书单》。但可以举一个例子，比如，讲述某个或某些刑法学家如何成名成家、如何取得创造性成果的书籍（如传记），其实质有点像成功学、心灵学，里头可能含有鸡汤，请慎入。再说，别人如何取得成功，无非天分加上努力,你也许学不来,看那些书,意义有限。我这样说是有根据的。著名作家池莉在一次关于阅读的研究中说过,最值得警惕的一类书是名人传记。对这类书要慎读。大家想想,失败者是没有传记的,传记全是成功者,是极少数天才,并非所有人都可以有那种天分和机遇的。许多人看多了名人传记,容易得病,这个病就叫作"传记选择偏见",这种偏见会固执地影响人的行为,老以为自己是天才,老以为自己是特殊的,是被上帝选中的。许多人会严重脱离现实而误入"现实扭曲场",还认为自己是接受了励志教育,在做很正确的事情。某人也许是一个很好的技工,结果要做乔布斯;本来是安分贤淑的一个女会计,结果到处赶场花大钱包装自己要当歌星。这就往往导致人生悲剧,处处碰壁,一生无成,枉费生命。我觉得池莉说得有道理,希望各位尽量不读那些价值很有限的书,把有限的生命投入无限的、有价值的阅读中。能够进入刑法学《"不必读"书单》的书籍,除了这类刑法名人传记,也可能还有其他书籍,你可以一边学习,一边归纳、总结,这种经验有个体性,不可一概而论。作为本部分的结束语,我想详细引述一下朱光潜先生的说法,与大家共勉:"关于读书方法。我不能多说,只有两点须在此约略提起。第一,凡值得读的书,至少须读两遍。第一遍须快读,着眼在醒豁全编大旨与特色。第二遍须慢读,须以批评态度衡量书的内容。第二,读过一本书,须笔记纲要和精彩的地方和你自己的意见。记笔记不仅可以帮助你记忆,而且还可以逼得你仔细，刺激你思考。记住这两点，其他琐细方法便用不着说。各人天资习惯不同，你用哪种方法收效较大，我用哪种方法收效较大，不是一概而论的。你自己终究会找出你自己的方法，别人决不能给你一个方单，使你可以'依法炮制'。"（朱光潜：《给青年的十二封信》，东方出版中心2016年版，第6页）

定律 6

培养自己的刑法思维

定律6　培养自己的刑法思维

"法学院并不会给出法律问题对应的'正确答案'，而是要练就你组织答案、解决问题的能力、方法和步骤。"（[美]特蕾西·E.乔治、[美]苏珊娜·雪莉：《到法学院学什么》，屠振宇、何帆译，北京大学出版社2014年版，第5页）而要做到这一点，学会独立思考就是学习法律时很重要的一件事情。"法律家一般来说掌握了法的思考方法，人们平时所说的'法律头脑'就是指这个。"[[日]西原春夫：《刑法的根基与哲学（增补版）》，顾肖荣等译，中国法制出版社2017年版，第191页] 思考刑法理论问题时，不同的人有不同的切入点、不同的路径。如何进行思考，这个问题不容易讲清楚。但是，我还是想结合自己的一些体会和各位聊聊。

"没有任何东西比可靠的思维更有用……在你生活的任何领域和情境中，良好的思维都会令你获益；相反，糟糕的思维则明显导致问题的出现、时间和精力的浪费，并引发沮丧和痛苦的感受。"（[美]理查德·保罗、[美]琳达·埃尔德：《思辨与立场：生活中无处不在的批判性思维工具》，李小平译，中国人民大学出版社2016年版，第10页）因此，培养自己的刑法思维，形成有特色的刑法上的思考方法，能够逐步进行阶层性、规范性、体系性思考，是学习刑法的重要定律之一。

6.1　思考的前提：若干共识

在学习刑法的过程中，要随时注意以下几点，才能将刑法学这门课程学好、学透彻。

首先，运用刑法学和民法学、商法学思考问题的方法并不相同。民法学、商法学重在通过各方都能够接受的、比较缓和的方式调整社会关系，强调利益平衡，法律解释方法多样化。刑法对犯罪进行处罚，法律反应强烈，被告人一旦被确认有罪，会有重大的权利丧失，法律解释方法受到很多限制，刑事法官的自由裁量范围也不如民商事法官那么大。

其次，刑法学与犯罪和刑罚有关，但并不意味着它就只强调惩罚。现代刑法制度已经从过去的单纯主张惩罚转向对被告人权利的保障，只要法律对个人的行动自由未加以限制，刑法就不能对这种行为进行惩罚；同时，不能为了从整体上保卫社会而对个人施加惩罚。

最后，为了确保依据刑法的惩罚是妥当的，防止错案的出现，对刑法的解释必须十分精巧，必须注意观察各种不同解释方法得出的结论的差异性，在不同的解决方案中寻找最合理的案件处理方法。尤其要注意的是，在进行刑法解释时，不要动辄把"寻找立法原意"挂在嘴边。"事实上，并不存在所谓的立法本意或者原意，我们也没有获得立法本意或者原意的路径。一些人声称的立法本意或者立法原意，其实是他本人的想法，各位不要信以为真……有的国家刑法制定了100多年。100多年来，无数的学者、法官、检察官、律师都在解释刑法；而且，只要该刑法没有废止，还将继续解释下去。之所以如此，并不是难以寻找立法原意，也不是难以揭示刑法用语的客观含义，而是因为社会生活事实在不断变化，刑法的真实含义也要不断地发现。"（张明楷：《刑法第一课》，载桑磊主编：《法学第一课》，中国政法大学出版社2017年版，第88页）

6.2 善于结合中国的实务难题做教义学上的思考

各位在学习中，一定要注重养成问题意识。刑法中处处都是疑问。例如，你可以对两阶层论提出疑问，也可以对作为义务中"支配领域性说"表示怀疑，还可以对相当因果关系说、客观归责论中"行为人特殊认知"进行质疑。此外，你还可以提出法定符合说的疑问、防卫过当判断标准的疑问、（法秩序统一性原理中）"违法相对性说"的疑问、偶然防卫"无罪说"的疑问、教唆未遂的疑问、承继共犯的疑问、共谋共同正犯的疑问、积极的一般预防论的疑问，如此等等，不胜枚举。

6.2.1 要进行阶层性思考

在思考刑法问题时，一定要持怀疑态度，尤其对目前的

"多数说"你一定要保持谨慎。人人都那么讲的理论，其实未必可靠。

例如，在我国，很多学者赞成犯罪构成四要件说，主张在犯罪成立与否的判断上，采用阶层犯罪论的必要性有限，犯罪客体要件、犯罪客观要件、犯罪主体要件、犯罪主观要件的判断具有合理性，理由主要有以下三方面：(1) 四要件说在判断上简便易行，且长期被我国司法人员所接受，没有改弦更张的必要。(2) 阶层论和四要件说在处理案件时几乎没有差别，运用阶层论可以定罪的案件，按照四要件说也可以得出有罪结论；根据阶层论得出无罪结论的案件，按照四要件说通常也不能定罪。(3) 阶层论在理论构造上叠床架屋，过于复杂，不易被初学者所理解和掌握，将其引到实践中会引起混乱。

但是，上述三点大多似是而非，很值得质疑。其实，随着我国刑法学理论的不断发展，深入思考犯罪论体系建构，一体地解决犯罪成立条件与共犯论、违法阻却事由、责任阻却事由等关系的必要性逐步显现出来。四要件说将犯罪成立条件与阻却违法、阻却责任的事由割裂开来，或者孤立地思考共犯问题，明显与刑法学的现代发展进程不合拍。

阶层论的最大优点是能够确保违法判断在前，有助于实现刑法客观主义，四要件说蕴含着先主观判断后客观判断的危险，与保障人权、防止错案的现实需要不相协调。阶层论也符合司法逻辑，对其进行适度改造完全可以用于指导我国的司法实践，犯罪构成四要件说明显夸大了阶层论和司法实践之间的距离。因此，实务上采用阶层论具有必要性和可行性，阶层体系具有广阔的司法前景。

另外，阶层论的内在逻辑清晰，基本思路并不复杂，四要件说认为阶层论过于复杂的判断并不准确，对阶层论的本能排斥只不过是展现了学者的"理论惰性"，对阶层论的司法便利性需要认真评估或重新认识。

6.2.2 要善于进行规范性思考

对同一个事物，不同的人所站的角度不同，能够看到的、想看到的都不同，因为每个人所作的判断，都不是"眼见为实"意义上的纯事实判断。每一个人面对某一事物或者现象下结论时，都将自己的喜怒哀乐融于其中，所有的判断都包含着价值判断、规范判断。按莎士比亚的说法就是："一千个观众眼中有一千个哈姆雷特。"有一个伊索寓言"男人与狮子"讲道：有一天，狮子与人同行赶路，他们互相吹嘘自己。在路上，他们看见一块石碑，石碑上刻着一个人征服几头狮子的图画。那人一边指给狮子看，一边说："你看，事实证明我们比你们强得多了吧。"狮子笑着说道："如果狮子们会雕刻，那么，你就会看见众多人倒在狮子脚下。"狮子和人看到的石碑、图画都是相同的，理解不同。刑法学中的规范判断，事关人们对世界的独特理解。

对于人类而言，没有规范的指引，不遵守规范，人们的生活没有意义，也不可能持久。刑法必须有助于引导人们认同和尊重规范，并将违反规定的行为予以犯罪化。因此，规范维度是刑法学上规范思考和规范解释的核心内容。通过规范思考，划定个人自由的范围；规范思考与行为规范和制裁规范有关，无论是行为无价值论还是结果无价值论都必须承认规范思考。

这里以是否应承认客观归责论问题为例进行说明。传统的刑法理论在因果关系问题上通常采用条件说。但是，条件说的判断是事实判断、经验判断。根据条件说，因果关系的成立范围过宽。为限制条件说的不足，相当因果关系说应运而生。但其仍然存在规范判断程度不高的弊端，为此理论上不得不承认客观归责论。

客观归责论主张，当行为制造了法所禁止的危险，符合构成要件的结果被实现，且该结果在构成要件效力范围之内的，由一定行为所造成的结果才可能有客观上进行归责的问题。客观归责论是实质的规范判断，与传统因果关系理论明显不同。因果关系是一个事实之有无问题，它所要解决的是行为与结果之间的客观联系，因而因果关系是一种形式的、事实的评价。客观归责是在因果关系得以证成的前提下的归责判断，是一种实质的、规范的判断。日本的审判实践过去一直坚持因果关系的相当性说，例如，甲将丙伤得很重，送医后，医生乙的错误是很异常的，实务上按照相当性说会重在考虑医生介入之后的"因果进程的通常性"即相当性，由于医生的错误异常，导致因果关系中断，医生乙对丙的死亡

定律6 培养自己的刑法思维　　　　　　　　　115

负责。但后来逐步转向考虑行为对结果的贡献程度，甲的伤害行为一开始就使得被害人丙伤得很重的，甲对结果负责，医生乙是不是存在介入行为不是评价重点。这样的思考其实已经转换为接近于客观归责的判断逻辑：凡是对结果发生贡献大的人，结果就是被他所实现的，就是他的"杰作"。审判实践上从事实判断转向规范判断的情形，被日本学者称为"相当性说的危机"。在著名的"大阪南港案"中，被告人甲对被害人乙实施暴力，造成被害人内因性高血压颅内出血，其后甲把乙转移到大阪南港的一处材料堆放点，然后离去。第二日凌晨，被害人乙被发现死亡，死因是内因性高血压颅内出血。在被害人乙死亡前，有第三人丙用木棒殴打了被害人乙头部，导致颅内出血扩大，可能稍微提前了被害人乙的死亡时间。问题是甲能否以该案介入了第三人丙的故意行为而主张故意伤害罪未遂？日本最高裁判所认为，被告人甲的暴力形成了属于被害人乙死因的伤害，在这种情况下，即使之后有第三人丙介入施行了暴力从而可能提前了死亡时间，仍然能够认定被告人甲的暴力与被害人乙死亡之间有着因果关系。在这里展现了日本法院近年来所主张的规范性判断色彩非常浓厚的"危险现实化说"的法理：(1) 即使因果关系中介入因素有异常性，也不能否定最初的实行行为与侵害结果之间存在因果关系，此时，即使最初行为与最终结果之间没有相当性也不影响其对结果负责；(2) 只要实行行为的危险性已经通过结果而展示出来、现实化了（结果实现了实行行为的危险性），行为人就需要对结果负责。对此，山口厚教授认为，将因果经过理解为"实行行为的危险性是否向结果现实地转化"的立场，可以说与基于规范的考虑来判断能否把结果归责给行为的客观归责论已经没有什么差别。（参见〔日〕山口厚：《刑法总论（第2版）》，付立庆译，中国人民大学出版社2011年版，第59页。）

客观归责论在实务中用处很广泛，只不过我们以前的研究对此重视不够。"客观归属理论正越来越多地被应用到它产生之初根本就没有人想到过的领域中。例如，现在人们正在试图将客观归责理论应用到所有正当化事由之上……如果事后的情况证实，这里的防卫者本不应该等到逼不得已的时候才开枪。而且，这一枪是针对侵犯者计划马上要实施的谋杀的唯一对抗措施，他这一枪是必须打的。那么，他就没有实现操之过急的不必要的法益侵害之风险。"（〔德〕克劳斯·罗克辛：《刑事政策与刑法体系（第二版）》，蔡桂生译，中国人民大学出版社2011年版，第75页）

客观归责论影响共同犯罪的认定。例如，恶势力团伙对不归还高利贷的被害人扣押其车辆并提起民事诉讼，但代理律师建议在起诉主张中将被扣押车辆每天的停车费从1000元降到300元的，不能认为该律师就此起事实成立敲诈勒索罪的帮助犯，因为该律师明显是通过改善行为对象的状况来修改因果进程，降低了法益风险，如果对这种行为也加以禁止，明显不利于保护法益。

定律6 培养自己的刑法思维

在有关正当防卫的判决中,对于被不法侵害者持刀挥舞,多人继续上前实施攻击时被刺中致死伤的案件,法院的思考逻辑是规范性的判断,顾及了客观归责论中被害人自我负责的下位规则:被告人持刀挥舞的姿势始终是防御性的,"只要对方不主动靠近攻击就不会被捅刺到",因此被害人往防卫者所在方向去扑打的属于自陷风险,应当对自己受伤的结果负责。(参见海南省三亚市中级人民法院(2016)琼02刑终28号二审刑事附带民事裁定书)

在具体犯罪的认定中,客观归责论的法理也会影响案件处理。例如,在大量因托盘融资贸易引发的诈骗案件中,托盘方一旦发现资金无法回笼,就会先主张对方在合同中约定的货物不存在或者货物交易凭据造假,进而以诈骗犯罪报案。但司法机关如果据此追究用款人的刑事责任就是不合适的。作为托盘融资交易的一方,托盘方明知订立合同的目的不是货物买卖,该货物是否存在、磅单是否真实、加盖的印章是否伪造就对借款合同能否成立没有影响,就不能要求对方存在真正的货物和磅单。托盘方作为资金出借人,其真正在乎的是资金的本金及利息,而不是每份合同项下的货物是否实际发生流转。因此,合同约定的磅单、加盖的印章及真实业务系伪造,不能成为定罪理由。在这类案件中,损害结果能否归属于被告人(用款方)的行为,必须考虑客观归责的原理。在托盘融资贸易中,不能仅从事实判断的角度考察资金不能回笼这一事实,还应当从法律因果关系(规范判断）的角度考察所谓的"被害人"（托盘方）是否需要对结果自我负责的问题。托盘方明知煤炭贸易并不真实存在，明知自己追逐高额利润就有资金可能收不回来的风险，仍然与对方签订合同，这可以说是被害人基于合意的危险接受。此时，损害结果就应当由被害人自我负责，而不能对行为人归责，理由在于：一是托盘方的决策者心智健全，不能说其无法清楚估计资金出借的利益及其风险；二是托盘方的决策者未被强制，其拆借资金具有意思自由；三是托盘方为谋取高额利润实施虚假交易，当然应当承担相应风险，"失手"完全符合情理。在托盘融资贸易中，合同主体都必须在竞争激烈的市场中"摸爬滚打""历经风雨"，不可能只赚不赔。有多大的利益回报，出借行为就附随多大风险，这是起码的市场逻辑，托盘融资业务的出资人不能将亏损算作对方诈骗犯罪的"作品"，不能因为出现了商业风险而亏损就认为存在刑事诈骗。

此外，我国司法解释事实上也认同客观归责论。例如，最高人民法院《关于审理挪用公款案件具体应用法律若干问题的解释》（1998年）第8条规定，挪用公款给他人使用，使用人与挪用人共谋，指使或者参与策划取得挪用款的，以挪用公款罪的共犯定罪处罚。这一解释的言外之意是单纯使用他人挪用的公款的行为，属于日常生活中的中性行为，并不构成共犯，唯有参与共谋，指使或者参与策划取得挪用款的，才能认定其行为超越了中立帮助行为的界限，从而以挪用公款罪的共犯定罪处罚。

6.2.3 要立足于中国问题进行思考

你所思考的与实践紧密关联的问题一定是中国问题。中国的刑法学研究应当有中国问题意识,应当关注和研究中国问题,这在理论上已经形成共识,关键是如何落实。

因此,不能把中国的刑法问题与外国的刑法问题同质化,特别是不能用外国刑法的立法规定来生硬地解决中国的现实难题,无视现实问题的背景和制约因素。此外,有的现实难题确实难以从外国的理论中寻找到答案,例如网络犯罪;另外,有的难题的解决,不能超越中国发展的历史阶段,例如,提出完全按照国外的不作为犯理论来解决中国实务难题,或者简单地主张借鉴外国某项现成的刑罚制度,不顾及该国的法律制度体系,都是不可行的思考方法。

因此,学习刑法,在全面掌握教义学理论时,也要特别注重思考:哪些问题是中国特有的问题,或者该问题在外国虽然也存在,但在中国表现得更为特殊;哪些问题是真问题而非伪问题。

为此,就会提出以下要求:(1)需要深入了解中国社会,了解实务上面临的各种难题,以及各种解决方案背后的社会一般观念、经济文化道德水平等,对现实中解决实际问题的刑法模式进行反思。当然,要使你的思考更有基础、有针对性,形成良好的问题意识,我建议你多研究裁判文书,多研究真实的疑难案例。实务中的那些案件,都是"活的法律",对其进行研究能够使你认识到实务上究竟受什么问题所困扰,从而加深你对中国刑法的理解,提出相对缓和且有助于实践操作的理论,这样,某些理论上过于彻底,但实务上无法行得通的理论(例如,偶然防卫行为无罪说)是不是还应该坚持,就是一个很大的疑问。(2)没有必要去思考一些似是而非的问题,例如,近年来有学者提出了"立体刑法学"的概念,我觉得这就是一个似是而非的问题。因为所谓"立体刑法学"所涉及的其他刑事部门法(如刑事诉讼法、监狱法)本来就不是刑法学的内容,即便思考刑法问题时确立了刑事一体化的观念,也不需要建立所谓"立体刑法学"理论。(3)基于中国意识、中国问题的思考在未来所建构的刑法学,一定是刑法教义学,体系性思考、教义学化是刑法学唯一的出路,无论是受"风险刑法"的影响,还是出于刑事一体化的考虑,都丝毫不会动摇刑法学的教义学发展方向,例如,网络犯罪和反恐犯罪都只是适度修正教义学。

这样说来,在大量阅读的基础上,关注现实,本着强烈的问题意识思考中国的实务难题,为体系性的刑法教义学框架的建构贡献力量,应该是各位今后不断努力的方向。

6.3 一定要进行体系性思考

法律人必须要有整体性、全局性的知识,哪怕有时你可能仅仅使用片断性的知识,也要有整体性知识,懂得前后观照。

定律6 培养自己的刑法思维

仅仅掌握片断性知识是有害的。我曾经看过一个外国人写的一篇短文，题目叫《我的医生朋友》，大意是：甲的心脏病犯了，去找医生乙。乙检查后告知甲吃某一种药，同时告诉他："吃完这种药，你可能会头疼，但你不必大惊小怪，再来找我。"甲回家吃完这种药以后，果然头疼，乙将甲的头疼治好后，却引起甲的胃疼；在胃疼被乙治好后，甲手部过敏；在过敏被治好后，甲右眼肿胀；在肿胀痊愈后，甲牙疼，医生让甲喝烈性酒导致其醉酒后摔倒，左腿打了石膏。医生乙最后总结说，你的毛病是从心脏病开始的，后来经过牙疼到最终腿瘸，这在医学史上从来没有过，你的病真是太过独特了，我必须记下来。否则，我就会犯一个不可原谅的错误！于是，他一字不漏地把对病人甲的治疗过程记下来，作为他的论文提交，最后他居然评上了教授（参见〔保加利亚〕雅森·安东：《我的医生朋友》，黎宇译，载读者杂志社编选：《读者的小品》，新星出版社2016年版，第59页）。这篇文章具有讽刺意味，足以说明医生乙缺乏体系性思维，对处理眼下事情的同时如何防止别的弊端缺乏足够重视和准备。

没有体系性的知识，不懂得前后观照，有时候"后果很严重"。比如，很多时候犯罪之间不是对立、排斥的，而是存在交叉和竞合关系，被告人的行为可能同时构成甲罪，也可能同时构成乙罪、丙罪。但是，有的律师不懂得这一点，就可能给当事人带来新的麻烦。我看到过一个真实案例：针对到某公司实习的研究生甲在为该公司购买一批芯片时夸大支出 17 万元的行为，检察机关一开始指控甲构成职务侵占罪，辩护人否定指控，坚持认为职务侵占罪的主体必须是公司正式员工，而甲不符合这一主体条件，应当宣告甲无罪。因为律师坚持做无罪辩护，后来控方转换罪名以诈骗罪对甲提起公诉，法院也以诈骗罪进行判决。在这里，被告人甲属于以诈骗方式实施了职务侵占行为，如果律师明白犯罪之间是交叉和竞合关系（此罪/彼罪关系），而不是排斥关系（罪/非罪关系），可能就不会坚持做无罪辩护，会接受控方提出的罪名（对于这个案件，我个人认为定职务侵占罪更为合理），而做相应的罪轻辩护。因为律师没有进行体系性思考，就无法实现当事人利益最大化，更可能导致被告人最初被指控的罪比较轻，但经过缺乏全局观、没有整体性知识的律师"成功"辩护以后，被告人被判重罪和重刑的局面出现。

  刑法人需要有"天下"的、整体的、一般预防的观念，用的是事关"天下"的体系性知识，这一点在刑罚论领域表现得更为充分，也就是犯罪论和刑罚论如何关联起来、适用刑罚到何种程度最为合适、如何建构合理的量刑理论，是需要特别重视的，因为我们过去的传统是重视犯罪论，轻视刑罚论，这种状况必须改变。松下幸之助曾经讲过这样一个故事：一个富商试图买断厕所手纸的专卖权，愿意向政府多缴纳 1000 两税金，但被日本地方行政长官拒绝，理由是手纸销售权利一旦被买断，小商贩层层加价后，贫苦百姓会多付很多钱，他们只有涨价销售自己的商品才能购买手纸，从而导

定律 6　培养自己的刑法思维

致其他商品涨价，有的人会陷入贫穷，然后偷窃会增加，政府管制成本和难度加大。因此，将手纸专卖权给某个商人，虽然增加了一点点税金，但对政府来说是入不敷出的。松下幸之助认为，这位政府行政长官视野开阔、高瞻远瞩、着眼全局。其实，作为刑法研习者也应该具有这样的本领：讨论相关处罚问题、处理个案时需要想到其会对国民规范意识的养成、国家治理带来何种麻烦？

　　在进行体系性思考时，你不得不面对刑法学已经形成的各种学说。刑法学是很成熟的学科，现存的学说数不胜数，这给你的学习增加了难度。很多人学刑法学时都有一个感觉，对于有争议的问题，似乎都有甲说、乙说、丙说，但自己要怎么去说，理不出头绪。其实，每一种主张背后可能都有一定的逻辑线索，不是凭空产生出来的，更不是为了理论上的哗众取宠，可能各自都有一定的道理。但各种主张未必都合理。要消除你面对甲说、乙说、丙说之时的困惑，最终形成"我怎么说"的局面，不是一日之功。首先要梳理出你需要具体考虑的问题是什么；然后，充分考虑每一种学术立场背后的逻辑线索，寻找已有的诸种观点的主要理由、可能存在的不足之处；再根据你的问题，在争论的学术观点当中选择某一种相对更为讲得通的主张；最后，看看你是否能够对你认为合理的主张进行一定程度的"补强"。在整个思考、辨析过程中，需要确保思维的一贯性、准确性，需要考虑处理结论对于犯罪预防、社会治理的意义，等等。

6.4 不宜把理论立场绝对化

在刑法学中不存在，也不应该存在某种观点绝对正确或者绝对错误的问题。任何一种刑法主张，都是站在特定立场，根据观点持有者本人的兴趣逐步形成的，都只是一种"相对合理主义"的产物。四川大学法学院的龙宗智教授1999年在中国政法大学出版社出版了一部很有名的刑事诉讼法学著作《相对合理主义》，我赞同他关于刑事诉讼理论建构的很多想法，而且这种相对合理主义的思考方法在刑法学领域也是相同的。在刑法学中，存在大量的学派对立，对各种学派的合理性，都要充分看到；对大量存在的此罪与彼罪、罪与非罪界限模糊的情况，也要有充分的思想准备。换言之，在刑法学中，不存在"非黑即白"的现象。观点没有对错，只有谁比谁合理，谁比谁在当下"更说得通"的问题。"道路不止一条，因此还不说问题已经解决。多样性引发了争论，但这是健康的：在迷雾完全消散之前，相互批评，各抒己见，是有益而无害的。"（〔意〕卡洛·罗韦利：《七堂极简物理课》，文铮、陶慧慧译，湖南科学技术出版社2016年版，第51页）

我这里结合未遂犯中"危险"的判断谈一谈。这个问题与违法性的判断有关，在刑法学中牵一发而动全身，不可小觑。

我认为，对危险的判断是"行为时"或"事前的"判断。也就是说,它不是一个依据裁判规范进行的事后判断,而是依据行为规范进行的行为时判断。

但是,在行为时结合什么资料(或事实)进行判断,又是一个有争议的问题。有的人提倡应当站在行为时,但要依据事后查明的所有资料(或事实)进行判断。也有人认为,如果判断者依据的是事后查明的所有资料(或事实),那其实已经不能认为是"行为时"的判断了。

金德霍伊泽尔教授在他的一篇论文中提到一个例子(参见〔德〕乌尔斯·金德霍伊泽尔:《论犯罪构造的逻辑》,徐凌波、蔡桂生译,载《中外法学》2014年第1期):妻子甲对丈夫乙投毒,希望久病卧床的乙死亡。甲的具体做法是,其在咨询医生后,每天在乙服用的药物中放入一点点毒药。按照通常情况,乙半年以后一定会死亡。但由于乙体质特殊,后来竟然奇迹般地痊愈了(以下简称"以毒攻毒案")。像这种情况,对甲行为的危险性作事前判断或事后判断会不会在结论上有差异?

按照德国"印象说"的主张,前述案例中,甲主观上有不法的故意,其不存在重大无知,因为行为人甲事前咨询过医生,医生说这样就能致死,不好说甲有重大无知,她恰恰具备了相关知识,因此其行为的危险性从事前(行为时)看是存在的,应当成立犯罪未遂。

如果按照事前判断的通常主张,也应该认为,以行为时并结合客观上查明的全部事实,乙体质特殊、客观上没死,行为人甲存在杀人故意并开始实施,应该认定为未遂。

在类似于"以毒攻毒案"的案件中，完全站在事后判断的立场去思考问题，我认为就是绝对化的思考方法。但是，针对上面提到的案例，任何主张事后判断的学者，都不能坚持彻底。因为基于事后的判断，如果得出甲不仅没有杀人而且救了丈夫一命，因此其行为不是犯罪，没有危险性的结论，明显与国民一般感受相悖，在司法实务中也难以被接受。

关于未遂犯中危险的判断时点，其背后的理论支撑是客观危险说。我认为客观危险说就是绝对化的理论。

客观危险怎么判断？主要是看有没有具体紧迫的危险，判断基准肯定是：事后看结果好还是坏。但是，如此得出的结论仅仅是对某种静态事实的承认，是存在论上的浅层次思考，不符合刑法学的规范论要求。仅仅以被害人事后没有死亡，就反过来论证被告人的行为不危险，与一般的社会正义以及刑法的行为指引功能不符。这就是接近于行为无价值二元论的逻辑。这主要是因为彻底的结果无价值论根本无法解决未遂问题，未遂行为从客观的结果上看，确实没有引起外界的任何变动。所以，只能找行为自身存在的危险性。因此，事后判决事实上就很难进行。

所以说，在进行危险判断时，站在结果时或者以事后查明的全部事实作为判断素材，又返回行为时进行判断，这个说法是没有意义的。因为行为实施以后查明的事实，和行为时的事实一定是冲突的，而且事后查明的最重要的事实就是结果恰恰没有发生，那为什么要站在事后查明的事实的基础上，为什么要把结果没有发生这个事实抹掉，再返回行为时？如果完全站在事后进行判决，其结论一定不合理；如果以事后查明的事实作为判断依据，站在行为时进行判断，这个逻辑就不再是结果无价值论的逻辑——如果判断基点还是行为时，又要以事后查明的客观事实作为判断依据，那么，所有未遂犯都是不能犯了。

行为无价值二元论是以行为时的样态为基准的，所以，"事后查明的事实"这一表述对危险的判断是没有太大意义的。事后查明的事实在实务判断上或许是需要的，但它在整个关于危险判断的理论中是可有可无的。判断行为危险与否，重要的是结合行为人的主观违法要素（行为意思），站在行为当时判断：如果按照行为人的意思将行为实施下去，其危险性大小如何？这样说来，事后查明的事实是什么并不是特别重要，行为当时行为人的意思，以及这个意思支配下的举动更为重要，而且这个危险性显然不是纯客观的危险，而是行为人想追求的或者一般人认为的危险。

结果无价值论对于"以毒攻毒案"的分析逻辑大致是这样的：甲在投毒的时候以为是毒药，但实际上结合所有事实，她的毒药没有危险。因此，结合事后查明的全部事实，甲投毒的行为在客观上就不是一个危险的行为，没有客观的行为作为基础，主观的违法意思就不值得处罚，由此推出不能犯的结论。但这个结论，与结果无价值论的逻辑是不一致的：根据结果无价值论,动物致人死亡都是不法,为什么人的投毒行为就不是不法了;未遂犯本来就不是在侵害结果是否具体发生的基础上讨论的,而是应该在结果没有发生的前提下思考行为有没有危险性。仅仅以结果偶然没有发生作为未遂犯与不能犯区分的标准,实践中就不可能有未遂犯,刑法学上的思考也就完全沦为"眼见为实"的事实判断,哪里还有规范论的色彩?

必须承认,所有学者的刑罚论理论中都包含着一般预防的刑罚目的论。如果说在未遂犯中这样彻底地坚持结果无价值论,不需要去考虑一般预防的所有因素,那就会与刑罚论抵触,这是将危险性判断理论绝对化所带来的最大问题。其实,认定未遂犯和一般预防是紧密关联的问题,特别是德国的"印象说",德国人自己也认为这是贯彻积极的一般预防论的一个点:积极的一般预防要在犯罪论中得到贯彻,惩罚一个危险的行为,让一般人觉得震撼,让一般人避免再次重复这样的行为,这就要求通过处罚未遂犯来树立一个榜样,来达到一般预防的效果。因此,未遂犯的认定与刑罚论是紧密关联的,现在把对未遂犯和不能犯的判断具体化为结果有没有偶然避免,危险跟具体人的行为没有关系,刑法的一般预防效果就达不到。结果无价值论者也可以说,我就坚持报应论,但现在关于刑罚论的通说认为,报应论一条道走到黑是不行的,所以,都是刑罚目的论上的综合说、并合说。

对此有必要做进一步的思考。比如,行为人甲对被害人乙开枪，枪最远只能打 50 米，行为人在 60 米开外开枪，如果仅仅站在事后进行判断，绝对化地考虑结果不可能发生这一事实，只能得出不能犯的结论，但这样的结论是否能够实现刑罚对于故意杀人罪的积极预防？

还有，现在大多数人出门只带手机，一分现金都不带，但是，扒手只愿意偷现金，因为偷来的手机没有用处（别人有开机密码）。如果绝对化地考虑被害人的财物没有丧失，不管被告人在被害人的口袋里如何摸，都只成为不能犯，这样一来，社会秩序岂不乱套了？如果结果无价值论这个时候说，即便当时身上一文不名的被害人也有带现金的可能性，这个时候就等于把侵害对象抽象化。而在"以毒攻毒案"中，结果无价值论的判断又是特别具体化的（死亡结果确实没有发生，而不是被害人有死亡可能性），有的学者主张偶然防卫无罪，这恰恰就是将死亡结果具体化的例证。在被害人没有携带（除手机外）任何有价值的财物的场合，如果将侵害对象抽象化，势必又会带来判断方法上的不一致。

定律 7

把刑法论文写得像样

定律 7　把刑法论文写得像样

在讨论完阅读和思考之后，再来谈谈写作。

很多人在学习刑法过程中都有写论文的任务，尤其是在读研究生期间，有时候老师布置的作业就是一篇上万字的论文。很多学校要求博士生在核心期刊上发表两篇以上的论文（近年来，有的学校似乎取消了这种"硬性"规定，但是，对于博士毕业之后想去高校或者研究机构工作的人而言，"不发表就出局"这句话永远都是一道无形的"紧箍咒"）；要取得硕士学位必须提交 3 万字左右的论文，要取得博士学位必须提交 10 万字以上的论文。因此，把论文写好，对很多人来说是"硬任务"，你愿意也好，反对也罢，它都是如此。

通过 20 年的教学实践观察，我发现不少同学的学习确实不错，听课认真，分析起案例来头头是道，评价别人的论文时也能够几句话说到要害，许多"全国十佳公诉人"来清华大学法学院读刑法学硕士研究生时，其辩论的能力颇让人惊叹。这些学生确实有才华。陈平原教授曾在评价国内大学生时说，这些学生的"好处是气势如虹，很有精神，把才气写在脸上，张扬，读书刻苦"（陈平原：《大学小言——我眼中的北大与港中大》，生活·读书·新知三联书店 2014 年版，第 107 页）。陈平原教授的这个说法我也同意。

但是，魔鬼藏在细节里，学生的短处暴露在写作时。一提起写论文,甚至一到毕业论文开题的时候,很多同学就愁眉苦脸。其实,在研究生答辩季前后,更绝望的应该是老师,他们大多"开始怀疑人生",恨不得亲自操刀替学生把毕业论文"搞定"。

王涌教授说:"过去十八年,我观察一届一届法科大学生的成长。虽然个个聪明伶俐,但恐惧于写作,甚至在电脑面前哭泣,也写不出一个字来,少有人有思想有才华写出光芒四射的文章来。即使研究生,也多是七拼八凑的八股文,有血有肉有思辨的文章非常稀缺。"(王涌:《写给十八岁的法学少年卡尔》,载桑磊主编:《法学第一课》,中国政法大学出版社2017年版,第7页)王涌教授所说的不是个别法学院校的现象,也不是仅仅民商法专业学生独有的现象。就语言贫乏导致"惜墨如金"写不出论文这一点而言,法学所有专业的学生可能都会感受到"吾道不孤"!

因此,对于学习刑法来说,怎么写好论文,尤其是把自己以前的学习、思考结合起来,写出足以展示自己的学术轨迹和个人体验、有一定创新性的论文并成功发表或顺利通过答辩,是一个绕不过去的坎儿。因此,锻炼和提高自己的写作能力,把论文写得像样,是刑法学习的重要定律之一。

7.1 具有明确的问题意识

有明确的问题意识,就是要能够提出一个"好"问题。

问题意识之所以重要，是因为很多时候准确发现问题、提出一个重要问题比解决问题更重要。问题意识如果很明确，你的论文写作就有了一个很好的基础。很多同学写毕业论文时，很苦恼的一个问题就是选什么题目比较好。提不出好问题，你就找不到一个好的写作题目，研究也就没有方向。

首先，问题意识的来源。问题意识主要来自两方面。

第一类问题意识与司法实践有关。它可能来源于你从亲自参与处理的案件中提炼出的问题，或者来源于你的观察，你阅读的裁判文书、案例分析报告等。也就是说，即便你没有实际办过案子，但是你阅读了大量判决书和案例分析报告，其实也是可以形成问题意识的。这些问题，多数是长期困扰实务部门的难题。例如，未遂犯和不能犯的区分、共犯认定难点问题、财产犯罪的保护法益、转化抢劫的认定难点，等等。再比如，你想研究防卫过当的实务问题，就可以收集数以百计的判决书，然后去发现问题。实务中还有很多困惑，比如对恶意透支信用卡的行为如何缩小处罚范围？对受贿罪和诈骗罪的竞合关系如何理解？实务中承认共犯的"造意为首"，会带来哪些问题？对结果加重犯的认定在实务中有哪些偏差？如此等等，不一而足。

第二类问题意识与刑法学理论有关。经过大量阅读或听课以后，你可能会针对理论问题形成问题意识。这种意义上的问题意识就跟阅读量有关。"贫穷限制想象力"，如果你平时阅读量很少的话，想象力就会有问题。所以，我一再讲这样一个观点：学刑法需要大量阅读，需要下一些苦功夫。刑法总论中值得研究的问题很多，比如，与学派有关联的问题、犯罪论体系的具体问题、犯罪论如何与刑罚论关联的具体问题、犯罪着手与犯罪的意思的关系问题，等等。

当然，文章不写半句空。对理论问题的讨论，必须和中国的司法实务结合起来形成问题意识，这一点我觉得是最值得提倡的。比如，我们基本上需要不抽象地去讨论德国刑法学中规范违反或刑罚观念论上的一般理论问题，因为把刑法问题弄得那么抽象的话，可能对实务的贡献很小。你要保证你所写的每一段文字乃至每一句话，背后都对应着一个案例或一个你想解决的某个实务难题。假设你对积极的一般预防论感兴趣，你也不需要花太多精力去抽象讨论这个理论的概念，可以直接切入如果赞成积极的一般预防论，在量刑论上会带来什么实际影响？实践中具体案件的判决在何种程度上考虑了积极的一般预防论？这是问题思考的落脚点。

其次，问题意识的清晰度。问题意识必须清晰、明确。在研习刑法的初期或者研究生阶段，你所切入的写作选题应尽可能与犯罪认定或刑罚适用的问题直接关联，即属于教义学上的问题，其最终能够解决实务难题。暂时不建议你将抽象讨论刑法观念论、规范违反的一般理论的专题作为写作对象。

最后，问题意识的创新性。你所提出的问题最好具有一定程度的创新。在刑法学规范发展了这么长时间之后，要求你所写的论文有全面创新是不可能的。所以，我在这里用的是"一定程度"，就是不要求你有特别大的创新。其实，通过努力，在刑法学研究上，"一定程度"的创新还是可以做到的。这种创新，至少包括三方面。

第一，解决实务难题的方案有一定的创新成分。比如，理论上一般认为间接故意是没有未遂的，实务上基本上也是这个观点。但是，如果将这个主张贯彻到底的话，实务上很多案件的处理结果可能是不公正的，犯罪虽然未遂但被告人的主观恶性很重，按现在的理论只能做无罪处理。另外，法理上间接故意犯罪没有未遂犯也未必讲得通。间接故意的行为人是放任结果的发生。而放任结果发生，并不完全是发生或者不发生都可以，发生或者不发生，不是50%对50%的关系，而是在被告人的内心还是倾向于结果发生的。就是说，行为人有一个犯罪意思，如果是以直接故意来追求结果的发生，是希望结果发生。在放任的场合，一旦结果发生了，行为人可以接受该结果的内心强度要高于50%，其内心想法一定是更靠近结果发生这一端的。结果不发生，行为人也能够接受。但是，如果结果能够发生最好，这才是间接故意的心态解释出来的背后内容。放任是对法益受侵害的漠然态度，行为人基于这样的心态，就会朝着行为极大可能造成法益侵害结果的方向推进。这样的话，对行为实施以后没有造成侵害结果的情形，在理论上认为完全不成立犯罪未遂，刑法对间接故意的未遂完全不管，这是否合适，确实值得研究。所以，如果你想论证间接故意也有未遂，我认为也是可以的。当然，你就需要去收集素材，论证有哪些案件如果不将其认定为间接故意的未遂的话，处理结论就会让人难以接受。当然，你还要论证间接故意未遂的法理依据是什么？还要考虑你的观点可能面临哪些批评？这样写下来，其实也就是有了一定程度的创新。

第二，对刑法思想史、学派对立的历史的相关文献做新的梳理。比如，我指导的硕士生以民国时期的学派论争为题撰写毕业论文，我觉得是不错的选题，写出来也能够给今天的研究提供一些借鉴和启发，这就是有一定程度的创新。与此类似，研究阶层犯罪论在民国时期司法上的运作情况，其实也可以得出一些有意义的结论，出一些在一定程度上有所创新的成果。

第三，与你认为有疑问的理论观点进行商榷。比如，有的学者认为违法是纯客观的，但你认为违法性判断中需要考虑主观要素（如犯罪计划、行为意思等），因此不是纯客观的。其实这也是一种问题意识。但是，你的论证一定要围绕假如承认客观违法性论，在案件处理上究竟会遇到哪些难题展开。

7.2 把文献收集、利用好

要写好论文，就必须收集大量相关文献。这里所说收集文献，和你日常学习中"漫无边际"的海量阅读不同，是针对待解决的问题，有目的地限缩收集文献的范围。

"相关文献"的范围包括：国内外相关刑法学论文；国内外相关刑法学著作（以及少数教科书）；相关实务案例、判决书；相关法理学、法哲学、法律方法论的著作，以及其他人文社会科学著作（如解释学、社会政策学等）。

大量收集相关文献，是写一篇好的刑法学论文的前提。我要求硕士生、博士生完成课程作业的时候，每一篇论文都要有20个以上的注释，而且同一个文献的引用不得超过两次。有的人写一篇论文，多个注释引用的都是同一本教科书。这样做是不可以的，因为整个文章的观点都是别人的，是典型的"榨干文献"，是做学问的禁忌。

在收集文献时，要尽可能去寻找第一手文献，尽量少"转引"；不能只阅读和引用刑法教科书，要尽量告别刑法学教科书"一本主义"，这一点我在前面已经多次提到过。

文献大致收集齐全以后，要抓紧时间阅读。在阅读过程中，要特别留心不同文献在具体观点上的差异，特别关注理论上的"少数说"，真理有时候真的掌握在少数人手中。同时，还要关注实务上的罕见案例（如带来日本"相当因果关系说的危机"的"大阪南港事件"；实务上强调对中止自动性进行规范性判断的"李官荣故意杀人未遂案"等），因为恰恰是这些观点或者实务立场能够给你启发。从罕见案例中发现问题，是与现在流行的利用大数据、人工智能进行研究相反的路径，因为大数据、人工智能重视大数据的抓取，然后基于此形成一些结论，当然这样的研究在分析普遍规律上有一些好处。但是，也可能掩盖一些发现重大问题、进行理论创新的机会，因为一些特殊案件的出现恰恰能够冲击之前"一路通吃"的说法，以凸显以往观点的不合理性，从而提出全新的问题解决思路。所以，在学习刑法时，对大数据、人工智能的运用也需要持一定的保留态度。

阅读完文献后做一些简要的读书笔记，进而形成对某一问题的清晰思路。

总体来说，要尽可能全面地收集相关文献，并通过大量阅读及做一些简要的读书笔记来储备知识，为你的论文写作以及未来研究做充分准备。

收集文献是论文写作的初步准备，合理利用文献可以为更进一步写好论文打下基础。要利用好文献，你就需要锻炼做文献综述的能力，提炼、吸纳能力，以及比较观察能力，从中能够发现他人的独特观点，并为你所用。

对于比较观察能力，我要多说几句。培养比较观察能力，不是要你去做浅层次的比较研究。我不太提倡自己的学生根据其他国家刑法典的具体条文或字面规定进行比较研究。也就是说，如果你所撰写的论文仅仅是对不同国家的刑法制度进行比较研究，一定要慎重，因为制度是静态的，它背后的解释方法和实际运作状况与纸面上的规定或许并不一致，单纯将我国的刑法条文和其他国家的刑法条文进行比

定律7　把刑法论文写得像样

较，意义很有限。我以前看过一些学者写的论文，有的是通过寻找我国刑法规定和德国、日本刑法的差异，来论证犯罪构成四要件比阶层论更具有合理性；有的是通过比较我国刑法和德国、日本刑法关于未遂犯规定的差异，来论证我国立法的不合理，从而提出修法的建议。我认为，这样的研究都不太成功，因为哪一种犯罪论体系更为合理，完全是刑法教义学上进行论证的结果，任何国家的刑法立法都只能尽可能揭示犯罪的客观和主观要素，至于这些要素如何体系化为犯罪成立理论，不是立法上能够解决的，立法者也没有这个使命。至于我国未遂犯规定可能带来的处罚泛化问题，如果采用客观未遂论，把未遂犯和不能犯的关系厘清，就能够大幅度化解有关难题，通过比较中外刑法规定来批评我国立法的研究路径不值得提倡。因此，对于那些仅仅在立法规定或静态的制度上进行比较的文献，不应该花费太多精力去收集和阅读，我也不建议你去写类似论文。真正需要比较和观察的是制度背后的理论逻辑。

关于文献阅读和写作的关系，还需要补充讲一下：我观察了多年，有的博士生看了特别多的书，但一到写文章就费劲了，写每句话都想去找注释，一个月也写不了多少字，写作就很难过关，最后还是停留在"述而不作"的阶段。这是没有按照"功能主义"的逻辑去写文章，总去想别人怎么讲的，总想着自己的文章未来会有多少人引用，这样写作效率肯定不会太高。不可否认，文章是不好写。我觉得对各位来说，比较重要的是，你要判断实务中有什么刑法问题亟待解决；你解决问题的思路是什么，跟司法实践紧密关联的判断规则是什么？然后就可以开始写作。我们实践中的问题很多，比如网络犯罪的很多新型案件，在德国、日本都未必出现过，针对我们的问题提出一些解决方案是非常好的；还有，我们国家发生的很多过失犯罪，尤其是责任事故犯罪，跟国外也不一样。对这些问题进行探讨，可以写出很多有价值的文章。在讨论这些实务问题时，未必要求你都赞成法院的判决，但有疑问的时候应当提出一些建设性的意见，这样你的研究就会有点价值。比如，我写的很多涉及"刑民交叉"案件处理的论文，没有讲太多的法秩序统一性原理的一般性知识，但对这类问题的分析，我一定会结合大量判决展开，首先我就会顾及民法对某一问题是什么态度，还要看法秩序究竟要保护什么，刑法的判断不能跟民法矛盾，否则国民不知道如何行动。其次，看被害人有没有损失，有没有损失跟被害人对危害行为的参与度有关，背后可能涉及自我答责的法理。接下来，要看案件中的法律关系是不是清晰，被害人主张权利是否容易，如果他主张权利没有障碍，就不用认定被告人构成犯罪，比如骗取贷款罪，虽然贷款申请材料造假，但被告人提供了真实、足额的担保，银行很容易主张民事权利，不需要非得给被告人定罪。

7.3 论文的正式写作

在论文一开始,要开门见山地用几句话清晰交代你的问题意识,充分展示论文的价值,并向读者交代你的大体写作思路。这方面,我们要向日本同行学习,他们大多做得非常好。关于这一点,看看近年来日本学者桥爪隆教授撰写的系列论文就会比较清楚(这些论文都已由王昭武教授翻译成中文,由《苏州大学学报》从 2015 年第 1 期起开始连载,建议大家一读)。

第一,要善于写文献综述。由于期刊版面的限制,文献综述在发表的期刊论文中基本上是体现不出来的。但是,在一篇好论文中,作者的文献综述功底是看得出来的。在硕士、博士学位论文中,往往需要用专章或专节体现出来。无论如何,写文献综述是写论文的必备环节。各位要掌握写文献综述的技巧。写文献综述需要尽可能多地阅读相关主题的文献,然后去归纳中外文献在处理特点问题上的共识和差异。

如果你不是仅仅为了完成课程作业,写一篇小论文,而是要把论文写扎实,尤其是要达到发表的水平,那就要先写文献综述。

如果只看过很少几篇相关文献就直接动手写作,文献阅读数量肯定是不够的,可能你阅读了个别重点文献,但未必抓到了多数重点文献的精髓，有时候就会"无知胆大"，看得不多但观点发表得很多，创新性可能就有限，你拼命写出来的文章只不过是在重复别人早就讲过的观点。一篇出色的论文所引用的应当是同行都认可的重要文献。例如，你找到一篇关于法益论的最新论文去阅读，如果看他的脚注就能看出作者引用了近些年来对于这一主题相关研究的重要文献，那么这样的文章大抵就是很不错的。

　　做综述的功夫体现在细节中。重要的问题说三遍！要把综述做好，就尽可能穷尽式地去阅读。尤其是在做学问的早期，法学核心期刊中相关主题的论文，哪怕有几十上百篇也尽量全部阅读，其中的重要文献最好逐字逐句看完，挑出一些疑问，然后开始写综述。当你的刑法学知识积累到一定程度后，你可以考虑读某一专题的重点文献，因为人的时间和精力有限，从事刑法研究时间久了之后，尤其是开始写专题论文之后，未必要穷尽式地阅读。那时候，你就可以凭一些直觉和方法挑出重点文献，读完之后，就着手写文献综述，为你开始正式的论文写作做准备。

　　文献综述并不是越长越好，写长了要么就是多余的发散，要么就是涉及面太广，综述不精炼就无法为你的深度研究提供支撑。因为重点和非重点论文都阅读了，写的综述就不会缺乏层次性，而且重点文章也能够被充分关注，只有充分关注重点文献，综述的逻辑才能一直是非常清晰和有线条感的。在一篇好的综述中，现有重要文献的报告，大致应该占 60%的分量，其次是最新的重要判决，应该占 20%左右，自己对文献和案例的初步分析，占比 10%就可以。

也就是说，在一个出色的文献综述中，大量的内容应该是对现有相关文献的梳理，而不是展示文献综述者个人的观点。这样的写法是一种思维的转变。在现实生活中，我们应当尽量为他人考虑，站在对方的立场去思考问题，感知对方的心情。这是生活上的"换位思考"。这种思考方法放到学术上也是一样的。拿到别人的论文，细致地往下阅读时，你要尝试把自己变成作者，顺着他的思路、站在他的立场、按照他写作的初衷，一步步去推进，这样你才会明白作者的逻辑，文献的梳理才会靠谱。按照这种方法，甚至作者没有想到的，或者没有点透的问题，你都能够替作者补上，以"善意"的立场将作者的观点完善到最佳状态，在这个基础上考虑超越现有研究的问题。

这样做文献综述和梳理，不是要求一上来就表达你持什么学说、站在什么学派的立场，而是要你把这个脉络梳理一遍，清清楚楚、原原本本，这样，你后续的研究才值得信赖。可以说，始终站在作者的立场，秉持为作者着想的态度去进行阅读，对于学生而言，是规范写作的基础，也是做文献综述最为可靠的方法，这种理念也会使得学生在写作过程中，处处为作者着想，保持着一份温情和善意。在这种充满善意的文献综述中，可能蕴藏着创新的契机。现在有的同学写文章，动不动就去批判某个作者，甚至为了批判而批评，这个作者并非这个观点，只因为某个地方需要反对一下这个观点，所以，硬生生把其他作者的立场模糊化、扭曲化，不是一种严谨的研究态度。

　　前面讲了那么多，无非要求你在写作时要关注和尊重现有研究，这是写作论文过程中必须秉持的科学态度。（1）对每一个问题的讨论，都要建立在现有研究的基础上，展示他人目前已经做出的研究成果并诚实地列出相应注释，对已有解决思路和解释方法的不足尽可能进行质疑，你也不要太在乎自己的观点是否与导师不一致，要敢于质疑通说、质疑权威。（2）在论及已有文献时，要尽量寻找中外刑法在处理绝大多数问题上的共识。但在分析具体问题时，也要充分注意到中外刑法在某些问题上的差异（如关于犯罪概念、未遂犯、不作为犯的一般规定、见危不救罪的设立、违法性认识等），尤其要注意同属大陆法系传统的德国和日本刑法理论立场上客观存在的差异。比如，日本关于打击错误的处理有法定符合说和具体符合说的争论，但在德国并没有这样的争论；再比如，日本学界极其强调客观未遂论的重要性，但在德国，对印象说的阐释成为多数学者的使命。（3）尽可能关注已有研究成果背后的"学派意识"，尽可能将你的思考与学派论争结合起来。也就是说，在你的论文中，即便不明确提出刑法学派的概念和相关理论，但是你的学派底色是什么（刑法客观主义和主观主义、行为无价值论与结果无价值论），你心里一定要有数，读者如果用心去看也能够读出来。

例如，在研究过失犯时，只要针对大量实务案例进行体系性思考，无论你在论文中讨论的是结果避免可能性、结果预见可能性、信赖原则、规范保护目的、风险升高理论还是管理、监督过失，你都绕不开旧过失论和新过失论的争论，而这背后就是刑法上的学派之争。

第二，谋篇布局合理，这是论文写作的一大要领。论文的结构需要仔细筹划，讨论问题的顺序需要结合论文的主题加以确定。一般而言，论文写作的大致顺序应该是：（1）先讨论基本理论观点、基本分歧：对某一个问题，理论上一直以来是怎么看的，有哪些分歧？这个时候，尤其要求你对文献要充分、合理地加以利用，对中外刑法学者的现有观点进行简要评论，使论文厚实、凝重，对他人观点的利弊得失了然于胸，要能够寻找到他人观点的软肋，站在比先行者更高的高度来论证问题。（2）列出实务立场，尤其对实务中"同案不同判"的特殊情形及其理由要给予充分关注，比较理论和实务的差异并分析深层次原因。（3）提出自己解决问题的主张。对自己的观点要充分展开，创新点也尽可能在这部分清晰地展示出来，同时要注意自己的观点可能面临的批评。

第三，面向实务难题的解决。论文要尽可能注意理论和实务的结合、统一，注重对具体问题的解决（问题的思考）：（1）对论文中提出的案例，一定要有清晰的分析。（2）对论文一开始展示的问题或难题，一定要没有遗漏地解决。（3）注重揭示论文主题对我国司法实务的意义。要做到这一点，建议你多收集和使用一些案例。例如,如果讨论监督过失理论的意义或问题,就不能仅仅用一两个案例来说明,更不能仅仅举交通肇事罪的例子。如果你认为监督过失理论非常重要,其应该指导所有过失犯罪的认定,在案例收集及正式行文中就应该注意你的研究如何面向司法实务的问题。(4)在论文后半部分,要尽量提炼出你自己的观点,并层层递进、抽丝剥茧地进行论证,使论文具有创新性,能够超越同主题99%的写作者,让读者的"用户体验"很好。在结论中,要能够得出令人震撼或使人眼前一亮的结论。

当然,如果用尽"洪荒之力"仍然无法创新,也应当按照你的想法层层递进地往下分析,把问题的解决思路说得比别人更清晰,在实践中更好运用。

需要注意的是,每一篇论文、每一个观点的影响力、作用力都是有限的。对于你的观点的"射程",也就是这样分析究竟有多大的实践价值,对哪些相关联的问题能够一并予以解决等,也要尽可能进行分析。这样,才能凸显你的问题意识和论文的价值,使你逐步养成思考刑法问题的正确方法论,为你未来的长远发展打好基础。

第四,尽可能追求创新性。"学术工作有更多的意义,即质疑那些通常是不加思考的,同时也常常是没有足够可信度的主流观点,这同时也促进了目前法律的新发展。法律因而是一门非常令人激动的学科,因为答案往往不是阅读法条就能发现的。"〔〔德〕托马斯·M.J.默勒斯:《法律研习的方法:作业、考试和论文写作（第9版）》，申柳华等译，北京大学出版社2019年版，第93页〕对各位来说，论文究竟应该在哪一个层面有所创新，这是一个问题。就各位的知识积累和思想成熟度来说，要建构一个全新的理论体系，比如立志很快写出鸿篇巨制超越罗克辛，做出超越前人的学术贡献，无论如何这都是不现实的。这就要求你要认认真真地收集资料，踏踏实实地做研究，并尽可能争取在经验层面或者解决实务难题层面有所创新。

如果你有时间去读一读日本的山口厚教授、井田良教授、松原芳博教授以及桥爪隆教授近年来发表的系列论文，你一定会感受颇深。他们的每一篇论文，都在一开始清晰地提出问题（主要是实践中遇到哪些难题），然后再进行论证。在论文的核心部分，他们一定会提到在当下论述的这个专题中，其他学者之前有过哪些论述；实务上的判决立场是什么；理论和实践是如何相互影响的。在展示这些论争或已有观点的过程中，他们一定会展示自己在某一具体问题的解决上与其他学者的差异，提出自己的观点。应该说，他们在每一篇论文中的创新性观点都不是很多，但是，总是有一些与之前学者的论述不同的观点如同闪光的珍珠散落在论文中。我建议大家看看他们的论文写作方法。其实，在日本，其他学者做研究、写论文，一般也都是这样做的，由此形成了非常严谨的论文写作风格。学术薪火代代相传，最后一定会让所有人都对学术保持一种敬畏之心。

讲这么多，其实是想说，关于创新，你不能指望一步到位，得慢慢来，而且无论是你平时完成作业，还是期末提交论文，甚至撰写硕士、博士学位论文，我都建议你一定要从教义学的视角出发，结合实务问题进行写作，确保论述言之有物。这样，你的创新点也就能够展现出来。2018年秋季学期我为法学硕士生讲授"刑法总论"课程，要求他们提交作业，我对字数有要求（第一次作业要求2万字以上，第二次作业要求1万字以上），对注释有要求（20个以上的注释，引用的文献不能相同），同时有一个特别的要求：在论文一开始必须列明5个案例，这些案例必须提炼于实务中的裁判文书。我这样做，是想逼着学生去关注现实，在写作过程中，在理论和实务相结合的问题点上寻找创新的可能性。

论文写作的创新与否，本来就有一个程度上的问题。关于什么是学术上的独创性，日本学者丸山真男认真地进行过研究。他指出，一项研究是否需要具有独创性，是一件很难评价的事情。学术研究上很难发现有新出现的、全新的东西；真正的独创，也并不是什么全新的东西，当然也不是什么新奇的构思（参见〔日〕丸山真男：《日本的思想》，区建英、刘岳兵译，生活·读书·新知三联书店2009年版，第110页）。

这样说来，在你的研究中，要做根本性的或者特别大的创新，本来就难度很大。这几年我担任过不少刊物的匿名评审专家，看了不少论文，绝大多数作者确实是在有意识地追求创新。但是，有一种倾向也是值得注意的：有的人会把自己所写的理论作为"一路通吃"的理论来看待；同时，试图在理论和实务上处处追求创新，但是，最后效果未必好。比如，我审读过一篇讨论注意规范保护目的的论文。作者认为规范保护目的是"一路通吃"的理论，对其没有必要作为客观归责论的独立下位规则进行讨论。作者将这两点作为创新点在论文中予以展示。但是，我认为，主张规范保护目的能够同时解决那么多作者所关注的问题，其实是非常可疑的。该理论很多时候只不过是被用来印证客观归责论的其他下位规则的正确性，不能过于拔高其独立地位。至于对规范保护目的是单独讨论，还是将其归入客观归责论的其他两个下位规则（制造法所禁止的风险、实现法所禁止的风险）中，其实只是观察重点的不同，在德国也有不同的处理方案，其实哪一种方案都无伤大雅，作者一定要否定其独立于制造法所禁止的风险、实现法所禁止的风险的存在意义，说理也不太透彻。这样说来，在论文写作过程中，要追求程度比较高的创新，确实"难于上青天"。

不过，就各位的写作而言，有一定程度的创新，或者多多少少有点创新就很不错了。那些现在已经成名成家的人在一开始进行写作时，都有一个模仿（但绝不是抄袭）的过程，这也可能是绕不开的人才成长规律。

这方面，我自己有一些体会。比如，我比较爱练习毛笔字，虽然一直写得不太好，但内心热爱。练书法的人都知道，要写一手好字就一定要反复临摹，不是为了写得字像别人的字，而是不这样做的话，你的基本功就练不好，就没有再发展的基础，要形成自己的风格，要写出来的字有"体"就不太可能。其实，练书法时，不去临摹并不是不能落笔写字，而是只有通过不断临摹才能找到书法的真谛，才能最终形成自己的书法风格。

写字是如此，画画也同此理。在甘肃敦煌、法国卢浮宫，经常会有画家在那里临摹名作，他们不是为了临摹得更像。一个普通的画工，只要用心也可能临摹得惟妙惟肖。画家去临摹，目的在于揣摩大师如何既能通过色彩、线条、构图去表达自己的内心，又能随心所欲而不逾矩地符合绘画在构图、色彩对比等方面的基本要求。

我们写文章也是这样。通过大量阅读论文、著作去学习理论，在写作中通过一定阶段的模仿，就可以揣摩出一流刑法学者是怎么观察真实的社会，分析难题背后的最佳处理方案的。因此，写作过程中尤其在起步阶段进行必要的模仿，能够使你从"在地上爬"到"站起来走"的转换期尽可能缩短，慢慢地，你对刑法学分析问题的思维之妙，就会有更真切的感受。

当然，你要很快从写作初期的模仿过渡到逐步独立思考、提出更多独立见解的阶段，如果在今后不算太长的日子里，你就能够形成独特的学术标签，当然是最好不过的。

无论怎么讲，写论文必须要朝着展示独特见解、突出问题的针对性、可利用价值的方向去努力。

关于创新性，还得再多说一句：刚开始写作时，对论文一定要反复多次进行修改，好文章都是改出来的，确保每一次修改都有提高，即每一稿相对于前一稿的进步、创新点的增加、创新性的提升要能够被看出来。有的人写出初稿以后，一个字都舍不得改，让他删掉一个字，犹如让他"卖儿卖女"，这怎么行呢？怎么能进步呢？想想"僧推月下门"还是"僧敲月下门"的典故，你就知道写作过程中的修改和反复斟酌有多重要了。

第五，遵守写作规范。论文表述简洁、平实是写作上的规范要求。文字上要简洁，不能去刻意学习某些翻译作品翻来覆去讲同一件事情、不习惯于断句的文风。要达到这一要求，我建议各位可以多看一点文学书，尤其是诗歌。关于文字简洁，莎士比亚有一句名言："简洁是机智的灵魂。"文学需要机智，需要出人意料，表达就必须简洁。刑法问题的思考和处理，必须要展示研习者的智慧，在将自己的分析意见表达出来时，必须简洁、平实，让人很容易看懂，不能故意堆砌华丽辞藻，也不能拖泥带水地使用令人费解的长句子，让人摸不着头脑。

鼓励大家课余看一点诗歌方面的书籍，不仅仅是出于文字简洁的考虑。研习刑法需要有想象力，而文学特别是诗歌赋予人们想象力。"没有文学家的呐喊和彷徨，法学家思索和讨论的范围就会小很多。在没有文学家的世界里，法学家会是很孤独的。"（朱伟一：《法学院》，北京大学出版社2014年版，第230页）

关于写作规范的遵守，最重要的一点是，一定要对学问有敬畏感，不得违反起码的学术规范。例如，必须将复制率（重合率）控制在合理范围内（清华大学硕士毕业论文的要求是低于10%）；引用他人的观点一定要有出处（明着抄袭不行；虽是使用自己的表述，但把他人的核心观点据为己有，实质上是"榨干文献"的实质抄袭，这也不行）；同一文献，在引用时，不能连续引用3次或以上（否则，也是"榨干文献"）；不要一稿多投，且在不同刊物发表的同一篇论文的作者人数不同。

按照上面的步骤走下来，到此为止，你大概可以写出一篇看起来像么回事的论文了（既遂）！

定律 8

不以批评刑法立法为时髦

定律 8　不以批评刑法立法为时髦

研习刑法问题时，无论你是阅读刑法著作、撰写论文还是分析处理案件，都离不开刑法立法的规定。我们究竟应该如何对待立法，是一个很值得各位在学习刑法时关注的问题。

对此，我的基本建议是：学者以及司法实务者的使命都是解释和适用刑法，不能动辄批评刑法立法，更不能以批评刑法立法为时髦；不要以为中国刑法立法和国外立法应该差异很大；不要轻易说我国刑法中的哪一条规定是象征性的；在写刑法论文时，原则上不选择立法建议方面的题目。

8.1　不要动辄批评立法，尽量少写立法论方面的文章

根据我的观察，近年来刑法学界批评立法的情形有增多的趋势，大多数的批评主要针对的是《刑法修正案（八）》和《刑法修正案（九）》。

2011年2月25日，全国人大常委会通过了《刑法修正案（八）》，共50条，主要内容是取消13个罪名的死刑，增加规定坦白制度，完善刑罚执行制度等；增加规定危险驾驶罪、拒不支付劳动报酬罪；修改完善生产、销售假药罪

等。2015年8月29日，全国人大常委会通过了《刑法修正案（九）》，共52条，主要致力于解决以下问题：进一步削减9个罪名的死刑；维护公共安全，加大对恐怖主义、极端主义犯罪的惩治力度；维护信息网络安全，完善惩处网络犯罪的法律规定；进一步完善反腐败的制度规定，加大对腐败犯罪的惩处力度；维护社会诚信，惩治失信、背信行为，如增加规定组织考试作弊罪、虚假诉讼犯罪。

针对这两个修正案，相关的批评主要集中在：规定网络犯罪、恐怖主义犯罪，都是刑事处罚早期化的产物，体现了刑法的象征性；对危险驾驶、考试作弊、虚假诉讼等行为进行治安管控即可；将恶意欠薪犯罪化，立法上不谦抑，用刑事手段介入民事纠纷，代替行政管理，且相关案件很少，保护的法益究竟为何并不明确。

我感觉上述批评立法的观点缺乏建设性，意义很有限。无论你认为刑法修改较为频繁也好，还是认为刑法修改与你的预期不一致也好，你都得承认，上述两个修正案的相关规定及时回应了转型社会所产生的某些特殊问题。统计数据表明，规定危险驾驶罪之后，全国每年因为醉酒驾车致死的情形下降比例并不小。根据公安部提供的数字，2011年"醉驾入刑"1年，当年因醉酒驾车致死1220人，比上年下降37.7%；到2016年5月1日，"醉驾入刑"5年之际，全国因醉酒驾车导致死亡的人数与该规定实施前5年相比下降18.3%。这充分说明，在规定危险驾驶罪之后，每年我国因为醉酒驾车导致死亡的人数减少200人以上，立法防止死伤结果，功莫大焉。在保障民生方面，刑法的贡献也是很大的。不少学者认为拒不支付劳动报酬罪的设立是没有必要的，可是在企业主故意逃避债务，使被害人实现债权明显困难，寻求一般的民事诉讼明显不可能，且政府有关部门通知被告人进行整改而无法取得相应效果时，被告人和劳动者的关系完全超越了普通民事债务的界限，刑法的介入就是合理的。

与此有关的问题是，各位在写作刑法论文时，要尽量多写解释论或教义学方面的文章。"撰写解释论的文章，必须尊重现行法，受现行法的约束，致力于现行法具体法律条文、制度的准确理解、解释和正确适用，即使经过你的研究发现某个具体条文、制度存在不足、不当乃至失误，你的任务也只能是在不违反本法立法政策目的的前提下，运用种种解释方法，对该具体条文、制度予以弥补、补救以实现其规范目的，而不是进行批判或进行修改。"〔梁慧星：《裁判的方法》（第2版），法律出版社2012年版，第100页〕所以，我很真诚地提示各位，有关立法建议、立法批评之类的文章，原则上不要写。即便有要写这方面论文的冲动，确实也压抑不住这种冲动，也还有一个写作的时机问题。比如，在国家立法机关准备启动立法程序时，或者在法律草案讨论过程中，有关立法的文章当然可以写。但是，尽量不要去批评立法，说哪一个罪名设置不合理，或者哪一条规定不准确，这样的批评意义很有限。"确实，世间并不存在完美无瑕的刑法典。但是，我们并不比立法者更聪明，当我们自认为发现了某个刑法漏洞时，这很有可能是我们思维不周的产物，而不是刑法本身果真有缺陷。再说，即便发现刑法有漏洞，完善刑法的过程是漫长的，而摆在眼前的案件是急待处理的，如何处理当下的案件才是问题所在。因此，努力地、妥善地解释刑法规定，远比指责刑事立法不当重要得多……整天拿着放大镜，到处挑刑法典的毛病，这不是在修习刑法学，而是来砸刑法学的场子的。"（李立众：《刑法学修习大法》，载桑磊主编：《法学第一课》，中国政法大学出版社2017年版，第97页）

特别重要的是，如果你是写硕士或者博士毕业论文，要尽量避免选择立法论方面的题目。对此，2009年4月2日，黄卉教授在北京大学法学社"私法纵横"第四讲中曾有一个非常到位的评论："在我们的法律文化当中，或者说在我们的法律现实当中还存在着一种立法的惯性甚至迷信，好像觉得我们现在的法律困境都是立法不善造成的，这是个非常大的误会。这个判断我是在北大才形成的。北大有大批的法律硕士，所以要审阅非常多的法硕论文。论文质量实在不敢恭维，一个共同点是，什么问题都没有搞清楚，但最后都会提出立法或修法意见。前面东说西说，我们这也不行那也不行，最后他有一个立法意见，而且好几方面的，都是非常宏大的立法意见。"（黄卉：《法学通说与法学方法：基于法条主义的立场》，中国法制出版社2015年版，第201页）黄卉教授的批评不仅对法律硕士适用，她所指出的论文选题近乎病态地迷恋立法论的现状在刑法学硕士、博士毕业论文中也照样存在。比如，有一个刑法学专业

定律 8 不以批评刑法立法为时髦

博士生写毕业论文，将选题方向定为"刑法象征性立法之批判"。我认为，这不是一个好题目，因为这样的选题方向决定了你一定要朝着批评立法的方向去写，而在具体写作过程中，也一定会针对立法中抽象危险犯的规定增多、帮助行为正犯化等立法趋势展开批评，其实这样的批评未必有理，而且这样的写作方式及其结论，都是读者早就能够预想到的，用二三十万字来讲似乎是人所共知的道理，得出的结论又没有任何出人意料之处，这样的博士论文确实价值有限，没有建设性。如果你真的觉得抽象危险犯、帮助行为正犯化等立法有其不足，为什么不转而去写如何建构裁判规则，以在实践中限定抽象危险犯、帮助行为正犯化的运用，从而达到你的目的？换言之，对你所思考的问题，不去批评立法，而是围绕实践中如何准确适用进行教义学思考，仍然可以写出好文章。

关于立法论的问题不适宜作为毕业论文题目，还有很多例子，比如，尽量不写针对某罪实施重刑的论文。例如，针对巨额财产来源不明罪设置死刑等这样的文章，毫无理论价值。再比如，对于刑事责任年龄是否要降到14周岁以下，有的同学觉得这个问题很值得研究，试图将其作为硕士毕业论文题目。但是，我认为这不是一个好题目。因为是不是降低刑事责任年龄，从实证的角度看未必能够讲得很清楚，降低刑事责任年龄或者维持现在的规定都有一定的道理。如果你以此题目进行写作，得出维持现行规定的结论，评审专家可能会认为你缺乏创新点，如果你的最终结论是需要降低刑事责任年龄，可能又会带来一系列值得研究的问题：（1）如何保护未成年人利益？将年龄很小的人的行为界定为犯罪，过早给其打下罪犯的烙印，其实不利于行为人在社会中健康成长。（2）是否属于针对特例立法？在全国每年上百万件刑事案件中，14周岁以下的人杀人的情形极其罕见，所占比例极低，立法不宜"瞄准"这些罕见之事。（3）是否会带来连锁反应？例如，是否需要把不满18周岁的人犯罪应当从轻或者减轻处罚中的年龄降到16周岁？关于幼女的年龄是否要"水涨船高"地从现在的14周岁降为12周岁？

　　法律不是嘲笑的对象。"既然信仰法律，就不要随意批判法律，不要随意主张修改法律，而应当对法律进行合理的解释，将'不理想'的法律条文解释为理想的法律规定。"（张明楷：《刑法格言的展开》，法律出版社2003年版，第3页）归结起来说，学者、实务家的真本事是解释刑法，刑法学研究应当以法律适用为核心，关注个案裁判结论的妥当与否，用好、用活教义学知识与教义学方法。因此，各位学习刑法一定要刻意去训练自己解释刑法的能力，而不是对刑法立法进行批评。也就是说，学刑法，是为了用好、用活刑法，而不是单纯为了批评刑法。如果仅仅为了批评刑法，各位可以说是"生不逢时"，借用黄卉教授的说法就是："立法空白时代已经过去了，你们出生太晚了，我都晚了。"（黄卉：《法学通说与法学方法：基于法条主义的立场》，中国法制出版社2015年版，第204页）

8.2 立法中的哪些问题可以成为你重点关注的对象

我认为,对立法并非绝对不可以进行批评。但批评一定是极其有限的,而且一定要明确应该批评什么?我认为,对于刑法立法,大致有两个问题,研习刑法的人可以质疑。

一方面,立法上规定了司法上无法证明的结果犯的,类似立法规定确有问题。例如,我国台湾地区"刑法"原第286条(妨害自然发育罪)规定,对不满16岁的男女进行凌虐或以其他方法妨害其身体的自然发育的,处5年以下有期徒刑、拘役或罚金。学界认为,司法上依据现有科学技术无法证明什么是"妨害身体自然发育",从而导致定罪困难。因此,2012年我国台湾地区"立法"部门"修法"时将结果犯改为危险犯,规定对不满16岁的人进行凌虐或以其他方法"足以"妨害其身心健全或发育的,定罪处刑。立法的变化在很大程度上是学者批评的结果。

另一方面,对于处罚太严厉或失衡的立法,也可以批评。其中,法定刑失衡问题就很值得研究,例如,我国《刑法》第239条关于绑架罪的法定刑起点为5年有期徒刑的规定未必合适;强迫卖血罪和故意伤害罪的法定刑关系也没有理顺。这些都说明,在我国刑法立法发展中存在"重刑结构"问题。确实要承认,在很多国家,立法上的犯罪化和重刑化、应对措施强硬化是并驾齐驱的。例如,德国1998年的刑法修改，为了实现一般预防就朝着加重刑罚以及相关应对措施严厉化的方向迈进；为有效应对恐怖主义，2010年6月，德国议会通过了《对极端型犯罪行为人扩展保安处分的法律》，把以前作为保安处分（行为监督中的居住监视）措施的戴电子脚环扩大到预防犯罪领域，规定对于意图实施严重危害国家安全的暴力犯罪和资助恐怖主义而被判刑的犯罪行为人，为防止其再犯罪可以使用电子脚环。日本自20世纪90年代中期以降，刑法的重刑化趋势明显，提高了有期徒刑的最高期限；加重了性犯罪、杀人罪、伤害罪的法定刑。2001年的日本刑法修正案规定，行为人（故意）危害交通的驾驶行为（如醉酒后驾车）过失地导致他人死亡的，最高可以判处20年自由刑。由于该罪的法定刑和对道路交通事故中的过失致死罪的处罚失衡，2007年立法者不得不将后罪的法定最高刑从5年提高到7年。国外将立法上的犯罪化和重刑化、应对措施强硬化捆绑在一起的做法，存在很多疑问，不值得我们效仿。

因此，针对过重的刑罚规定，我认为学者提出必要的疑问，以推动刑罚轻缓化，是有其合理性的。我国刑法所规定的法定刑趋重，挂有死刑、无期徒刑、3年以上有期徒刑的条文无论是绝对数还是占全部罪刑条文的比例均高于其他国家，刑罚不仅重于经济比我们发达的国家，也远远高于经济和我们相当或低于我们的国家。同时，实务上一般也都倾向于在法定刑幅度内选择较重的刑罚。如果未来立法在此基础

定律8 不以批评刑法立法为时髦

上再"加码",就会导致重刑主义。经验证明,重刑化的做法并不能有效遏制犯罪,罪犯在犯罪之前都不会去看刑法典,他们不关心刑罚轻重,费尔巴哈的"心理强制说"并没有实证支撑;一味重刑化会让国民的法感情迟钝化,且导致犯罪的法益侵害之间没有区分。因此,在当下的中国,通过犯罪化"立规矩"比实行严厉处罚更重要,当务之急是扩大犯罪圈以严密刑事法网,但在处罚上尽可能轻缓、灵活,重刑化不是未来的立法指向,刑法立法的政策思想应当定位于储槐植教授所提出的"严而不厉"之上。

因此,可以认为,为了实现刑罚轻缓化和刑罚手段多元化、灵活化,理论上就可以提出以下建议:增设刑种,尤其要增设非监禁的主刑;增设剥夺资格、权利的刑罚;将刑罚措施和社区矫正相互衔接;增加保安处分措施,以减少行为人未来再犯罪的危险性,形成刑罚与保安处分的刑事制裁"双轨制",而不是将所有犯罪的人都送到监狱去服刑。

除了上述诸方面,再对立法进行批评未必合时宜。在立法过程中,刑法学者应该尽可能提供建设性的意见。一旦法律通过,学者的使命就不再是一味地批评、指责立法,不要动辄就把刑法典形容为一个"四处漏水的木桶",而应怀着敬畏之心去认真解释刑法条文,使得某些粗看起来似乎有一些瑕疵的立法在实践中能够合理、有效地运行,从而把刑法解释得没有漏洞。在这一点上,我赞成张明楷教授的观点,"法律不是嘲笑的对象"。确实,对学者而言,已经颁行的刑法典是解释的对象，而不是可以肆意嘲笑和横加指责的对象。我们一定要考虑到，立法、司法和（学者）解释间的良性互动，对于刑事法治的形成都极其重要，对立法的过多批评会损及法律的尊严、权威和统一性。

8.3 不要轻易说我们的立法是象征性的

关于我国刑法立法，很多学者认为其具有象征性，从而展开批评。例如，我国惩治恐怖主义犯罪的立法被不少学者批评为象征性立法。批评者指出，基于严密防御恐怖犯罪的保守策略，刑法反恐立法重塑了有罪本质和潜藏于刑法体系下的打击目标，重构了安全保护之实现方式，改变了刑法立法正当性的根据。高压打击和严密防御策略对控制恐怖犯罪具有积极意义，但其以"安全"为帅，不顾刑法基本原则的一致性，进行非理性扩张，不断挤压和侵犯公民基本权利，导致其越界。在法治语境下，以刑法这种法律手段反恐必须守界：在合法性诉求上，必须受宪法的约束和限制；在宏观层面，应遵循法治精神，谋划正确的指导理念，追寻德性以矫正和消解不断膨胀的工具性价值取向；在微观层面，既应针对恐怖行为的共性，构建一般性限制原则，又应针对不同恐怖行为进行类型化，重视其个性，构建特殊限制原则（参见姜敏：《刑法反恐立法的边界研究》，载《政法论坛》2017年第5期）。

但是，这种批评未必有理。所有的立法都是有的放矢

定律8　不以批评刑法立法为时髦

的，立法者不会针对实践中完全不存在的行为制定刑法规范，从而把拳头打在棉花上。因此，刑法中所规定的罪名都有一定针对性，而不是象征性的。如果一定要说象征性，国外反恐立法的这一特征更明显。美国"9·11"事件之后，各国刑法的反恐立法都迅速做出积极回应，纷纷表明立法对恐怖主义犯罪毫不妥协的态度，以维护公民人身安全和公共秩序，这种回应更应该是批评者眼中毫不手软的象征性回应。但是，针对恐怖主义行为进行刑法立法，本来就是一个特殊领域中的特殊问题，是立法者以牺牲一部分（传统上所说的）公民的个人自由来换取生命安全和身体健康权利的无奈之举。实际上，全世界的政府似乎都准备放弃对传统公民权利的保护，以适应反恐需要，这确实会给人们带来一些担忧。但是，问题的关键不在于批评立法的象征性，而在于"我们需要最好的法律思维以提供合适的警力和政府权力，并同时还保留对这些权力的制约，这是人类基本自由的基础"（〔美〕理查德·保罗、〔美〕琳达·埃尔德：《思辨与立场：生活中无处不在的批判性思维工具》，李小平译，中国人民大学出版社2016年版，第6页）。

更何况，立法的象征性这个说法本来就很含混，何种立法具有象征性不可能有准确的判断标准，通过刑法实现积极的一般预防，是很重要的刑罚目的，通过刑罚实现威慑也可以说立法具有象征性，故意杀人罪的规定也是具有象征性的，我国刑法中对预备犯进行广泛处罚更可以说具有象征性。但是，在这个意义上讨论或批评立法的象征性又有多少意义呢？

　　增设新罪在今后很长历史时期内仍然会是立法上的核心任务。在这方面，不能无视国外立法的经验。20世纪50年代之后，犯罪化是国外刑法立法的潮流。自20世纪70年代以来，英国开展了大规模的增设新罪活动，目前英国制定法上的罪名达到1万多个。1997年至2007年，英国议会制定了382项法案，其中，29项刑事司法法案新设的刑事罪名超过3000个。在日本，增设新罪的立法活动一直没有停止过。例如，日本刑法中规定的盗窃罪针对的是动产，因为传统观念认为不动产"不会动"，所以以不动产为对象的窃取、侵害行为可以事后通过民事途径进行救济，但是，在针对不动产的侵害行为增多后，日本立法机关在1960年修改刑法时增设了不动产侵夺罪；再比如，不履行债务的行为（例如，二重抵押等），在日本一直被认为可以进行民事救济，但是，民事救济经常不及时，救济无力，为此日本刑法增设了背信罪。特别值得注意的是，日本立法机关从20世纪80年代末开始，打破一直以来的"像金字塔一样沉默"的传统，为应对犯罪国际化、有组织化以及现代社会的危险无处不在、无时不在的特点，积极回应保护被害人的要求，回应严惩暴力犯罪的呼声，频繁修改刑法典与相关法律，大量实行犯罪化，出现了"立法活性化"现象，例如，在《规制纠缠等行为的法律》中，将表达爱恋或好感没有得到回应而纠缠对方的行为犯罪化。在日本，刑法典、单行刑法与行政刑法所规定的犯罪难计其数，即使在我们看来相对轻微的危害行为，也被规定为犯罪。国外有教授在评论日本近年来的刑法立法动向时认为，刑事立法的活跃化，在某种程度上是第二次世界大战之后日本社会走向成熟的佐证。日本立法上的犯罪化和重刑化趋势，不是一时的心血来潮，在今后一段时期内还会持续下去。2017年6月，日本国会通过了关于修改有组织犯罪的处罚及犯罪收益规制法部分规定的法律案，该法也被称为"共谋罪"法。该法规定，恐怖组织和其他有组织犯罪集团计划从事本法列举的法定刑为4年以上有期徒刑或无期徒刑、死刑的犯罪，二人以上策划有组织地实施该犯罪，并且策划者已按照计划准备物资、查看现场或实施其他犯罪准备行为的，按情节轻重，对策划者处以最高5年有期徒刑。日本刑法立法的积极和能动由此可见一斑。日本的立法如此，德国刑法立法增设新罪的步伐也一直没有停歇。例如，德国于2017年4月通过刑法典第51号修改法，将体育博彩诈骗和操纵职业体育比赛的行为规定为犯罪，处3年以下的剥夺自由或处罚金，情节严重的可处最低刑3个月、最高刑5年的剥夺自由。

这样说来，立法时做"加法"就是合适的，其考虑的因素有：当下的社会是否有序？针对某些不法行为，仅仅实行治安管理处罚是否足够？增设大量抽象危险犯，负面影响有多大？现在的立法环境和1979年乃至1997年相比，在哪些方面（例如，恐怖主义犯罪、网络犯罪、环境犯罪等）有所差异？以及不增设新罪，在司法审判中是否存在突破罪刑法定的危险？

如果考虑到以上几点，那么，在我们的立法中就不能只以常规的违法行为和犯罪行为为思考对象，对恐怖主义犯罪给世界各国立法带来的冲击也应给予充分关注，要对德国、日本以及美国应对恐怖主义的最新立法动向进行深入研究，不能使我们这里成为恐怖分子的"法外之地"。如果深入思考由恐怖主义引发的立法问题，会得出如下结论：由于恐怖主义的带动，各国立法对违法和犯罪的区分相对化，过去认为是轻微违法的行为或非常早期的行为（如准备行为），在现代刑法立法中都可能成为犯罪，日本最近增设"共谋罪"就是典型例证。应对恐怖主义的罪名设置会带来立法上的"水涨船高"，从而深刻改变我们的立法理念。

此外，对已有的常见犯罪还需要进一步分解、细化；还应考虑增加强制罪、暴行罪、胁迫罪、泄露私人秘密罪、公然猥亵罪、背信罪、侵夺不动产罪、伪造私文书罪等。

定律 9

试着走近阶层犯罪论

定律9　试着走近阶层犯罪论

根据何种标准确定某种行为成立犯罪，是刑法学中牵一发而动全身的问题，这就涉及犯罪论体系问题。在部门法学中存在基础问题不解决，理论上相关思考就无法进一步展开情形的，似乎也唯有刑法学如此。

多年前，恰逢刑法学界对于犯罪论体系的论争较为激烈之际，有一位民法学教授向我提出过这样的疑问：侵权责任法上关于侵权行为的构成要件，似乎是与刑法学上的犯罪构成要件类似的问题，例如，故意杀人、故意伤害、抢劫、强奸等，也都同时属于侵权行为（只不过因为其对权利侵害的程度较高，需要刑法出面进行惩治而已），但为什么在刑法学上对犯罪成立条件问题争议这么多，而民法学上可以相对比较简单地分析侵权责任的构成要件，大致提出侵权行为、故意或过失、因果关系这些条件就可以？

对此，我当时的回答是：一方面，刑法上对犯罪成立与否的判断，涉及对被告人的生杀予夺，兹事体大，不得不细查，因此，有必要将理论体系建构得很精巧，以防止司法上出错。另一方面，犯罪成立条件的理论从体系思考的角度看，还与未遂论、共犯论紧密关联，因此，它必须对相关复杂问题有所照应。但是，在侵权责任法上，全部都是结果责任,对所谓的侵权"未遂"不会进行处理;在共同侵权的场合,则重视连带责任,因此,在刑法学上需要体系性地解决的未遂论、共犯论等,在民法上都不是难题,因此,侵权行为的构成要件理论建构得稍微简略一点也不成问题。

犯罪论体系必须建构得很精巧,这就引发出三阶层论和四要件说的争论。对此,中国刑法学界打了数十年的"笔墨官司"。也正是鉴于这个问题的复杂性,我受华东政法大学法律学院的邀请,于2018年11月3日晚在松江校区明镜楼尚法厅为300多名学生进行了一次有关犯罪论体系改造的讲座。我的基本观点是,如果考虑到需要一体地运用犯罪成立理论来解决共犯论、未遂论等问题,四要件说的不足是显而易见的,必须坚持阶层性的思考。但是,我们未必要生搬硬套三阶层论的那一套"话语系统"。对传统四要件进行阶层性改造,或者借用四要件说的部分术语,进行阶层性思考,从而建构中国的犯罪论体系,也是可能的。

"相较于四要件模型,三阶层模型较为复杂……复杂意味着精确,有助于保障人权。千万不要仅因嫌其复杂,就放弃学习三阶层。"(李立众:《刑法学修习大法》,载桑磊主编:《法学第一课》,中国政法大学出版社2017年版,第99页)因此,在思考犯罪论体系问题时,自觉地训练自己进行阶层性思考的能力,是刑法学习的一项重要定律。

9.1 阶层性思考属于"本土资源",不是"外来物种"

我一直认为,阶层性思考乃至阶层论都不是"外来物种",其属于中国"本土资源"。

古代清官审案,第一句话一定会问公堂之下的嫌犯"该当何罪"?曾朴所著的《孽海花》第二回提道:"你还想引诱良家子弟,该当何罪?"这里对"该当何罪"的追问,实际上是要求对方承认自己所做的是什么事情,以及该行为的性质,这其实就是对构成要件该当性的探讨。如果对方承认自己做的是一件坏事,又提不出对应的辩解事由,接下来,违法性和有责性也就具备了,对其定罪就是理所当然的。

这样的思考逻辑,其实是判断事情的通常事理,是常识性思维,不是德国、日本等国家判断行为是否构成犯罪的"专利"。在阶层论中,结合构成要件该当性和违法性可以判断被告人所做的事情的性质("事情做得不好",是不是做了一件坏事),只有把这一点先确定下来,才能考虑被告人是否有应受谴责的必要或值得谅解的情形,是否值得谴责。因此,所谓阶层性思考,就是把"事情做得不好"和"人是否值得谴责"清晰分开的逻辑体系。

这种思考逻辑,实际上是作为一个正常人在社会生活中面对任何不法行为时应有的思考方法,不是什么高深的理论。比如，一名不满16周岁的中学生在某著名景区价值连城的文物上刻下"到此一游"四字，如果只是轻描淡写地以"孩童顽劣"为此行为开脱，说该学生年龄太小了，不懂事，因此不要管他，这就不是正常的思维方法，不是法律人应有的思维。对该学生的所作所为，必须先判断不法性——这件事情做得究竟好不好，是否属于故意毁坏财物的行为，这其实就是构成要件该当性和违法性，这个确定下来之后，再去考查该学生是否应受到谴责？最后会得出结论：该学生做了一件坏事，这件事情的性质好坏与年龄无关；然后再说，因为他年龄太小了，刑法这次要放过他（但是，他如果满了16周岁再这样做，就必须去坐牢；其他成年人如果效仿他，也必须受到刑罚处罚）。因此，做了坏事（不法）和个人是否值得谴责（责任）清晰区分开来，是最起码的思考方法，这是从中国古代"该当何罪"的追问自然可以引申出来的，更是法律人必须要分清楚的，其实质就是阶层论。

阶层犯罪论的本土资源亦存在我国法律上的依据：《刑法》第17条第5款（对不满16周岁者的收容教养）的规定，以及《刑事诉讼法》在特别程序中规定的对实施暴力行为但依法不负刑事责任者的"强制医疗"，都与阶层犯罪论的思考逻辑紧密相关——不满16周岁的人、实施暴力行为但依法不负刑事责任者的行为符合构成要件且不具有正当防卫、紧急避险等违法阻却事由时，就是刑法要反对的不法行为，这是第一层次的思考。但是，由于这些人的年龄或精神状况等较为特殊，司法机关不适宜对其进行谴责，欠缺有责性，无法追究其刑事责任。因此，对其进行收容教养或强制医疗，这是第二层次的思考。

阶层犯罪论将不法（行为不好）和责任（行为人值得谴责）清晰分开的思考方法更符合事理，其植根于中华传统法制文化，不是"舶来品"，也有实定法上的依据。当然，我这样说不是要否认西方比较法的贡献，今天的阶层论被打造得如此精致，主要还是德国学者的贡献。

这样看来，无论从历史的维度还是现实立法的维度，阶层论都是一种"本土资源"，不能想当然地把阶层论作为外国的理论加以拒斥。

9.2 四要件说在一体地解决刑法难题时明显存在缺陷

传统的四要件理论包括犯罪客体、犯罪客观方面、犯罪主体、犯罪主观方面四个要件/要素，这其实不是苏联人的独创，而是来自苏联对德国三阶层理论的改造。中国刑法学者有关于犯罪构成要件理论的争论，实际上是提出"只有要素的平面组合，没有阶层体系的犯罪论是否存在缺陷"的问题。用日本著名学者平野龙一的话来回答，"犯罪，并不是像水在化学上由氢气和氧气组成一样，仅仅由几个要素所组成。犯罪论体系，是作为整理法官的思考、统领法官的判断的工具而存在的",缺少阶层体系的犯罪论天然地存在缺乏进行体系性思考的缺陷。

阶层体系可从三阶层、两阶层两个角度认知:两阶层即由不法到责任;三阶层即由构成要件的该当性(意在追问国家的立法态度为何)、违法性组成两阶层中的"不法",再到犯罪行为的有责性。阶层性理论的优越性在于,能将不法和责任、将事情办坏与人是否应受到谴责分开。

更重要的是,阶层性理论有助于实现体系性的思考,而体系性思考与法的安定性有着密切联系。毋庸置疑的是,对于阶层论能够一体地妥善处理的很多关联性问题,四要件理论难以有效解决。

首先,与共犯相关的问题。

一方面,教唆未达到刑事责任年龄的人犯罪的、帮助未成年人犯罪的,是否成立共犯?

例如,甲教唆12周岁的乙杀害丙,因乙没有达到刑事责任年龄,对被告人甲的行为如何定罪处罚,就会有不同意见:一种观点认为甲是教唆犯,应根据《刑法》第29条的规定从重处罚;另一种观点认为甲不是教唆犯,单独成立传授犯罪方法罪;还有观点认为,构成教唆犯要求教唆人和被教唆人都达到刑事责任年龄,由于乙不满14周岁,因此甲只能成立故意杀人罪的间接正犯。主张甲不是教唆犯,单独成立传授犯罪方法罪的观点,明显是避重就轻、绕着困难走,不具有合理性。如果坚持四要件说,就会得出甲不成立

定律 9 试着走近阶层犯罪论

共犯，只能成立间接正犯的结论。但是，这一结论与间接正犯的实质不符，12 周岁的人已经具有规范意识，对事物能够认识，不是间接正犯中的被利用、被支配的人。如果肯定阶层性思考，就会认为甲、乙共同实施了不法的行为，在这个意义上，二人成立共同犯罪，只是在有责性判断上再分别讨论甲和乙的责任，最后因为乙未达到刑事责任年龄才"放过"他。

另一方面，帮助未成年人犯罪的场合，是否成立共犯？15 周岁的甲抢夺他人财物时，18 周岁的乙为其望风，如何处理乙？如果按照四要件说，会得出二人不成立共同犯罪的结论。但是，按照阶层论中不法与责任的区分逻辑就会解释得比较圆满。

在这里有必要多说一句：我经常听有的老师讲，看不出四要件说和三阶层论有多大差别，比如，对 13 周岁的人杀人行为的确定，四要件说和三阶层论的结论相同，实际运作时的分析路径也相同，因为任何司法人员都会因为这个孩子不满 14 周岁（犯罪主体要件不具备）而在接触案件之初就将其行为排除在犯罪之外。我认为，这样的说法显示出分析者缺乏体系性思考的能力。因为被告人不满 14 周岁就排除其刑事责任，而无须检验犯罪主客观要件的说法，只在单独犯罪中成立。作为一名刑法研习者，在遇到这种案件时，必须进行一体的思考：如果这个 13 周岁的杀人犯背后还有教唆者、帮助者，怎么处理？此时，当然需要先检验这个 13 周岁的杀人犯（正犯）的构成要件该当性和违法性，再确定教唆犯、帮助犯与正犯的共同犯罪关系,而不能轻易地讲不满14周岁的人的行为刑法不管,四要件说和三阶层论对这个案件的处理没有差异。如果体系性地进行思考,你会发现这两种理论体系存在天壤之别。

其次,四要件说不能很好地解释正当防卫问题。对于精神病人、13周岁的人的侵害行为能否进行正当防卫?按照四要件说,所有的要件"一荣俱荣、一损俱损",因为犯罪主体要件不具备,行为不构成犯罪,不是不法,不能进行正当防卫。但是,按照阶层论,不法的判断与责任分开,精神病人、未成年人的侵害行为也具有不法性,当然就可以进行防卫(至于在知晓对方精神状况或年龄时,在伦理上是否还有避让的义务以限制防卫权的行使,则属于另外的问题)。

再次,对免责的期待可能性问题的处理,四要件说基本无能为力。在牺牲他人生命保全自己生命的情形下,按照四要件说,会得出所有要件都具备,被告人构成犯罪的结论。按照阶层论就可以得出,被告人的行为符合构成要件具有违法性,但是,其欠缺期待可能性,不具有有责性的结论,从而为出罪提供理论空间。

最后,在刑罚目的的实现上,四要件说存在先天不足。按照四要件说只能得出所有要件都具备时被告人有罪,一旦某一个要件不具备时被告人无罪的结论,行为人有罪与否成为对立关系,无法提示其他国民如何准确行动。但是,按照阶层论可以区分"行为对错"与"行为人是否懂事",在做了坏事的行为人仅因年龄小而不负刑事责任（最终无罪）的场合，按照阶层论也可以认定其行为的不法性（在四要件说的"有罪"和"无罪"选项之外，多出来一个虽然无罪，但行为性质具有不法性的选项），警示其他国民不得实施类似行为，从而可以引导民众的行为，发挥刑罚的积极预防功能。

　　这样说来，阶层犯罪论能够体系性地解决共犯、正当防卫、刑罚论的相关问题。也正是在这个意义上，德国学者在法律研习方法中才会专门针对犯罪构成要件的检验提示所谓的阶层性思考方法："检验题干中提及的参与人的刑事可罚性，从最开始的行为开始检验，并且先检验行为人，然后是参与人（即先主犯，再从犯）。这是逻辑上的强制要求，因为从犯是以主犯的行为为前提的，从犯有从属性（akzessorisch）。通过这种方式可以避免复杂的重复论证。"［〔德〕托马斯·M.J.默勒斯：《法律研习的方法：作业、考试和论文写作（第10版）》，申柳华等译，北京大学出版社2024年版，第56页］讲到这里，你大致应该知道，在今天，继续坚持平面的四要件说可能真的已经不合时宜了。

9.3　学理上应有的定罪逻辑

　　罗克辛说，刑法体系必须成为并且保持其作为一种真正的体系性科学；因为只有体系性地认识秩序才能保证对所有的细节进行安全和完备的掌控，从而不再流于偶然和专断，否则，法律适用就总是停留在业余水平。

当然，不得不说，唯一正确的犯罪论体系并不存在。比如，平野龙一教授赞成的体系是：犯罪成立的一般要件（包括行为、结果、因果关系、不作为、故意、过失等）；犯罪成立的阻却事由（包括违法性阻却事由、责任阻却事由）。前田雅英主张的理论体系则是客观构成要件、主观构成要件、违法阻却事由、责任阻却事由。山口厚重视坚持三阶层论，但例外地承认部分主观的构成要件要素（盗窃罪中的不法领得意思、伪造货币的使用目的等——"责任要素例外地构成了限定或者形成违法行为类型的类型化要素"）。我觉得只要是坚持阶层性的思考，在具体理论的建构上有多种方案，完全是正常的。

各位在学习和思考时，不要被各种眼花缭乱的理论体系所迷惑。单纯从学理上看，我认为，图9-1的（学理上的）阶层论就值得去仔细琢磨，借以训练你的思维。

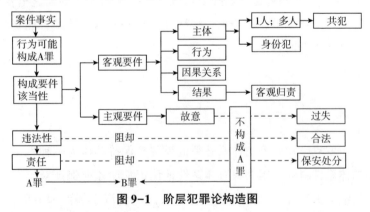

图9-1 阶层犯罪论构造图

定律 9　试着走近阶层犯罪论

从图 9-1 可以看到，定罪逻辑可大体梳理为"案件事实→行为可能构成 A 罪→构成要件该当性→违法性→责任→A 罪"，其中在构成要件该当性中，检验客观要件、主观要件，在违法性和责任中检验是否存在阻却事由，最终得出是否构成 A 罪的结论。在 A 罪不成立的情形下，再检验 B 罪的成立与否。

阶层体系在国外被运用得很多，法官基本按照这个逻辑思考问题。在德国波恩州法院一起"故意杀人未遂案"的判决中，主审法官布伦明确按照构成要件该当性、违法性和责任的顺序进行裁判，先后使用了"从法律的观点来看"危害行为所造成的损害是《德国刑法典》第 212 条意义上的"未遂的故意杀人"，"该危害行为是违法的"，"被告人患有持续的精神疾病"的表述。由此可见，阶层性犯罪论深入司法官员内心，具有实践理性。

对于阶层性思考的问题，在学习过程中，不必太纠结于三阶层还是两阶层，重要的不是哪一种阶层论，而是阶层性思考——必须按照先不法后责任、先客观后主观的思考逻辑，不能对罪名进行笼统审查；同时，要注重阶层论在分析具体问题时的运用。为此，建议各位认真思考一下阶层性犯罪论之下共同犯罪的判断逻辑、过失犯的判断逻辑、不作为犯的判断逻辑等。

9.4 司法实务上究竟该如何用好阶层性犯罪论

必须承认,利用阶层性犯罪论能够训练司法工作人员的思维,形成正确的刑法适用方法论,实现刑法客观主义。

阶层论的司法运用要做到以下几点:

第一,不需要照搬国外的三阶层论。按照我所理解的犯罪论体系,可以秉持客观要件优先,依照"客观构成要件—主观构成要件—违法排除事由—责任阻却事由"的判断逻辑。客观要件可以推导出行为的违法性,主观要件可以推导出有责性。在方法论上,与三阶层理论相同。

第二,采用改革成本较小的阶层论,即分为犯罪客观要件、犯罪主观要件、犯罪排除要件(排除违法要件、责任排除要件)三个阶层,有对阶层的思考、对原则和例外的思考之双重特色。

第三,立足于关键点:无论犯罪论体系如何建构,都必须将不法和责任清楚地分开,并确保对不法的判断在前。把握犯罪论体系的支柱:不法与责任。

需要特别注意的是,在司法上不需要采用阶层性犯罪论的术语,更不需要照搬构成要件该当性、违法性、有责性的理论构造。但是,在处理具体案件时,一定要逐步养成先不法后责任、先客观后主观的思考逻辑或刑法方法论,进而坚守刑法客观主义立场。

有人会觉得,这个意义上的阶层论是向四要件妥协,或者与四要件没有实质差别。对此,我的回答是,即便采用阶层论,也要考虑不同国家的"语境"问题,因此,对阶层论进行变通是合适的。我主张犯罪论体系要使用四要件说也能够接受的客观要件、主观要件等概念,提倡"客观构成要件—主观构成要件—违法排除事由—责任阻却事由"的判断逻辑,不等于我的主张和四要件没有差别。其实,只要对犯罪的判断是从不法到责任的阶层性思考,其和平面的四要件说相比就是翻天覆地的变化,是对四要件说的实质性重构,是不同于四要件说的全新理论体系。

定律 10

有意识训练刑罚思维

定律 10　有意识训练刑罚思维

要实现准确量刑，确保量刑适当而不失衡是一件很复杂的事情。有位年轻人在美国使用假护照，事后又假装自己在"9·11"事件中不幸遇难。对这种使用假证件的情形，过去在美国通常不用坐牢，最多判半年有期徒刑。但是，美国法官判了这名被告人4年有期徒刑，理由是值此美国上下哀悼之际，被告人居然冒充死难者，严重干扰有关人员的工作。对这一判决，律师批评法官感情用事，法官回答："量刑无不带有感情，只要不让感情影响判断即可。本案量刑中我并没有让感情影响我的判断。"（朱伟一：《法学院》，北京大学出版社2014年版，第272页）这个处理结果除了说明美国法官的自由裁量权很大，也说明量刑确实受很多因素影响，量刑过程确实比较复杂。

我们经常批评实务上"重定罪、轻量刑"，在学习刑法时，其实也是"轻量刑"的！因此，对学习刑法的人来说，仅仅重视犯罪论是不够的，形成正确的刑罚思维同样重要。

在国外的法学研究生教育中，甚至用一学期的时间讨论刑罚论中的某一个具体问题。取得清华大学法学学士学位的鲁佳同学在校期间的刑法课程是我教的，他后来到美国印第安纳大学攻读法学硕士（LLM）学位，他在一本书中所描述的选修刑法课程即关于死刑存废的Seminar（研讨课）的经历给我留下了很深刻的印象:"Seminar 的研究内容都非常专业,也非常细致。比如我这学期选择的由 Madeira 带领我们一起研究的'死刑的存废',就是一个非常专业,也非常小众的话题,死刑的存废问题在刑法里面也只是一个非常微小的点。但就是这个点,我们就要研讨一个学期。"(鲁佳:《美国法学院也有诗与远方》,中国法制出版社 2017 年版,第 48 页)死刑存废这一话题,在我的教学实践中最多用 20 分钟就可以讲完,但是,在美国的大学法学院可以供学生讨论一个学期,这一方面说明美国的大学法学院在课程开设方面的精细化,教学自有其特色;另一方面也说明刑罚问题,尤其是量刑问题的重要性是无可置疑的。

在我国司法实务中处理的很多案件(如许霆案、于欢案等),正是因为量刑严重失衡才引起广泛关注。在我国无罪率极低的背景下(例如,根据《最高人民法院工作报告》提供的数据,2018 年我国各级法院审结一审刑事案件 119.8 万件,判处罪犯 142.9 万人,公诉案件被告人中无罪人数为 517,无罪率为 3.62‰),妥当量刑极为重要,也为被告人及其辩护人所关注。"山中方七日,世上已千年",自由人永远理解不了身陷囹圄的人对自由的渴望。你不经意间度过的一天,对失去自由的人而言是漫长的 86400 秒!你说准确量刑有多重要?

如同实务中不能重定罪、轻量刑一样,在学习刑法时也应当重视量刑论。我认为至少需要认真思考以下方面:犯罪论和刑罚论之间的关联性；要避免量刑失衡就必须考虑哪些因素；司法解释规定之外较为复杂的刑罚裁量问题。这样一来，训练刑罚思维，就成为学习刑法的又一条重要定律。

10.1 要保持量刑论与犯罪论的贯通

在我们历来的教学中，或者在你看教科书时，都会发现：犯罪论和刑罚论似乎是老死不相往来的"两张皮"。但是，这样的理解是不对的，在学习刑法时，不能这样思考问题。

与刑罚有关的观念首先是报应。报应论与社会正义的观念联系特别紧密，所以它是最早的刑罚的基本理念。让被告人对自己所做的错事负责，确实会实现重罪重判、轻罪轻判，但还是有一些缺陷。有时候被告人犯的是重罪，但是，其事后万般悔恨，而且得到被害人的谅解，又赔偿了被害人的损失，量刑时还绝对地与犯罪轻重相对应对其判重刑，其实又有一些不合适。所以，报应论很难被贯彻到底。我一直认为，刑法学中有一些极端化的理论，像报应就有绝对报应的观点。

哲学家康德就是持这样的理念，他说在一个经所有成员同意而即将解散的海岛上的公民社会，监狱里的最后一个杀人犯也必须被处死。这就是绝对报应的观点，只要杀人就得负责，而且对应的就是死刑。绝对报应的观念有可能导致重刑，也有可能违背一开始的初衷和社会正义。

另外一种是和规范违反说相一致的积极的一般预防论。我赞成这种刑罚论，它认为犯罪是违反规范进而造成法益侵害的行为。对被告人判刑有很重要的一个目的：证实规范是有效的，动摇规范、冲击规范是错的。这样讲有什么意义？当然有很大的意义，可以充分论证处罚的正当性。司法机关宣告被告人有罪后对他判刑，判刑的轻重能够让其他人一眼就看出来被告人违反规范的程度，这方面美国做得最彻底，所谓数罪并罚就是各罪刑罚的累加，所以我们不难看到判决书中被告人犯有10个罪，被判处有期徒刑300多年的情形。有时候我们嘲笑人家的法官太固执：哪一个人能活300多年，所以，这样判出来也没有意义。但这样思考问题是不对的，法官写判决书的时候当然知道任何人都不可能活那么久，但是，他通过判决书告诉公民，这个人的行为究竟对规范动摇的程度有多大，公民一下子就可以看出这个人罪恶的程度，从而对规范保持认同和尊重。

适用刑法是为了让国民认同规范，尊重规范，最公正的刑罚最容易得到国民认同。通过刑罚处罚来实现"学习效果"，让公众知晓违反规范的人当然要受到处罚，知晓国家的规范始终是有效的，这个规范一旦被动摇，国家马上会通过否定他来实现"否定之否定"——罪犯否定国家的刑罚法规，国家通过适用刑罚来否定被告人的行为，说被告人的举止是错的。

量刑结论要得到公众的认同,"遵循先例"是很重要的路径。在日本有一个案例,夫妇俩残忍地将1岁8个月的婴儿故意虐待、伤害致死,日本检察机关求刑10年,原审判处夫妇俩均为有期徒刑15年,但2015年日本最高法院终审分别对夫妻俩判处有期徒刑10年和8年。最高法院的改判就是为了防止对于那些极端案件的处刑过于偏离之前的判例〔参见〔日〕前田雅英:《刑法总论讲义(第6版)》,东京大学出版会2015年版,第411页〕。通过诉讼机制遵循先例,确保量刑适当,使法院对那些极易让人产生重罚冲动案件的最终量刑得到公众认同,在这方面,我们还有很多课题值得研究。

10.2 一定要学会区分责任刑和预防刑

责任刑,就是针对被告人所做的这件坏事情而言,被告人究竟有多大责任,由此对其应该处以何种刑罚。此时,评价的是犯罪这件"坏事情"本身导致被告人的责任轻重。对于与责任刑对应的情节,要在量刑的第一个环节考虑,在这个基础上再来讨论预防刑。

预防刑,则是指为了防止被告人将来再犯罪,让他能够"吃一堑,长一智"而应对其配置的刑罚。

换言之,责任刑是向后看的、回顾性的,根据被告人过去做的事情判他相应多重的刑,这是一个回顾性的刑期。预防刑是向前看的,对被告人来说,根据他一直以来的表现等，把他关押的时间长一点好还是短一点好，被告人未来是否能够被改造好，都要有一个评估。所以，量刑实际上是两种判断的结合。其中，责任刑起决定性作用，判得轻还是判得重，是由被告人所做的坏事决定的，这个刑期是刑罚的上限，在这个限度内才考虑预防刑，对责任刑进行调节。所以，要想对整个量刑的一般理念和方法理解透彻，就必须确立"责任刑是上限，预防刑是调节"的理念。

首先，责任刑的确定。

一方面，要确定责任刑首先要考虑违法的事实。其中，最首要的是与违法有关的客观事实。这里的客观事实多数时候是指危害后果，而且是构成要件结果之外的后果。按照禁止重复评价的原则，一个事实一旦作为定罪情节使用，就不能再作为量刑情节使用，所以量刑情节一定是定罪情节之外的东西，决定责任刑后果的也应当是犯罪构成要件之外的结果。比如，被告人到别人家里偷东西，偷了5000元现金。被告人入户盗窃成为定罪的事实，在量刑的时候就不能说入户盗窃比一般盗窃要重，所以要判重一点。再比如，故意伤害罪是否达到了轻伤以上的后果，这是一个定罪的事实，在这个后果之上，被害人所受的重伤为二级，这个时候伤情是决定被告人刑罚高低的重要因素。所以，某一个事实一旦成为定罪情节，在量刑的时候就不能再考虑。

确定责任刑，还要考虑行为样态的恶劣性，凶器是否事先准备、凶器种类（是否属于枪支或者刀具）等，这些事实都会影响量刑轻重。对被害人攻击的具体样态,杀人手段是否残忍、是否多次实施、作为还是不作为,都是影响量刑的事实。此外,与犯罪接近的客观事实(犯罪人和被害人的关系,纠纷发生的原因、经过,共犯的关系,犯罪加功的程度,与正犯行为的密切程度等)也会影响对违法事实的判断,影响责任刑。

另一方面,要确定责任刑中的罪责事实,这个罪责事实是指行为人犯罪当时的情况(如期待可能性等)。被告人年满14周岁,这是定罪事实,但是其在满14周岁以后多少天才去犯罪的,此时的年龄是影响量刑的事实。例如,甲满14周岁刚一天就杀人了,已满14周岁成为定罪事实,但是仅仅超出一天的情形就可以作为减轻责任的事实——考虑到甲虽然年满14周岁,但是,他比其他被告人的年龄还要小,因此,处罚上要从宽。另外,被告人的精神状况、故意的形态等也会影响责任刑,比如间接故意一般比直接故意判得轻。被告人有故意这是定罪事实,但是,他仅仅具有犯罪的间接故意而非直接故意,而间接故意相较于直接故意情节要轻,这就是量刑上从宽处罚的事实。

责任刑是刑罚的上限。也就是说,被告人当时做的就是这样一件坏事,他做坏事时的心态就是如此,他个人的一些具体情况就是这样,法官根据他当时的情况,对其宣告一定程度的刑期就足够了,这是责任刑的基本含义。在进行责任刑裁量的时候,首先确定量刑的起点,再考虑各种影响责任刑的情况，然后确定一个责任刑的上限。

其次，预防刑的确定。

责任刑的罪责与行为人犯罪当时的个别情况有关。预防刑的裁量和行为人长期以来的品性有关，他受教育的经历少，有前科，一贯蔑视规范，这个时候对其判处的预防刑可能就要重一些。犯罪前的行为人属性，如有没有前科，是不是累犯、再犯，性格一贯好不好，犯罪后的态度，家庭、社会能不能接纳他回归，被害人一方是否谅解等，这些都是影响预防刑的因素。

关于责任刑和预防刑的关系，有必要重申一下：刑罚同时受责任和预防必要性的双重制约。一方面，刑罚的严厉性不能超过责任的严重性。另一方面，如果对被告人没有预防必要的，可以不科刑；如果预防必要性较小，从有利于罪犯社会化的角度看，可以对其判处比责任刑更为轻缓的刑罚。

此外，各位在训练、塑造自己的量刑思维时，对重刑主义一定要持反对态度，这样你才能形成合理的刑罚思维。要反对量刑过重，就一定要坚持责任刑是上限，用预防刑微调责任刑的理念。

当然，在你的刑罚思维中要真正认同反对重刑并非易事。实践中，有的法官在量刑时总是"下手偏重"，趋向于对被告人判重刑。国外的法官通常不喜欢判处被告人重刑，如日本法官通常在法定刑内选择最轻的刑罚，德国的法官通常在法定刑中最轻的 1/3 区间量刑，这些都值得我们借鉴。

我们经常讲"民愤极大"就要重罚，很多司法机关的领导也喜欢把这句话挂在嘴边，这是没有什么科学依据的。什么叫"民愤"，怎么去评估（天知道什么样的判决才能"平民愤"），用什么样的机制来确保它客观，没有一个标准，民愤大还是小，无法证实，因此，这种说法很不可靠。

10.3 要多留心观察实务中的刑罚裁量难题

关于量刑问题，最高人民法院制定了大量司法解释，有的涉及量刑规范化改革；有的涉及宽严相济刑事政策；有的涉及个罪的准确量刑，尤其是故意杀人罪、毒品犯罪的死刑适用等；有的则事关自首、立功、累犯的认定等。在学习刑法、训练刑罚思维过程中，了解司法解释的有关规定，有一定的实际意义。

但是，也需要看到，这些司法解释中还有一些值得推敲的地方，例如关于量刑规范化改革的意见中并未涉及责任刑、预防刑的确定问题，并未确立"责任刑是上限、预防刑是调节"的理念，只是单纯规定哪些情节的出现可能导致刑期增减的百分比，这样的规定等于没有触及量刑理论的核心问题，有绕着困难走的嫌疑，势必导致司法解释关于量刑规范化的设计在实务中的约束力大打折扣。

此外，无论关于量刑的司法解释何等细致，总是难免挂一漏万，很多新问题还需要在学习刑法过程中去认真思考、反复探索。所以，在训练刑罚思维过程中，那些新出现的、司法解释并未作出规定的实务难题，也很值得你去关注。

实务中的刑罚裁量问题，很多根据立法以及司法解释的精神可以得到妥善处理。例如，被告人甲涉嫌内幕交易罪，在接到侦查机关的电话通知后主动到案，但其辩称自己并未非法获取内幕信息，也没有利用内幕信息炒股，而是根据自己10余年的炒股经验进行操作。后法院认定甲成立内幕交易罪时，能否认定其成立自首？在本案中，甲并未对构成犯罪的主要事实（是否非法获取内幕信息并加以使用）予以承认，因此，对其自动投案的行为无法认定为自首，即便甲主张自己只是在作无罪辩解，其主张也无法得到认可。按照司法解释的精神，犯罪后自动投案，对行为性质进行辩解的，应当认定为如实供述自己的罪行。但是，这是以被告人承认犯罪构成要件事实为前提的。而甲否定关键事实就等于拒不认罪，自然就不属于认罪基础上对行为性质的辩解。

此外，实务中有的问题不是单纯与量刑情节的认定有关，有时还涉及刑法解释方法的运用。例如，被告人甲涉嫌集资诈骗罪，公安机关通知其次日到案接受讯问，甲答应，并就到案时间、地点等与办案人员进行了沟通和确认。后公安机关觉得案情重大，便于当晚到甲家中将其抓获，在此过程中甲未反抗。甲到案后积极供述有关犯罪事实，甲是否成立自首？如果只是执着于自首规定的文字含义，可以认为甲不成立自首,因为他是被动地被办案机关抓捕的而非自动投案。但是,如果考虑到被告人前一天和警方沟通,答应第二天去自首,自愿将自己置于司法机关控制之下的事实,再结合"有利于被告人的类推应当允许"的解释方法,就应该认为认定甲成立自首是相对更为合理的。

另外,实务中有的量刑问题的处理,还涉及刑法学中的体系性思考问题,必须将刑罚思维和犯罪论的相关问题联系起来,才能确保结论的妥当性。例如,被告人甲3年前因虚开增值税专用发票被判处有期徒刑缓刑,判决认定甲有检举揭发他人犯罪,构成立功,且有自首情节,被从轻处罚(当时这个被检举的人刚被抓获尚未查清具体罪行,因此只认定一般立功)。后被告人在缓刑考验期被发现还有虚开增值税专用发票的漏罪,且漏罪比前罪事实情节严重,法定刑为10年以上有期徒刑。在对漏罪提起公诉时,发现甲在前罪中检举的人刚被判了无期徒刑,也就是说,前罪判决认定的一般立功现在变成了重大立功。那么,对于这个立功在量刑上如何体现?

应当说,将甲的检举揭发行为认定为重大立功且予以减轻处罚不存在争议,关键是减在哪里?是从前罪的刑期中减,还是从漏罪的刑期中减,抑或在数罪并罚后的刑期中减。

"减在哪里"其实对被告人的量刑影响很大,关系到10年以上有期徒刑和3年以上有期徒刑(甚至能否继续适用缓刑），所以实务上观点会不统一，但又都没有明确的法律依据。另外，这种漏罪的发现对于前罪认定自首有无影响（因为在前罪的整个诉讼过程中被告人均未提到漏罪的事实），也还值得研究。

对类似问题的处理，就涉及同种数罪的并罚、缓刑考验期间发现漏罪的处罚、一般立功转变为重大立功的适用等问题，也涉及前罪是否要撤销重判以及程序问题，确实比较复杂。

你可以认为，对于被告人甲只能就前罪成立自首（同种数罪，就供述的犯罪事实部分可以成立自首）、重大立功（因为甲在前罪的判决中检举揭发他人并得到司法上的奖励，视被举报人犯罪轻重判断立功的重大与否，均与漏罪无关）。

但是，这样的思考逻辑可能带来不合理。如果是受票企业让他人为自己单位虚开，虚开的税款也已全部退缴，还对被告人判处10年以上有期徒刑，未必合适；如果当初漏罪和前罪一并处罚，也就判3年有期徒刑甚至缓刑。因此，发现漏罪之后的处罚也不能太重。

这样，你或许就要思考另外的解决方法：对同种数罪，视为一罪，以发现新的事实和证据为由撤销原判，按总数额计算然后确定一个刑期，再适用重大立功、自首，把刑期降下来。这样做的理由是，对同种数罪如何处理，立法上没有规定，从有利于被告人的角度扩张解释也是可以接受的。但难题在于撤销原判是否有诉讼法上的依据？另外，对同种数

定律 10 有意识训练刑罚思维

罪的犯罪数额进行累加,也可能和之前的处理方式不同,因为实务中大量的同种数罪,特别是盗窃罪,都按照数罪并罚处理。

我认为,在某些情形下对同种数罪不并罚也是可以的。这里涉及"禁止重复评价"的法理问题。与本案类似的情形是:被告人受贿两次,每次 300 万元。目前仅查明其中一次,按《刑法》规定判处被告人有期徒刑 10 年。那么,在他刑满释放之后,又发现之前的漏罪(另一起受贿 300 万元的事实),此时,如果再对被告人判处有期徒刑 10 年就是不合适的。因为如果被告人受贿 600 万元的事实在之前被一次性发现,判处的刑罚大抵不会高于有期徒刑 15 年,由于办案部门没有及时查清全案事实,导致被告人要被多判 5 年有期徒刑,这是与罪刑相适应原则相背离的。对于类似案件,我的看法是只能撤销原判,按照被告人多次受贿的总额确定一个刑期,再减去他之前已经服刑的刑期,被告人只需服满剩余刑期就可以了。当然,这样处理还涉及刑事诉讼法上的撤销原判等与审判监督程序有关的问题,值得进一步思考。

此外,在训练你的量刑思维时,如何应对民众的重罚呼吁,也是一个难题。作为个人来说,国民个人尤其在作为被害人时提出重罚要求是可以理解的。"问题在于:如果以此为基础,使个人的欲求升华到国民的欲求时,应该做怎样的处理呢?为了把情绪性的反应引入合理欲求的轨道,首先就必须克服反应的片面性。人们如果正确了解犯人之所以犯罪的动机,而且也了解滥用刑罚权的可怕性,他们也会对此做出各种各样的情绪性的反应,综合平衡,最终肯定会使当初的激情性的反应缓和下来。这种在观念上被修正过的个人的欲求才是真正的国民的欲求。"〔〔日〕西原春夫:《刑法的根基与哲学(增补版)》,顾肖荣等译,中国法制出版社2017年版,第141页〕所以,在思考刑罚问题时,千万不能把"不杀不足以平民愤"这句话当真,所谓的民愤无法验证,它只不过是某些人想对被告人重罚的托词而已!此外,"顶格判刑"这样的话也是少说为妙。

因此,对刑罚思维的训练,与社会治理理念(报应或预防)有关,也与犯罪论体系有关,还和刑事诉讼法的一体性思考有关,牵涉面广。在学习刑法过程中充分关注刑罚问题,对于形成完整的知识结构,积极回应社会呼吁,认真思考对社会热点案件的解决等都具有重要意义。这一点,还需要在学习过程中认真体会。

定律 11

在大数据时代不迷失学习方向

定律 11　在大数据时代不迷失学习方向

近年来,"阿尔法狗"战胜人类棋王的社会反响非常热烈。区块链、元宇宙、人脸识别技术、生成式人工智能技术的运用,制造出层出不穷的社会热点问题,可能会给刑法学习带来困扰。有的人会问,既然人工智能发展那么快,今后机器就可以替代人判决刑事案件、撰写刑法论文,我辛辛苦苦学习刑法还有必要吗?因此,学刑法时如何面对大数据和人工智能,学刑法还有没有意义,刑辩律师、刑事法官是不是会失业,如此等等,都是不能回避的问题。

对此,我的大致回答是,在学习刑法时,你需要去了解人工智能的相关知识,关注它的发展势头。但是,你必须明白,刑法判断远比下围棋、汽车自动驾驶、人形机器人的发展等问题复杂。刑法要裁决的社会纠纷是最为复杂的社会难题,定罪和量刑哪一样都极其复杂,不同案件的情节稍有变化,处理上就会有巨大差别,这样的判断任务交给大数据、人工智能去独立完成是不可能的,这些技术只能为司法上的判断提供很有限的辅助和支撑。因此,不要太迷信大数据、人工智能会取代刑事法官或刑法学者,机器会计算,能够提供司法辅助工作,但只有人才能够精于"算计",对复杂刑事案件的处理,离不开人,学好刑法学有独特价值,在这一点上,无论多聪明的 AI 都不可能赶得上人。

因此，在大数据时代仍然保持内心定力，不迷失方向，是当下学习刑法的重要定律之一。

11.1　大数据的司法运用有一定现实意义

在我国司法实务中，目前信息化建设发挥了相当大的作用，司法机关运用或借助于司法人工智能大幅度推动了司法领域的创新和改革。司法机关依托大数据、云计算和人工智能，建设各类智能化平台，提升办案质量和效率，特别是一些智能辅助办案系统成功上线并推广运用，为司法人员提供类案推送、文书纠错、数据分析等智能服务，帮助司法人员提升业务能力，有的地方还利用数据信息化平台推出了多项便民服务，让数据多跑路、群众少跑路。

司法大数据得以发展的原因是其主动契合司法改革的顶层设计。司法改革的顶层设计是让审理者裁判，让裁判者负责，以促进司法公正，让正义看得见；面对案多人少的问题，裁判者的生产力要充分释放出来，要提高效率。要实现这些多面向的任务，需要很多具体的操作模式、工作机制的支撑。信息化建设原本在本轮司法改革的设计方案中并没有多么重要的地位，一开始谁都没有预计到它会发挥如此大的作用。"以信息化建设为代表的技术手段成为重要抓手却是在改革实施过程中才逐渐显现出来。"（王亚新：《信息化浪潮中的司法改革：机遇与挑战》，载《法治现代化研究》2018年第2期）信息化建设建立了全世界最大的裁判文书网、庭审公开网、执行指挥系统、涉案财物管理系统等，司法公开取得了巨大成果，司法改革的许多可以检验的成果通过智慧法院、智慧检务体现出来。

司法人工智能的"类案推送、文书纠错、数据分析"等智能服务，具有多重意义：（1）有助于实现社会正义。在审判辅助系统、公诉辅助系统中都设计了量刑建议部分，能够自动推送类案或"先例"，尽可能保证同案同判，限制法官的自由裁判权。（2）有助于提升司法效率。开发出信息化系统，既可减轻司法人员负担，又可及时采集数据。智能语音系统、电子卷宗、证据信息共享平台，将司法人员从烦琐的或重复性的事务中解放出来，职业尊崇感提高（法官不是装订档案、摘抄案卷、搬运案卷的"司法民工"，从事的是定分止争的高尚工作）。（3）使司法活动获得公众理解和认同。通过大数据建设，便于公众查询，让其知道案件处理的大致方向，减少当事人以及公众对司法的不理解。

因此，本轮司法改革是顶层设计和信息化建设（大数据运用）良性互动、相互为对方提供支撑、齐头并进的过程，这使得本轮改革非常有特色，取得了重大成就和"意外惊喜"。

11.2 必须正视发展司法人工智能在刑法领域所面临的困难

目前的改革还处在起步阶段，所谓的大数据在很多时候只不过是把众多纸质判决书搬上电脑；人工智能基本上就是对海量数据的初步分析；很多系统或平台还很粗放，离公正司法的要求和一线办案人员的期待距离很远（我看过多个打着大数据、人工智能旗号的司法辅助系统，在很短时间内就感觉很不好用，如果非得打分的话，分数比较低）。

目前，大家对于大数据和人工智能只能够起司法辅助作用这一点基本是有共识的。美国自1970年起开展司法人工智能的理论研究，但其现在仍然认为人工智能不能自由决策，不能代替法官办案，对人工智能的实际影响持谨慎态度。

但是，司法大数据和人工智能对司法究竟能够辅助到何种程度，认识还不一致。我认为，目前我们高估了大数据、人工智能对于当下以及未来司法改革、司法运作的意义，从而必须保持清醒的头脑。我也希望司法部门、互联网公司重视我提出的问题，兼听则明，少走弯路。

第一，司法活动与人打交道，对犯罪的判断最终一定要作价值判断，而不仅仅是事实判断。人工智能在做选择的时候，基于计算，凭借超强的计算能力和记忆力去模仿人。但恰恰是人的判断和选择无法被模仿和计算。无论我们做什么事情，一定程度上都会受情感支配，不可能做到像机器人那样冷静、理性，没有回旋余地。比如，在日常生活中，我们说数字"1314"的时候，很多年轻人首先会想到这是流行语，代表"一生一世"，但机器人未必这么想。另外，人们在思考问题或处理事情的过程中会有很多乐趣，比如，有人选择恋爱对象时要知道对方的星座或者属相，其实，这样做有时就是图高兴。这充分说明，人的感情一定比机器人的感情更为丰富。在定罪量刑方面，法官作为人，其所思所想的内容的丰富性是机器人所无法比拟的，而且这种思考中一定有无限接近于常识、充分考虑民意的合理成分。

无论司法人工智能如何发展，其局限性都是显而易见的。与下围棋、汽车自动化不同，刑法判断不是事实判断而是价值判断，人工智能能够在很多领域做得很出色，但在司法领域则会面临很多困难。比如，大量民事欺诈和合同诈骗罪交织的案件，法官难以进行判断，机器更无法准确对行为进行定性；再比如，故意杀人罪判处死刑的核心条件是"手段特别残忍"，但对什么是"手段特别残忍"，需要作极其复杂的判断，而不是简单遵循之前的判决或者依靠大数据来判定，世界上没有手段完全相同的故意杀人案件，手段、后果、行为的残忍程度、被害家属的容忍度等稍有差异，死刑能否适用的结论就会完全不同。

即便在看起来似乎很容易量化的财产犯罪、经济犯罪乃至部分渎职犯罪中，个案的犯罪情节也很特殊。根据罪刑相适应原则，量刑要均衡，但是，在很多时候，法官的量刑只要不接近于畸重，就很难受到责难。即使是两个大致相同的案件量刑上的悬殊也在所难免。比如，贪污罪的量刑是由数字衡量的，似乎可以做经济分析。目前在很多地方，只要贪污数额在300万元以下的，基本上贪污数额每增加40万元，刑期就增加1年左右。但是，有很多案件相对比较特殊，比如，犯罪人是为了给父母或家人治疗疾病，或者为了小孩上大学，急需这40万元，对其与贪污公款40万元后挥霍一空的罪犯判处一样重的刑罚，就很难做到罪刑相适应。从这个意义上看，虽然人工智能更容易追求确定性，但刑法上的判断恰恰对精确性的要求并不那么高。就这一点而言，刑法和哲学有相同之处。"柏拉图坚持写在学园门口：不懂几何的人，请勿入内。数学需要更精确的规定性，因为数学需要求解问题。哲学的规定性则不必如此精确，因为哲学不断返回到基本问题，并追问是什么样的'问题性'使基本问题成为基本问题。"（汪丁丁：《思想史基本问题》，东方出版社2019年版，第5页）刑法要处理社会中最为极端的争议，涉及社会正义问题，刑罚论的问题与报应等哲学上的"基本问题"有关，其精确性也只能是相对的。就具体的量刑活动而言，刑期在一定幅度内上下浮动完全是正常的，而人工智能试图将其绝对化、精确化却可能存在可疑之处。由此可见，刑事司法领域的人工智能可能恰恰在最要紧处，最不"给力"。

第二，在当下开发人工智能系统面临现实困难。以往司法活动所积累的大数据很可疑,由此开发的人工智能系统的可靠性会大打折扣。人工智能要学习才能提高,但是,过去司法活动积累的数据对于司法人工智能的深度学习究竟有多大实际意义,其实很可疑。如果将过去的司法经验提供给机器人去学习,至少在以下方面存在障碍:(1)我国刑法规定的正当防卫制度,过去大量被虚置,很难得到认定。因此,目前实务中定故意伤害罪的海量判决都很可疑,很多案件原本就应该宣告为正当防卫,但是司法长期屈从于死者一方的压力,从而把正当防卫错误地认定为故意伤害犯罪。2024年春节期间,由张艺谋指导的电影《第二十条》引发了社会各界的热议,也反过来说明了以往司法实务对于正当防卫问题的判断偏差。但是,我也不太敢相信靠一部电影就能够彻底地对长期形成的司法惯性进行纠偏,碰到防卫行为致人死伤的极端案件,司法上仍然会本能地朝着故意犯罪或者防卫过当的方向去考虑。同时,我也不认为依赖于这些大数据所开发出的人工智能可以准确区分正当防卫和故意伤害罪,其对海量数据进行梳理、学习之后所形成的仍然可能是明显带有偏见的结论。"统计数据最常见的一个用处就是用大量的数字给别人加深印象或让别人肃然起敬,这些呈现出来的数字的精确性常常会让人怀疑。"(〔美〕尼尔·布朗、〔美〕斯图尔特·基利:《学会提问》,吴礼敬译,机械工业出版社2018年版,第209页)(2)长期以来,实务中量刑偏重,因为司法上不承认责任刑和预防刑的区分,在被告人有多个犯罪情节时如何进行抵消等也是一笔糊涂账。在这种背景下，无论过去的量刑数据积累多少都是有瑕疵的，不能为人工智能的深度学习提供实质性支撑。(3) 实践中，对于犯罪事实大致相同的案件，判决相互矛盾的情形很多，例如骗取贷款行为的定罪、"两头骗"行为的定罪等，哪一种判决值得人工智能去深度学习？(4) 在我国刑法中，财产犯罪的量刑与犯罪数额挂钩，今后相关法律或司法解释一旦修改，现在这些量刑结论都不再有参考价值，司法人工智能又得开始新的学习。(5) 有的司法裁判考虑地方保护、领导意志、政策突变等因素，有很多案件在处理上原本就不是理性平和的，偏离了法治轨道，其成为人工智能深度学习的基础数据就更不可靠了。

第三，技术开发者和法律人的对接永远会存在不可克服的巨大困难，其间的沟壑只能尽可能缩小，不可能填平。大数据方法与法律的融合会遭遇瓶颈，提供信息技术的企业不能理解法律人的诉求和"痛苦"，法律人很难给技术部门讲清楚其真正的诉求，最后就会相互不理解、相互抱怨。另外，由于算法很重要，不同机构的算法不一样，最后会导致司法裁判结论不同，由此可能形成工程师判案的局面。还有一点，技术的运用最终要追求确定性，"算法"的结果是告诉法律人一个结论。但是，司法的魅力或者规律就是不确定，在对抗中商谈、达成共识，有的人愿意当检察官就是因为愿意在法庭上迎接挑战——大致相同的案件，参与辩护的律师不同，检察官的兴奋程度和对抗性不同，法官处理案件的结论也就可能不一样;法官甚至有时候在庭上"察言观色",根据被告人的对抗或者悔罪程度决定宣告缓刑与否,以及判处罚金的多与少,这些情形机器都不可能算得出来。

第四,人工智能的运用可能与司法改革设计的初衷存在一定背离。(1)司法的正义要看得见,人工智能的决策过程却说不清楚、看不见。但法官又不能告诉当事人:机器就是这么想的。有些领域,人工智能施展拳脚的地方一定是有限的,比如,家事审判,双方当事人可能就是想找一个场合宣泄不满、找人评理。在大量的刑事案件中,法官有平复被害人情绪、抚慰被害人的义务,这些工作,也不是机器人能够做得好的。(2)人工智能办案,可能使法官面临不同的判断标准——结果是要么靠机器决策,要么结论取决于偶然(从针锋相对的判决书中挑选一种),其为法官提供的标准都未必可靠。(3)司法大数据的使用者不同,提出的问题不同,人工智能所受的影响也就不同,从而会导致新的同案不同判。最终,司法责任制落空,因为错案追究制无法对机器适用。(4)司法改革的目标之一是形成法律职业共同体。大数据能够为律师提供帮助,但也可能使律师的辩护权受到限制:什么都靠机器计算,算好了就告诉律师,让他以及当事人接受,律师的生存空间在哪里?如果法院的人工智能系统告诉当事人一个结论就可以了,那律师的作用在哪里?

11.3　大数据时代的刑事司法需要特别注意什么？

首先，要避免对计算机"过度"的路径依赖。司法人员要先有预判，必要时再去寻找"机器"的支持，要知道机器不能取代人，机器人照样不可以取代人。否则，就可能陷入很多人过去办案离不开司法解释，今后办案离不开大数据的乱象中。"法律科学的概念和方法对数学进行了错误的模仿，以致所有的法律推理都变成了纯粹的数学计算。"（〔德〕鲁道夫·冯·耶林：《法学的概念天国》，柯伟才、于庆生译，中国法制出版社2009年版，第27页）最近，有的地方提出，要借助于司法大数据确定70多个常见罪名的证据规则以及定罪标准。我认为，这基本上是不可能完成的任务。理由在于：定罪证据、量刑证据在每个案件中都不同，其复杂性超过我们的想象；侦查环节对保密的要求特别高，公检法的软件系统能否衔接，从司法规律上看，侦查、起诉和审判的证据标准本来就不同，要求不同诉讼环节都遵守同样的定罪标准原本就不现实；不同地方的办案标准以前就掌握得比较低，如果证据标准提高是否会引发其他负面问题？有些案件处理本来就是靠内心确信的，例如，证据能够证明的案件事实相同，且被告人的性格大致相同，有的适用缓刑，有的就不适用缓刑。因此，依靠人工智能确定证据标准得出的裁判结论未必是最合理的。

其次，要认识到培养精通法律和法理、具备释法说理能力的司法人员永远是司法机关的首要使命。在"人工"和"人工智能"之间，前者永远是第一位的，否则就是本末倒置。把人培养好，在其对疑难问题有自己独立见解且获得大数据支撑的前提下，将正义在公开的法庭传递给当事人，让正义以看得见的方式实现。所以，在信息化时代，必须提倡培养新时代的法律人，不要让他们误以为机器已经能够代替他们做好一切。

再次，司法活动中必须重视可能建构新的裁判规则的罕见案例，有时候大数据不如"小样本"。从罕见案例中深入思考刑法学理论问题并进行创新的例子很多，例如，"大阪南港事件"导致日本实务界开始思考相当因果关系理论的"危机"，从而提出了"危险现实化"理论。因此，在大数据时代，一方面要用好司法裁判的大数据，另一方面也要特别关注作为"小样本"的罕见判决。大数据的运用为司法公正和效率的实现提供了巨大支撑，也给刑事司法活动带来了巨大冲击。刑法学研究要关注判决，增强其实践理性，当然需要清醒面对大数据所带来的利与弊。就起诉、裁判结论的形成而言，数字时代的司法活动有其自身特点。数字时代积累了海量信息，获取数据信息很容易，大量裁判文书上网，检察官、法官裁判必须要保证案件办理尽量和之前的同类案件处理结论相协调。此时，大数据对司法实务和刑法学研究都会产生巨大影响。实践中，同案大致同判的现实需求很强烈，因为基本相同的案件如果处理结论差异很大，就很容易成为批评的对象。因此，今天的司法活动已经习惯于从海量数据中检索类案进而形成起诉或判决结论。最高人民法院、最高人民检察院也从司法文书中提炼并发布大量指导性案例或者典型案例。最高人民法院发布的《人民法院案例库建设运行工作规程》（法〔2024〕92号）第21条规定，各级人民法院审理案件时参考入库类似案例的，可以将类似案例的裁判理由、裁判要旨作为本案裁判考量、理由参引，但不作为裁判依据。公诉机关、当事人及其辩护人、诉讼代理人等提交入库案例作为控（诉）辩理由的，人民法院应当在裁判文书说理中予以回应。相关规定的出台，充分说明现在离开大数据来开展刑事司法活动和刑法研究已经不太可能，以"相似情形相似处理"为基本内涵，通过对高质量、代表性、典型性、指导性案例的学习研究，为法官、检察官办案提供参考，尤其是要求司法人员办理"重大疑难复杂和新类型案件"必须执行类案强制检索报告制度。所以，谁也不能否认，数字时代的大数据确实为刑事法治的实现提供了技术支持，其存在有独特价值，刑法学研究也可以从中发现司法规律，并拉近与司法的距离。

大数据的另一个侧面是"小样本"。如果要从法官、检察官的司法说理能力当中去发现法律适用的难题，那么，我们在学习刑法时，也要关注一些大数据之外的罕见案例。这些判决当中有能够改变裁判规则的情形。也就是说，有些案件以前可能一直都那样判，但是，以前那样判的思路可能有疑问，现在突然出现一个判决，改变了原来的裁判规则。那么，这一判决如果言之成理，虽然跟先例不一样，但是，对这样的判决也要尊重。罕见的案件改变裁判规则之后，学者对其要进行深入研究，如果该判决确有道理，法官、检察官再处理类似案件要尽量遵从。

"小样本"的罕见判决之所以也很重要，在于它不仅影响新的裁判规则的建构，而且还可能带来刑法学知识发展的增量。例如，对于职务侵占罪的认定，实务上多数判决将非法转移、变更他人股权的行为予以定罪处罚，裁判的立场是：股东把出资款交给公司以后，该资金就脱离了股东，成为公司的财产。所以，一个公司的控股股东、大股东趁其他股东不管理公司时，伪造股东会决议，伪造公司文件，去市场监管部门把他人的股权全都转移到自己名下的，被很多法院认定为对公司的财产权和公司的管理活动造成侵害。有的判决书就明确地指出这样的行为会使公司的管理活动受到影响，将其作为定罪理由。但是，也有少数判决认定被告人无罪，其理由是：股权说到底还是股东出资以后，相应地对公司所享有的财产权益，所以，它是股东股权利益的价值，不是公司财产。股东之间的股权无论怎么转移，公司的总资产是不变的，财产总量始终没有减少。而职务侵占罪的客观构成要件要求侵占本单位财物。转移股权的场合，本单位的财物并没有减少。所以，对非法侵吞、转移股权的行为，"小样本"判决认为行为人不应当构成职务侵占罪的结论是有道理的。

这样说来，我们在关注法院的判决时，不能仅关注法院"历来如此"的多数判决；要重视大数据，更要重视"小样本"，有时候出现一个判决改变了一直以来的裁判规则，对于这种罕见判决就需要进一步审视其合理性，在发现其更有道理后，在理论上对之加以细致阐发，并用其指导后来的司法实践，厘清司法误区，进而提升刑法学的实践性和穿透力。

需要多说一句：近年来，借助于大数据撰写刑法学论文似乎也显得比较时髦。但是，如果认为刑法学是规范科学，与犯罪学等事实科学不同，其发展方向是教义学化，那么，就应该认为刑法学研究对大数据、人工智能技术的运用一定是极其有限的。一方面，利用大数据、人工智能所得出的结论，只不过成为验证刑法教义学妥当与否的工具之一。另一方面，刑法学研究真正需要特别注意的恰恰是那些罕见案例，而不是那些从大数据上看得到的经过妥当处理的一般性案件。而这样的思路是和现在流行的利用大数据、人工智能进行研究截然相反的路径。大数据、人工智能强调对过去保存下来的数据进行分析，然后"深度学习"，基本套路是通过对大数据的抓取来形成一些规律性的、总体性的认识，其基本倾向是认同过去的做法。但是，这样的做法也可能会掩盖一些发现理论"纰漏"的机会，按照大数据、人工智能提供的"类案推送"线索，少数足以推翻之前"一路通吃"说法的罕见案件被当作与过去的所谓"类案"接近的案件进行了简单处理,以往观点的不合理性无法显示出来,创新的可能性被掩盖。所以,在面对大数据、人工智能学习刑法时,需要保持一定的警醒。大数据、人工智能不会带来刑法学知识的"增量",刑法学上重要的创新性成果也无法借助于大数据、人工智能得出。

最后,司法机关开发人工智能除了要和技术部门合作外,还需要谋求与法学专家的深度合作,仅仅由司法机关和技术部门进行合作远远不够。大数据、人工智能可能会开辟出法学研究的新路径,但不会使法学知识的总量增加,依靠大数据、人工智能很难取得最顶尖的法学研究成果,大致会在综合素材的基础上提示人们在思考法律问题时需要注意什么。一流法学研究成果只能依靠一流学者做出来,一流判决书也只能依靠一流法官写出来,机器永远是机器。

要解决技术和法律不能深度融合的瓶颈,靠法官、检察官在支离破碎的时间里"片段化"地去说服技术人员是很难的,技术部门交出的成品在实践中无法高效运转,"用户体验"也自然不会太好。因此,要使司法改革深化,大数据在检察、审判业务中真正发挥作用,要让系统好用,在每一个法学领域,提供信息技术的企业、相关司法机关都应该投入足够资金邀请一流法学专家参与会诊,把理论上的问题(尤其涉及价值判断的问题)提出来,反复讨论,结合大数据进行会诊,一个个甄别问题并提出解决方案。在司法机关和技术部门的参与下,通过反复讨论,由法学专家把问题的复杂性充分展示出来,让技术人员学懂弄通,取得法学研究和司法实务的最大公约数,让法学研究成果融入司法实务,消除二者之间的隔阂,使司法人工智能好看、管用。现在,有些学校培养法律专业和计算机专业结合的硕士,这是一个思路,能够解决目前面临的大量困难。但是,还是有一些根本性的瓶颈问题需要法学大家的参与才能有效化解。

我认为,现在的智慧法院、智慧检务有关起门来搞司法人工智能实验的势头,脱离现有法学研究水平,等于是将目前相对较为浅显的法学理论搬上了计算机,这是不可以的,这样做很难取得实质性突破,只能在较低层次上原地打转,这种状况必须改变。

讲到这里,我的最终结论是:(1)信息化建设为司法改革的深化提供了支撑,让人耳目一新。但是,需要充分预估大数据、人工智能自身的局限性。(2)我们是在没有太站稳(法学基础理论不牢靠)的情形下,刚学会走,就要结合大数据、人工智能开始跑,如果过于迷恋大数据,就会跑偏。在发展司法人工智能的同时,还是要特别强调法学基础理论、教义学的重要性,重视如何将其融入大数据分析和司法人工智能的发展中。(3)机器只能为司法提供有限的服务,要让机器做得更好,人(技术人员和法律人)需要做得更多。(4)至于现在有的学者热衷于讨论的机器人的刑事责任问题,我认为意义很有限。如果机器人足以毁灭人类,讨论机器人的刑事责任缺乏实际价值;如果机器人仍然能够被人类所控制,对犯错的机器人进行管控和毁坏都是"对物的处分",与刑罚没有关联性。刑事上的责任还是应该限定在"人"这一主体的主观责任和个人责任上,刑法教义学没有必要为了"蹭"一下人工智能的热度而做出根本性的改变。

最后说一句,我认为人工智能的发展前景非常广阔,对大数据的合理运用能够给司法改革和法学研究带来新的契机,为了走得更远,我们每一步都要走稳,要避免走歧路,避免炒作概念,每一步都要想清楚,不要形成泡沫(这方面,中国房地产和股市已经做了很不好的榜样,法律大数据和人工智能不要向它们学习)。和人工智能比起来,"人工"(司法人员、法学专家的贡献)永远要珍贵一些。千万不要以为现在"人工"已经不行了,只有人工智能才行!

以上是我对司法大数据和人工智能的大致看法。在学习刑法时,不要被司法大数据、人工智能"唬住"了。相信自己,安心学习,踏踏实实掌握刑法教义学理论,你会发现面对复杂问题时,所谓的司法人工智能终究赶不上你的智慧。

定律 12

使刑法判断不偏离生活经验

定律 12　使刑法判断不偏离生活经验

在学习刑法时，一定要理论联系实际，分析结论、裁判结论都必须与时代精神和国民规范感觉相一致。我认为很重要的一点就是：学习者一定要多留心观察社会，要做一个有心人，随时想到用"正常社会一般人"的思维和眼光来观察社会、分析社会问题。"在实施陪审制度的国度，无罪率极高，法官更容易贯彻'有疑不罚'的方针。这多半是因为陪审员作为市民，有其自身的经验，会比永远固守在官僚机构中的人更能够理解所谓的市民感情。2000 年 5 月，我曾与美国俄勒冈州审理上诉的审判长交谈，对方感叹道：'当法官久了，会连警方撒的谎都信。'同州的几位人权派年轻律师也在与我的交流中发出同样的感慨：'陪审员反而更能识破警方的谎言。'他们的这些言论着实令我印象深刻。"（〔日〕秋山贤三：《法官因何错判》，曾玉婷译，魏磊杰校，法律出版社 2019 年版，第 11 页）之所以出现这种情况，是因为法官坐在高高的审判台上习惯于俯视被告人，且总是从专业视角审视问题，时间长了以后，就会缺乏作为生活中的常人站在被告人的立场上思考问题的能力。

这就是说，要学好刑法，仅仅靠阅读还是不够的，因为某些知识如果只停留在纸面上，显然会是十分苍白的。"德国刑法的历史告诉我们，市民社会的需要是如何逐渐且缓慢地形成刑法的。"（[德]安塞尔姆·里特尔·冯·费尔巴哈：《德国刑法教科书（第十四版）》，徐久生译，中国方正出版社2010年版，第10页）因此，刑法思维必须接近于常识，结合在课堂上所学的刑法知识，认真地、随时随地留心观察社会，从观察中发现实务中的疑难问题，对于任何一个学习者来说都是十分必要的，因为"知道的疑难案件越多，就越有动力对已有的解释产生疑问，因而越有动力提出新的想法"（张明楷：《刑法第一课》，载桑磊主编：《法学第一课》，中国政法大学出版社2017年版，第89页）。

留心观察社会的渠道大致有两个：

一是通过近距离接触社会，观察社会现实和法律运作的实际状况。在大学里学习，你如果总想着足不出户、冥思苦想就可以把专业学好，那是不现实的。这一点，古人想得很明白，"读万卷书"总是和"行万里路"联系在一起的。我们有很多机会可以直接与社会接触，例如暑期社会实践、周末的外出等，在这过程中，我们就有可能看到社会环境和合法权益受到损害的情况（例如扒窃、聚众斗殴、抢劫、抢夺、交通肇事等）。在看到这些情况后，作为法律人，第一反应就应当是：如果我遇到这样的情形，应该怎么处理？坚持观察社会，发现问题，并对解决问题之道冥思苦想，这样，课堂上学习的法学知识就会更加巩固，也才有可能对老师讲授的知识进行必要的质疑。从这个意义上讲，我不提倡各位只是天天坐在教室或者图书馆里看书学习，更反对死记

定律 12　使刑法判断不偏离生活经验

硬背。其实，多到外面走走看看，利用假期多参加社会实践，多到司法实务部门了解情况，也是学习的重要途径。

二是通过媒体接触社会，借以了解法律适用状况。现在的传媒特别发达，大家可以通过网络、电视、报纸等各种渠道了解各种各样的案件，社会上炒得沸沸扬扬的问题，几乎都与刑法有关。对舆论普遍关注的问题，我们如何用所学的知识加以解决，也是每一个学刑法的人必须面对的。通过对这些社会问题的观察和思考，我们就能够学以致用。

其实，无论你是通过亲身观察、体验理解社会，还是通过媒体理解社会，其中很重要的一点是，你需要随时观察刑法与生活经验（或经验法则）和国民规范意识之间的紧密关系。如何面对生活经验，是学习和运用刑法时绕不过去的一个问题。

所谓生活经验，其实也就是常识，它是一种社会中普通民众对事物的普遍看法。常识一定是经过很长时期才逐步形成的，民众通过常识所展示、认同的经验、道理、是非观念通常具有合理性，很多时候与我们通常所说的自然法的内在理念一致，比如，偷别人的东西是不对的；你去打别人，别人就可能反击；一个相对轻微的违法行为，不能处罚太重，如此等等，不一而足。常识对于民意的形成具有推动作用，或者可以认为常识和民意之间具有高度一致性，考虑常识就是尊重民意，就是与生活经验保持一致（由于常识与生活经验在指涉范围上高度重叠，后文有时混用或交替使用这两个概念）。

实践中被定罪的那些冤假错案一定是背离常识或与生活经验相抵触的。多年前我看过一篇短文，这篇短文结合一起案件讨论人性问题，其中讲到一起案件：一个小学校长被诬陷嫖娼，证据是卖淫者的供述，他因此被拘留了 42 天。校长当不成了，儿子的婚事也告吹了。他连续告了 16 年。后来查明，甲要校长做贷款担保人，但被校长拒绝，甲就胁迫一个离家出走的女中学生乙捏造证据，说与校长发生过性关系。后来，分别找到该女中学生乙、办案警察、陷害者甲进行采访，在文中揭示了人性的复杂性和个人命运的多重性。从中我们也可以看到，实践中那些确实办错了、害人不浅的案件与民众常识之间的对抗程度。当然，实践中司法人员有意为之的冤假错案实在是极其罕见，但是，无意中偏离民众常识，引起社会关注的案件确实是存在的。

例如，前几年，个别地方在司法中出现了少数将残疾人、老年人认定为黑恶组织成员的判决。例如，在某地，恶势力犯罪集团首犯刘某涉嫌敲诈勒索、寻衅滋事等 5 项罪名，被判处有期徒刑 16 年，其余 10 余名成员分别被判处有期徒刑 1 年至 11 年 6 个月不等。媒体对此报道说，这个黑恶势力团伙涉案 16 人，全都是高龄老人，年龄最大的 92 岁，最小的 68 岁，平均年龄 79 岁，为恶一方长达 19 年之久。但是，类似判决的出现，会引起公众一连串的联想或质疑：如此高龄，究竟还有多少能力干恶势力团伙才能实施的坏事？这些老年人如果真的为恶一方长达 19 年之久，那么，地方

定律 12 使刑法判断不偏离生活经验

基层国家工作人员的失职、渎职该有多严重？将这些老年人判定为涉恶团伙有没有人为凑数的嫌疑，难道真的是"坏人变老了"？因此，处理涉黑、涉恶案件，不能仅考虑办案数量，还要考虑案件质量和社会效果，考虑民众对判决结论是不是认同，不能不顾及民众的常识，尤其是要回到认定这类犯罪的犯罪构成要件标准上来，绝不放纵真正的黑、恶犯罪分子，但是，也绝不能人为地拔高、凑数。因此，我认为，如果考虑生活经验，原则上，将70周岁以上的老年人认定为黑社会性质组织或恶势力团伙的成员明显是不妥当的，打击"黑恶势力"犯罪当然也需要尊重常识。

刑事司法不能过于偏离常识或生活经验。我曾明确提倡"常识主义刑法观"，常识主义刑法观是指一种在欧陆刑法理论和中国通说之间寻找一个"中间"道路的刑法学理论。我认为，在刑法上考虑法益侵害，考虑刑法客观主义、实质判断，兼顾国民规范感觉，考虑中国的法治发展水平和国情，这就是接受了常识主义刑法观。我们完全可以这样讲，在刑法领域，特别要考虑以常识或生活经验为基础来制定法律、适用法律。

各位在学习刑法时，也需要考虑如何面对常识或生活经验问题，在刑法理论建构和司法裁判中要注重考虑社会维度和经验维度，不能使理论脱离生活和现实，不能自说自话。要有"后果考察"的能力，即要考虑如果案件的处理过于偏离常识或生活经验，将向社会传递何种消极信号，是否可能给主流价值观的弘扬和善良风俗的形成带来消极影响?

刑法学很重视理论体系的建构,有自己的一整套学术话语,这使得研习刑法或从事刑事业务的人容易"心狠"——在思考问题时容易得出有罪的结论,久而久之容易麻木,专业上可能很自负,听不进他人的常识性意见。因此,我要和各位聊聊学习刑法时如何面对生活经验(常识)这个问题。

12.1　生活经验不是情绪化的直觉

在刑法上考虑国民规范意识或者国民常识,并非完全迁就民众的直觉或者重罚呼吁,而是要把握好其间的分寸。常识和直觉不同,前者是国民的规范意识、规范感觉,理性成分多;后者是国民的本能反应,可能是非理性的。西原春夫教授说:"'民众的声音就是神的声音',基本上可以肯定,而且必须肯定国民个人的诉求中还有直观的正确成分。另一方面,也不可否认,在构成国民的欲求之基础的国民个人的欲求中也沉淀着一些并非正确的成分。其中最具有特色的是片面的观点乃至情绪的反应。这一点,如果发生特别悲惨结果的犯罪情况,就可以推测到。特别是被害者周围的人,对悲惨的结果会反应更强烈,甚至会比被害人更加憎恨犯罪分子,并且必然会要求对犯人进行更加严厉的处罚。因此,他们不可能反过来考虑犯人之所以犯罪的情况,以及进行惩罚的一般意义。何况,他们也不可能考虑到,为了保护被害

定律 12　使刑法判断不偏离生活经验

人、被告人，换句话说是国民的一般权利，搜查活动和审判程序都要受到非常烦琐的规章制度的约束。他们只是一个劲儿地片面要求尽快对犯人进行严厉的处罚。"〔〔日〕西原春夫：《刑法的根基与哲学（增补版）》，顾肖荣等译，中国法制出版社2017年版，第141页〕

在中国语境下，民众的部分诉求或者直觉是情绪化的产物，因此并不可靠。例如，杀人偿命，或者"不杀不足以平民愤"的说法都反映了一种高度情绪化的处罚直觉，极易导致重刑主义，因此，必须予以警惕。立法、司法以及刑法理论阐释时不能被这种处罚直觉所绑架，应该坚持自己的理性和平和。这一点在国外也得到了认可：因为加入欧盟的条件是主权国家必须废除死刑，但欧洲有些国家之前在刑法上规定了死刑。因此，这些国家在废除死刑之前做了全民公决，结果80%以上的民众反对废除死刑。这反映的就是一种民众的直觉。不过，这些国家的议会最终没有按照民众的直觉行事，而是果断地废除了死刑。和民众的直觉（主要是处罚直觉）比较起来，常识或生活经验经过了一定程度的过滤，相对较为可靠。

情绪化的直觉在刑法教义学中被排斥、被反对。但是，常识、生活经验或国民规范意识在刑法教义学中是有存在空间的。前田雅英教授的《刑法总论讲义》教科书第6版比第5版少了1/3的篇幅。为什么少这么多？主要是因为日本在2009年推行裁判员（陪审员）改革。前田雅英教授认为陪审员参与审判后，其看法和专业法官不一样，刑法理论就要简单、平易一些，尽量接近于国民规范感觉才能让他们理解。既然刑法理论要尽可能简洁、平易化，教科书和理论就不能太复杂。所以，在前田雅英教授的教科书中，多次出现"国民规范意识"或者"常识"这样的表述，解释原理上也时刻注重保持国民规范意识和解释理论的一体性。

在民众参与审判的过程中，专业法官要去引导、解释、说明，在这种情况下，传统的复杂理论确实有不合时宜之处。现在的过失犯理论很复杂，诸如旧过失论、新过失论，加之客观归责理论与过失犯理论的结合，如果司法实践中完全按照理论上如此复杂的构造去处理案件，陪审员理解起来必定很困难。因此，我认为需要进一步去梳理。比如，类似于信赖原则等一些法理虽然很容易让陪审员认同，但是在理论构造上如何将其打造得更合理，也是我们要思考的问题。

因此，对于未来我国刑法学的发展而言，一方面，刑法理论要朝着更加平易、易于理解的方向改造。我们现在遇到的很多难题，通过理论上的方案基本是可以解决的，但我认为未来比较紧迫的任务是完成话语的转换，防止过于深奥的概念、命题或理论无法为普通民众所认同，在速裁程序或者认罪认罚程序中无法被陪审员以及被告人理解和接受，这是刑法学发展无法绕开的问题。另一方面，刑法理论要吸收最容易被民众认同，同时又最具有合理性的一些观点，将其融入刑法理论，实现刑法理论和国民规范意识的互动。其中，

定律 12　使刑法判断不偏离生活经验

在运用刑法解释方法时，尤其要顾及生活经验。"不管是文义解释还是逻辑解释，都要尊重生活经验，同时也要恰当的价值判断。生活经验当然不是司法者个人的，而是普遍的社会生活经验，所以法律才不至于失去客观性。"（林东茂：《一个知识论上的刑法学思考》（增订三版），中国人民大学出版社2009年版，第298页）

多年前发生在云南省的"李昌奎故意杀人案"，以及近年来引起公众广泛关注的用气枪"摆摊"被定罪的案件，以及电影《我不是药神》中所反映出来的"代购"仿制药的案件，还有被改判无罪的"兰草案"等，案件的最初处理或多或少地表现出刑事司法人员专业上的一种傲慢，后来经过司法和民众常识之间多个回合的"反复沟通"，案件最终的处理结论才逐步与常识趋于接近。

这里再以"昆山反杀案"为例，此案如果交由刑法学家去讨论，时间会很久，关于不法侵害是什么、防卫行为对不法侵害是否必要、防卫过当的界限在哪里、究竟是防卫行为不妥当还是造成的后果不妥当等问题都会有激烈争论。但恰恰是这样的案件，民众是可以判断的。因此，今后法院遇到太棘手的案件时，不妨按照《人民陪审员法》的规定把案件交给3人合议庭或者7人合议庭，让民众参与司法审判做出结论，这也能够满足司法民主化的需要。

这不是说司法委曲求全去迁就了民意，而是司法结论如果要合理，就不能不顾及生活经验，就不得不和来自民众的呼吁保持一致，从而微调、修正法官的一些相对固执的思维。那些最终被合理处理的案件，基本都是和民众的生活常识相契合的，裁判结论也是得到了民众的支持的。这给刑法理论带来的影响就是解释方向、表达方式甚至理论构造上必须做出相应的变化。

讲这么多无非想说明，国民的生活经验和刑法教义学之间如何有效结合，确实是未来要仔细思考的问题。这个很复杂，刑法理论肯定要体系化，只有进行一体的思考，共犯、未遂这些问题才能一体解决，这是不能动摇的。但是刑法学的表述方式必须让一般民众可以判断，让他们能听懂。要考虑怎么让体系化与具体案件处理的妥当性结合，就要解决理论术语过于学术化的问题。刑法理论必须在专业判断和民众常识之间架设一座沟通的桥梁。

12.2 在哪些情况下确实需要考虑生活经验

刑法是从生活常识主义、经验判断出发所作的一种理性的价值判断。在这个过程中，起点是生活经验，而且判断所得出的结论也不能过于偏离生活经验。

刑法学思考要考虑公众的生活经验、规范感觉的情形很多，学习刑法过程中对此要多留心。我在这里略举几例。

第一，对因果关系的判断，离不开生活经验。其实，相当因果关系说将结果发生是否具有偶发性、异常性作为判断标准,其实就是考虑了一般人的观念和生活经验。甲实施一个重伤害行为,后来虽然介入了急救医生乙的失误而导致被害人最终死亡,但按照相当因果关系说,社会一般人也会认为在被害人受伤太重的场合,医生治疗难度加大,手术时忙中出错的可能性也会加大,而这些困难都是因甲一开始所实施的危害行为的严重性所引发的,因此,被害人死亡的结果可以归结到甲的实行行为那里。这样的处理结论就是符合生活经验的。就判断因果关系时必须顾及生活经验这一点,弗莱彻有一个说法,在因果关系的判断过程中要注入生活经验所具有的通常和可预期的标准。如果家庭中安装烟雾报警器是极其罕见的,那么,我们就不会在一场火灾发生后,把孩子的死亡解释为是其父母没有安装烟雾报警器的后果。但是,如果城市中的其他人家都安装了烟雾报警器,只有发生火灾的这一家没有安装,那么,我们就可以认为孩子的死亡是由于没有安装本来能够拯救其生命的烟雾报警器,死亡结果就和疏于安装这种设备有关(参见〔美〕乔治·P.弗莱彻:《刑法的基本概念》,蔡爱惠等译,中国政法大学出版社2004年版,第37页)。

第二,对正当防卫的认定,尤其要考虑生活经验。近年来,从"于欢案"开始,如何认定正当防卫,以及以往认定司法偏差问题逐渐进入公众视野。司法上一贯的立场是对正当防卫的认定标准掌握得非常严,导致其结论和国民规范感觉差异极大,最后因为民意强烈反弹。面对汹涌的民意,司法上开始反思和检讨,理论上也为如何正确认定正当防卫提出了很多合理的解决方案，最后使民意和司法之间的良性互动得以实现。

这方面的例子很多，在这里举福建"赵宇案"来说明司法必须考虑常识的问题：2018年12月26日23时许，李华与邹某酒后一同乘车到邹某的暂住处。后二人发生争吵，李华被邹某关在门外，于是便酒后滋事，用力踢邹某暂住处的防盗门，强行进入房间与邹某发生肢体冲突，引来邻居围观。此时，暂住在楼上的赵宇听到叫喊声，下楼查看，见李华把邹某摁在墙上并殴打其头部。为制止李华的伤害行为，赵宇从背后拉拽李华，致其摔倒在地。李华起身后，又要殴打赵宇，并威胁要弄死赵宇，赵宇随即将李华推倒在地，并朝倒地的李华腹部踩了一脚。后赵宇拿起房间内的凳子欲砸向李华，被邹某拦下，随后赵宇被其女友劝离现场。经法医鉴定，李华腹部横结肠破裂，伤情属于重伤二级。

关于本案，2019年2月20日，福州市公安局晋安分局以赵宇涉嫌过失致人重伤罪向晋安区人民检察院移送起诉。第二天，晋安区人民检察院以赵宇的行为属于见义勇为，但构成防卫过当，遂作出相对不起诉（"微罪不检举"）决定。该处理结论引起舆论的广泛关注，上级检察机关经审查，认为赵宇的行为完全不构成犯罪，做出了法定不起诉的结论。我认为，这一结论是合理的。

对这类案件，刑事司法专业人士在处理上已经形成了"套路"：事后诸葛亮的"唯结果论"，只看死伤后果，死者为大，不分是非，由此在很多时候对案件的处理失当，极大程度地偏离常识和民意。我国《刑法》第 20 条第 2 款规定，正当防卫明显超过必要限度造成重大损害的，才构成防卫过当。这一规定和公众的生活经验、规范意识非常接近，如果准确理解这一规定，案件的处理结果一定会被民意所认可。而从本案情况来看，在面对李华殴打邹某的情况下，赵宇将李华推倒在地并踩其一脚，这个行为本身不能认定为明显超过了正当防卫的必要限度，因此不存在行为过当。而就该行为造成的重伤结果而言，似乎具有一定的严重性。但是，任何一个普通人在思考这一问题时都会想到：赵宇面对李华的一系列侵害行为，其防卫行为也一定是"一连串"的，踩一脚只不过是一个整体防卫行为中的一环，而且李华在倒地后还保持着再次侵害赵宇的可能性，相应的语言威胁也证明了其侵害意思。在李华进行不法侵害而受到赵宇防卫的情况下，这一结果属于李华应当承受的不利后果。因此，赵宇的行为不构成防卫过当，不应当承担过失致人重伤罪的刑事责任。如果司法能够考虑到民众的通常判断，也就不会轻易得出其构成犯罪的结论。

第三，在认识错误的判断方面，应当符合生活经验。佐伯仁志教授认为，对于打击错误之所以承认法定符合说，是为了符合常识或生活经验，因为在甲为了杀害乙而对其开枪，但因枪法不准而打中第三人丙并导致其死亡的场合，如果按照具体符合说，就会认定甲成立（对乙）故意杀人罪未遂和（对丙）过失致人死亡罪的想象竞合犯，最终按照重罪故意杀人罪未遂处理。在明明有人死亡的场合，对被告人定以杀人未遂，违背国民的常识。为避免裁判结论偏离常识，对于打击错误就应该坚持法定符合说，从而认定前例中的甲构成（对乙）故意杀人罪未遂和（对丙）故意杀人罪既遂的想象竞合犯，最终对其按照故意杀人罪既遂处理（参见〔日〕佐伯仁志：《刑法总论的思之道·乐之道》，于佳佳译，中国政法大学出版社2017年版，第226页）。我认为，法定符合说在处理打击错误时考虑了回应生活经验这一点，表明其有很好的问题意识。但是，法定符合说能否真正回应生活经验，这本身就是一个疑问。法定符合说在涉及防卫行为与打击错误时的认定会有矛盾，其结论与生活经验不符。例如，甲对不法侵害者乙（有轻伤意图者）防卫过当，致乙重伤，同时使在旁边站立的甲的哥哥（其本来想帮助甲）丙死亡，按照法定符合说，甲对其哥哥也成立故意伤害（致人死亡）罪，但这一结论是不合适的，可能偏离生活经验。此外，在日本，通说对打击错误在定罪时赞成法定符合说，但是，却按照具体符合说量刑，等于定罪接近于法定符合说，量刑按照过失犯原理处理，方法论上并不是没有疑问。如果仅考虑回应生活经验的需要，我所主张的"修正的具体危险说"（在对打击错误的判断上，比传统的具体符合说略为抽象，但比法定符合说稍微具体一些）对案件的处理结论接近于法定符合说，也就可以满足这一点。换言之，并不是要回应生活经验就必须采纳法定符合说。

就认识错误的处理要考虑生活经验而言，在打击错误之外，对于因果关系的错误，即便行为人对于因果流程存在认识错误，但只要结果保持在根据普遍的生活经验可以预见的范围之内，行为人所设想的和实际发生的因果经过之间的不一致便属于"非本质性的"，这种错误就不重要，并不影响犯罪故意和犯罪既遂的成立。

第四，期待可能性理论，其实就是刑法教义学对生活经验的认可。期待可能性理论之所以在19世纪被提出来以后，在很长时间内成为学者们一直讨论的问题，实际上就在于它是考虑在国家刑法权威的重压之下，怎么去照顾一些很特殊的情况：由于个案很特殊，作特殊判断的时候就需要考虑生活经验问题。而期待可能性一旦阻却责任，被告人就可能被判无罪。期待可能性能不能阻却责任，这是常识主义的判断。再比如，窝藏和包庇行为是妨害司法的行为，一旦实施即可定罪。但是，"亲亲相隐"这样的规定，在中国古代有，在现代的某些西方国家还有。本犯是包庇者、窝藏者的父母或者配偶，如果一定要追究包庇者、窝藏者的刑事责任，刑法的社会效果可能就很有限。此时，放弃追究实际上就是常识主义的考虑。

对于期待可能性这种常识主义刑法立场，在我国司法实践中也予以认可。比如，北京市的基层法院在五六年前就判过一起案件：被告人甲的妻子患有严重的尿毒症，为了给妻子透析，甲伪造医院的公章并在收费单上盖章，最后把医院的药骗出来,骗取医药费近 20 万元,实务中法院对被告人判处缓刑。在这里,被告人家庭的"特殊情况"导致司法上不能强人所难,无法认定其行为具有期待可能性,判处缓刑的裁判结论就是对常识的接近。再比如,实践中,对已婚妇女受到虐待以后跑到外地又和他人结婚的,之所以不判重婚罪就是考虑到,其是为了生存不得不重婚,因此欠缺期待可能性,对这样的被告人法律不能强人所难去要求她做出相反的举动,否则就违背人性。

第五,在刑罚论中,当然也必须顾及生活经验。报应满足了人最朴素的愿望,是最起码的生活经验。但是,报应不是绝对的"以眼还眼,以牙还牙",报应也需要"向前看",因此,报应的要素受积极的一般预防理论的约束,积极的、一般预防的因素调节报应的要求。这个意义上的刑法学,无论其多发达,都是接近于或者充分考虑了生活经验的理论。此外,在很多案件中,究竟对被告人适用何种刑罚,在很大程度上必须要和生活经验保持一致。诸如罚金的判处,似乎一个人犯多大的罪,就应该判处一定比例的罚金刑。比如生产、销售伪劣产品,销售金额 20 万元以上不满 50 万元的……并处销售金额 50%以上 2 倍以下罚金,这是《刑法》第 140 条的规定。但是,假设现在一位参与生产、销售伪劣产品的被告人刚满 17 周岁不到 18 周岁,他是主犯之一,即便判他罚金,他也没有办法缴纳。考虑到这种情况,法官应对其尽量少适用罚金刑,即便其在共同犯罪中所起的作用较大。所以,即使是刑法中最容易"算账"的一部分规定,用到一些特殊案件、特殊人身上的时候,也可能行不通。刑法之所以不能简单算账,就是因为有很多事情的处理涉及最起码的生活经验。

第六,对具体犯罪的处理,不能无视生活常识、生活经验。《民法典》第 10 条规定,处理民事纠纷,应当依照法律;法律没有规定的,可以适用习惯,但是不得违背公序良俗。在这里,《民法典》通过对包括"交易习惯",以及"当地习惯"或者"风俗习惯"等在内的广义习惯的认可,在法源中接纳了作为一般行为举止规范的习惯,使之具备民事裁判依据的性质和效力,为民事行为提供了指引。从刑法的角度看,这一规定能够给予我们的启发是:由于在民事交往中,当事双方长期以来如果已形成某种交易习惯的,在认定犯罪成立与否,判断行为性质时,必须充分考虑这种交易习惯,刑事司法不能无视交易习惯,强行介入纠纷处理过程,断然判定取得财物一方的行为缺乏法律依据,进而轻易地认定犯罪的成立。这一点,在合同诈骗罪中表现得最为突出。对此,结合最高人民法院再审宣告无罪的"赵明利被判诈骗罪"就会看得很清楚。

1994 年 8 月,时任辽宁省鞍山市立山区春光铆焊加工厂厂长的赵明利因涉嫌诈骗被鞍山市公安局收容审查,后被逮捕。1998 年 9 月 14 日,鞍山市千山区人民检察院向鞍山市千山区人民法院提起公诉,指控赵明利犯诈骗罪。1998 年 12

月 24 日，千山区人民法院经审理后判决，赵明利犯诈骗罪证据不足，宣告无罪。鞍山市千山区人民检察院随后提起抗诉。1999 年 6 月 3 日，鞍山市中级人民法院作出终审判决，认定被告人赵明利利用东北风冷轧板公司管理不善之机，先后 4 次隐瞒其诈骗故意提走货物不付款，骗取被害公司财物 13 万余元，遂撤销一审判决，认定赵明利犯诈骗罪，判处其有期徒刑 5 年。判决发生法律效力后，原审被告人赵明利提出申诉，并分别被鞍山市中级人民法院、辽宁省高级人民法院予以驳回。2015 年 7 月 21 日，赵明利因病死亡后，其妻子继续向最高人民法院提出申诉。

在最高人民法院再审此案期间，最高人民检察院提交的书面意见赞成被告人赵明利无罪的结论，指出：第一，原二审判决认定的事实不全面、不客观。1992 年至 1993 年间，赵明利与东北风冷轧板公司存在多次购销冷轧板业务往来，其中大部分货款已结算并支付。在实际交易中，提货与付款不是一次一付、一一对应的关系。赵明利的 4 次提货仅是多次交易中的一小部分，应当将 4 次交易行为放在双方多次业务来往和连续交易中进行评价。第二，依据现有的证据，不能认定赵明利对 4 次提货的货物具有非法占有的目的。案发时双方未经最终结算，交易仍在持续，涉案 4 次提货后，赵明利仍有 1 次提货结算和 2 次转账付款行为。赵明利在交易期间具有正常履行支付货款义务的能力，在双方交易中积极履行了大部分支付货款义务，4 次提货未结算后亦未实施逃避行为。第三，赵明利的 4 次未结算行为不符合虚构事实、隐瞒真相的诈骗行为特征。涉案 4 次提货前，双方已有多次交易，且 4 次提货前赵明利已预交支票，正常履行了提货手续。东北风冷轧板公司相关员工给赵明利发货，并未陷入错误认识，也非基于错误认识向赵明利交付货物。

最高人民法院再审判决指出，由于赵明利承包经营的集体所有制企业鞍山市立山区春光铆焊加工厂，与全民所有制企业东北风冷轧板公司建立了持续的冷轧板购销业务往来，赵明利多次从东北风冷轧板公司购买数量不等的冷轧板，并通过转账等方式多次向东北风冷轧板公司支付货款。在实际交易中，提货与付款不是一次一付、一一对应的关系，即提货与付款未每次均直接对应，符合双方的交易习惯，双方亦是按照该交易习惯持续进行交易。赵明利在被指控的 4 次提货行为发生期间及发生后，仍持续进行转账支付货款，并具有积极履行支付货款义务的意思表示。事实上，赵明利也积极履行了大部分支付货款的义务，从未否认提货事实的发生，更未实施逃匿行为，不符合合同诈骗罪的构成要件，因而宣告其无罪（具体案情及详细裁判理由，请参见最高人民法院（2018）最高法刑再 6 号刑事判决书）。

应当说，最高人民法院对于本案再审的说理是比较充分的。赵明利未及时支付货款的做法，并未实质违反合同双方当事人长期以来所认可的合同履行方式，符合交易习惯，在民事上被认可。对于合同履行过程中交易习惯的司法判断问题，在以往的民事审判中所掌握的大致标准是：首先，该做法不能违反法律、行政法规的强制性规定；其次，该做法在交易行为当地或某一领域、某一行业通常采用；再次，该做法为交易双方订立合同时所知道或者应当知道；最后，该做法为当事人双方经常使用或反复使用，是惯常的行为。由此可见，在合同实际履行过程中，是否存在和尊重交易习惯是事实问题；而在发生合同纠纷后，是否存在交易习惯，当事人是否按照交易习惯履行合同则成为据以裁判的规则。准确理解《民法典》第 10 条的规定，就应当认可交易习惯的效力，当然也就应该认可按照交易习惯行事的合同当事人一方行为的妥当性。在本案中，赵明利按照交易习惯先提货后付款，不存在诈骗的行为和故意，此后还实施了继续付款行为，其行为尚未超出普通民事合同纠纷的范畴，被害单位即便对赵明利未及时付清货款是否符合双方所认可的合同履行方式持有异议，或者认为赵明利的行为构成违约并造成实际损害，也应当通过调解、仲裁或者民事诉讼方式寻求救济，刑事司法力量不应当成为解决民事纠纷的手段。

归结起来讲，在合同履行过程中，行为人按照交易习惯提货后未及时付款进而发生纠纷的，其不构成合同诈骗罪，将案件处理停留在民事领域，是对交易习惯的尊重，也是对生活常识、生活经验的认可，对符合交易习惯的行为轻易认定为犯罪，明显是不妥当的，既违背生活经验，也不可能得到公众认同。

上面这些与生活经验有关的刑法问题的介绍，很不全面，但是已充分说明了生活经验的重要性。可以这样说，在我们的生活中，有些常识性或者生活经验上的判断可能在一定程度上会影响案件的处理，这是进行刑法学研究时需要仔细考虑的。刑法理论如果过于脱离生活经验，就注定不容易达成共识，可能导致刑法学的整体发展受到很多限制。

12.3 回应生活经验与刑法教义学的关系

刑法学必须回应生活经验，这是没有异议的。但是，如何让刑法学很好地进行回应，又是一个难题。学习和运用刑法过程中，对于社会生活的观察和生活经验的把握，视野要开阔，否则结论就不精准。朱光潜先生曾经用一个"故事"来探究如何避免思维的狭隘。"有一天，一个中国人、一个印度人和一个美国人游历，走到一个大瀑布面前，三人都看得发呆。中国人说：'自然真是美丽'。印度人说：'在这种地方才能见到神的力量呢'。美国人说：'可惜偌大水力都空费了'。这三句话各不相同，各有各的道理，也各有各的缺陷。"（朱光潜：《给青年的十二封信》，东方出版中心2016年版，第31页）观察社会，形成生活经验，只看到一点，看不到面是不行的；不善于观察，就无法得出有穿透力的解释结论，难免坐井观天、盲人摸象。例如，在讨论犯罪成立与否时，单纯以"定罪结论违反常识、常理、常情"为由而主张出罪（而不深究生活经验和刑法教义学如何契合），见招拆招、一事一议，这样去思考问题是没有多少实际意义的。

按照我的想法，要准确回应生活经验（或常识），还是要绕回教义学那里，也就是说，要准确回应生活经验就必须建构刑法教义学。这样的教义学不是要去迁就生活经验，而是要有所回应：公众面对具体案件所表现出来的生活经验明显有道理的，从刑法教义学的角度进行论证，然后予以正面肯定，此时，教义学是去完成民众无法完成的论证；有的生活经验已经过时，或者与处罚情感、直觉的关系理不清楚的，从教义学的角度进行思考，再用平易化的语言予以反驳。换言之，应当在不偏离、不违背生活经验的基础上发展教义学，这样才能防止刑法学停留在浅层次阶段，才能从片段性的问题思考过渡到一体思考。可以说，教义学理论构造越精巧，对问题的研讨越深入，说理越透彻，刑法和公众的生活经验之间就越能够进行沟通和良性互动。尤其是在某些特殊情形下，按照公众的生活经验和规范感觉，得出有罪结论明显不妥当时，如何进行论证以回应民意，或者在民意和司法之间建立互动机制，都注定无法离开教义学。

例如，甲绑架电视台记者乙，逼着某市的市长出面承认某项公共政策存在重大错误并向全体市民道歉，否则就要"撕票"；或者丙绑架某法院法官丁，逼着该法院院长承认某个案件判决错误并限其两天之内重新制作一份判决书，否则就要杀害法官丁。在这类案件中，绑架罪犯的不法要求被拒绝，其在发现绝对不能达到目的时，一怒之下杀害被绑架人的，拒绝罪犯不法要求的市长、法院院长是否构成绑架罪的帮助犯？

  有人会想，你怎么会提出这样的问题呢？但是，如果仅仅一般性地思考帮助犯的概念，可能真的会得出拒绝绑架罪犯要求的人可能构成帮助犯的结论。因为帮助犯为正犯提供物质或心理帮助，强化他人的犯意，使正犯的犯罪行为更容易实施，可以成立心理帮助。市长、法院院长基于其身份、地位拒绝绑架罪犯的不法要求，其行为可能使得原来还抱有幻想的绑架罪犯陷入绝望，从而将其杀人计划提前，在这个意义上，可以说拒绝绑架罪犯的要求就是为其杀人提供了心理帮助，这样的结论也和一般性地思考帮助犯的概念相一致，得出市长、法院院长成立帮助犯的结论好像也就是符合法理的。但是，从生活经验的角度看，将市长、法院院长认定为绑架罪的帮助犯无论如何是国民接受不了的，该结论有悖国民的规范意识或生活经验。

  于是，我们不得不进一步从规范判断的角度思考：将人质死亡的结果归属于拒绝不法请求的市长、法院院长是否合适的问题，这就涉及从客观归责论的角度切入帮助犯的因果关系这一问题。正犯制造和实现了法所禁止的风险，共犯通过正犯制造和实现了法所禁止的风险。但是，市长、法院院长拒绝绑架罪犯的要求完全是合理的，否则就是正义向邪恶屈服。市长、法院院长的行为都是规范所不禁止的，不能认为他们通过正犯（绑架罪犯）的行为制造和实现了规范所禁止的风险，因此，把人质死亡的后果归属于他们是不合适的。就此而言，传统上形式地理解的帮助犯概念在客观归责论的框架内得以深化，从规范角度分析帮助犯因果关系和结果归属的主张，将共犯问题和客观归责论联系起来进行一体思考，其最终结论就和民众的生活经验相一致。

  我所举的上述例证在于提示各位，在学习刑法理论、分析实务案例过程中，在按照通常所理解的刑法理论进行处理所得出的结论明显偏离生活经验和民意时，就需要反思过去的理论是否存在问题，在哪些方面存在问题，然后去寻找合理的解决方案，甚至适度修正、重构教义学理论，从而实现生活经验、民意和刑法教义学的良性互动。

定律 13

不能脱离司法实践学刑法

定律 13 不能脱离司法实践学刑法

很多人以为，法院、检察院具体办理刑事案件时就只需要考虑办案效果，考虑是否"案结事了"；在大学里学习刑法就是学理论，理论和实务之间关联性不大。我不得不说，这是对学习刑法的"重大误解"或成见。

在学习刑法的过程中，需要随时思考"如何沟通理论与实践"这一问题。一方面，你需要学好刑法教义学理论；另一方面，你需要研究中国社会的犯罪现实，思考实践中面对的难题是什么？针对这个问题有哪些处理方案，各自有什么利弊？裁判者面临的约束条件和特性是什么？

对刑法研习者来说，不能被现成的某一种刑法理论束缚了手脚，而是应从待解决的问题出发，了解问题解决后所要达到的目标，看看在现有案件处理方案之外，你能否选择一个更好的方案。所以，学刑法的理论一定不是学结论，死读书就可能"越读越笨"，罗列和分析起理论来头头是道，但运用到实践，处理问题时就束手无策。

我这样说，并不意味着你可以不学理论，刑法教义学必须要认真学，同时要懂得借鉴国外合理的刑法理论，但不是单纯地去背诵他人的结论，而是必须解放思想，不被现有理论遮蔽双眼，不被自己的直觉、经验所束缚，不从一个教条走向另一个教条。对你来说，最重要的是对实践难题的本质、解决之道的决定性因素的探索、思考。所以，结合司法实践学刑法，是刑法学习的又一定律。

13.1 正视实践中存在的刑法适用"乱象"

在学习刑法过程中，千万不要以为实务是根据理论来的。理论描述的图景在实践中无法完全实现，世界各国的刑事司法都和刑法理论之间存在距离，这主要是相对于比较纯粹的理论而言的，实务中需要考虑的因素更多。但是，如果实务与理论的偏差在通常能够接受的范围之外，就可能存在理论被实务完全拒斥的情形，从而出现司法乱象。

从近年来得到纠正的聂树斌案、呼格吉勒图案等标志性的冤假错案中，你大致可以窥见刑事司法的某些乱象。

这种司法乱象在产权保护领域表现得特别明显。民事案件和刑事案件往往混杂在一起，过去很长一段时间，一些地方司法机关没有依法保护民营企业产权的观念，再加上地方的经济利益、经济格局比较复杂，还有权贵集团和少数政府官员勾结在一起，很难做到公正。比如，在地方上，经常出现两个开发商因争同一块地发生纠纷的情形。一家开发商利用和地方政府的关系，把另一家开发商老板送入监狱。这种案子看起来是两个商人之间的纠纷，实际上是权力在搅局。地方行政权力以及其他势力之手染指司法，在产权领域形成了一些冤错案件，现在要甄别、纠正举步维艰。

定律 13　不能脱离司法实践学刑法

目前纠正的极少数冤假错案是很典型的"显性刑事案件",像聂树斌案这类命案,因为疑似真凶出现才引起关注。经过那么长时间,耗费那么多人力、物力,最后最高人民法院出面再审平反,可见纠错多么不容易。但还有很多隐性的冤假错案,比如前面提到的合同诈骗案,得到纠正的难度就很大。另外,冤假错案的纠正速度比较慢、效率比较低。一件冤案发生以后,从受到媒体关注,再到最终被纠正,时间跨度太长,有时候正义虽然看得见,但确实来得晚。此外,我们还没有建立起防范冤假错案的长效机制。像聂树斌案、呼格吉勒图案,现在是被纠正了,但是有没有建立一套机制保证今后遇到类似的案件还能防得住?不能一边纠正冤假错案,一边还在形成新的冤假错案,然后又等着后任来纠正前任办的这些案件。正确的办法是我们现在纠正一起冤案,就应该同时反思错在哪里,然后建立机制把每个可能出错的环节都管住。这些问题不解决,防范冤假错案的长效机制还没有建立,办案还是老样子,那就很难杜绝新的冤假错案发生。

所以,在学习刑法时,要对司法的某些现状有所了解,有所关切,并表现出一个刑法人对司法乱象明确的谴责态度,这样,将来有一天你成为实务人员时才不会与他人同流合污。刑事司法对经济生活的介入应当有个限度,否则市场经济就没有办法建立。

另外,有的案件确实办错了(比如在合同诈骗案中,经常容易把民事问题和刑事问题混淆),但与利益纠葛无关,而是由办案人员学艺不精造成的。因此,在学习刑法时,把犯罪构成要件的一般理论以及刑法分则对个罪的构成要求理解清楚,是很重要的。刑法规定的合同诈骗罪,本意并不是处罚生意往来当中的合同纠纷,这种合同纠纷按照民商事法律去处理就好了。但是在实践中,合同诈骗罪的适用被扩大化,发生纠纷后有的当事人打民事官司往往赢不了,打刑事官司却"翻身"了,这就违反了法秩序统一性原理,很不正常。

上面提到的这些观点,也许你在将来写论文、办案子的时候都不会用到,但是,它们应该成为你对实践的了解和观察的对象,成为你进行刑法教义学思考时的背景知识的一部分。因此,在学习刑法的过程中,你需要时刻关注各种司法乱象问题,进而产生问题意识、难题意识,再去思考解决的方式方法。

13.2 确实存在实践"倒逼"理论的情形

形势比人强。刑法学上的很多研究,就是实践逼出来的。这方面的例子很多,我从客观归责论、共犯论、自杀参与行为的定性三个问题说起。

第一,客观归责论。法律人不能仅仅依靠"眼见为实",还要有规范思考,如此,你与其他刑法"门外汉"的差别才能显现出来。为什么需要客观归责论？这主要是考虑到，在有的案件中，从形式上看有危害结果，但实际上将"账"算到被告人头上，让他"背锅"很不合理，这个时候运用客观归责论来判断结果归属，就是必要的。比如，甲发现乙骑摩托车抢劫，即驾车追赶。乙是在逃跑过程中，摩托车撞向高速路护栏，弹回来后撞在甲的汽车上，然后摔到地上死亡的，不能认为甲构成过失致人死亡罪。又如，老师甲因学生不遵守课堂纪律，将其赶出教室，学生跳楼自杀的；或者他人欲跳楼自杀，围观者乙大喊"怎么还不跳"？楼上站立者后来跳楼而亡的，不能认为甲或者乙构成故意杀人罪。再如，甲女拒绝乙男求爱，乙说"如不答应，我就跳河自杀"。甲明知乙可能跳河，仍不同意，乙跳河后，甲未呼救，乙溺亡的，也不能认为甲构成故意杀人罪。还比如，甲与他人在繁华路段飙车后冲进面包店，在旁边散步的老妇乙因受到惊吓致心脏病发作死亡的，不能认定甲构成过失致人死亡罪或交通肇事罪。最高人民法院关于交通肇事罪的司法解释实际上也承认客观归责论的内在逻辑。客观归责论用在过失犯论中有特殊价值，这主要是因为过失犯没有类型化的行为，其实所谓的类型化行为也就是团藤重光教授讲的"定型化的构成要件行为"仅仅在故意犯中存在，在过失犯中恰恰缺少这个东西，因此在过失犯论中借用客观归责论可以有效限定处罚范围。客观归责论现在已经逐步得到认可，个别判决甚至明确采用这一理论。

第二，共犯论。对共同犯罪中很多问题的处理，实务部门有时候走得比较远，而且其处理结论在很多时候是合理的（只是说理可能不太透彻），反过来导致理论有点"跟不上趟"。这个时候怎么保持理论和实务的互动其实就很重要。这种问题在中外刑法中都存在。比如，共谋共同正犯的概念，就是实务中先提出来的，实务中判了很多与此相关的案件。对此，学界一开始批评，说实务上这样做不合适，后来发现法官遇到同样案件还是这样判，学者持续批评也没用，而且司法上这么做，多少有点道理，所以，理论才会反过去研究。再如，承继的共犯对一开始的行为是没有参与的，后来才参与，他要不要对参与之前他人先行实施的犯罪及其后果负责。实践中有很多这样的案件，都是实务中把复杂问题充分展示出来，然后逼迫学术界去思考、去深入研讨。

第三，自杀参与行为的定性。这个问题粗看没有意义，但一旦你深入了解了实务中的种种难处，就会觉得理论研究的重要性。有的学者在学术研讨会上说，刑法学研究自杀问题没有意义，说自己一定不会去写这方面的论文。我认为这样的说法是学者缺乏"问题意识"，甚至"难题意识"的表现。实际上，司法实务部门遇到了很多与自杀参与有关的疑难案件，例如，妻子为重病缠身的丈夫买来毒药，后者自己服下死亡的；再如，谈恋爱的双方因为无法走到一起而决定自杀，其中一人买来毒药，各自服用后自杀，但其中一方并未死亡的。在这些案件中，需要司法上对帮助自杀者的行为

定律 13 不能脱离司法实践学刑法

性质做出明显表态,这就逼着刑法学界去深入思考教唆自杀、帮助自杀的定性方案。

对此,与长期以来的实务相对更为接近的解决方案是有罪说,主张个体的生命应该是最高的价值,唆使他人放弃自己生命的行为,值得动用刑罚予以谴责,为此,就应该尽可能地去为教唆、帮助自杀的行为寻找处罚根据,而不是靠立法解决。基于这种考虑,其在教义学上的解释思路就是:肯定教唆、帮助自杀的可罚性,同时将《刑法》第 232 条规定的"杀人"解释为包括"杀害本人"即自杀,之后再通过将教唆者、帮助者解释为共犯而解决其处罚根据问题。

但是,近年来无罪说逐渐成为非常有力的学说。无罪说的解释路径又有三种,其中,有的学者放弃讨论教唆、帮助自杀行为的可罚性,直接以"法无明文规定不为罪"的名义,否定其构成犯罪;还有的学者强调自杀是自杀者处分生命的自由即其自我决定权的实现,并非刑事不法行为,进而一并否定自杀参与者的可罚性;我本人的主张是,对于自杀,国家只是默认和只能如此地接受,自杀并不是畅通无阻的权利,而仅仅是法律不想作违法或合法评价的"法外空间"。

就我个人的看法而言,对单纯的教唆、帮助自杀行为不能定罪,除了我所主张的"法外空间"说,从自杀不违法出发,同时考虑客观归责论的法理,也无法对教唆、帮助他人自杀者论以故意杀人罪。我的主要理由是:教唆自杀或者帮助自杀，最终仍然保留着自杀者最后一刻的自我决定权，其可以在最后一刻放弃自杀意思，或者是停止自杀行为，"我今天还就不死了"，谁都拿他没办法。以帮助自杀为例，所讨论的仅指坚定自杀者的自杀意思、为其提供心理帮助，或者是为其提供自杀工具等物理帮助的场合，而不包括通过具体行为直接导致有自杀意思者死亡的场合（对此，当然应以故意杀人罪的直接正犯处理，与帮助自杀无关）。所以，自杀者在最后一刻撤回意思、放弃行为的权利并未受到侵害，在被害人执意自杀的情况下，将其死亡的结果让帮助者"背锅"，不符合客观归责论结果归属和分配危险的法理。

13.3　如何看待理论和实践似乎"脱节"的特殊情形

刑法理论和实践不一致的情形大量存在，对于这种现状不应该简单地去责怪理论界，也不能简单地去苛求实务部门，更不要轻易说理论和实践脱节，而应该思考出现这种情况的背后原因。

例如，对于一罪与数罪的判断，理论上提出了各种方案，而且通说认为只要行为人有数个故意和数个行为的，就符合数个构成要件，原则上就要数罪并罚。我撰写的教科书在讲犯罪竞合的时候，有一部分专门讲一行为和数行为，讲自然的一行为怎么去判断，然后讲犯罪竞合（法条竞合、想象竞合）如何判断。第一步是构成要件的符合性判断。构成要件的定型性判断是非常重要的，你要仔细看构成要件是怎么描述的。第二步是看行为究竟是一行为还是数行为，判断的时候看它们之间重合的部分有多大：如果基本上是重合的，即一个行为碰巧符合数个构成要件的，只能认定为一行为，评价为想象竞合犯；如果两个行为之间自然上的联系很稀薄，那么不能认定为一个行为。实践中，在一罪与数罪的区分成为问题的场合，两个行为相互独立地符合不同构成要件的情形是多数。因此，大致可以得出这样的结论：对于罪数关系而言，理论上是以肯定数罪而且要并罚为原则的。

但是，实践中法官经常基于"判不下去"的实际考虑，对被告人原本有多个犯罪的情形按一罪处理。例如，被告人甲非法采矿，并将采出的废弃物堆放在耕地、林地上的，是否同时成立非法采矿罪和非法占用农用地罪？虽然判断被告人究竟实施了一行为还是数行为要考虑出发点（自然行为论与规范行为论），但无论如何，本案被告人甲的行为侵犯了不同法益，而且行为上能够区分采矿行为和占用农用地行为，认定其实施了多个行为，再按照数罪并罚，这从理论上看是问题不大的，但实务上很可能就以一罪处理了。

与此稍有不同的情形是：被告人乙在采矿过程中，将某种液体（危险化学物质）注入矿体，溶解其他物质，最后得到矿物。被告人大量使用有毒有害物质，销售矿物后获利400余万元，本案怎么处理？本案可以考虑的两个罪名是污染环境罪和非法采矿罪，但本案的情形是一个行为同时产生了两个结果，即一个使用有毒有害物质的行为同时产生非法采矿和污染环境的结果。所以，对这两个罪名可以不并罚。但对本案被告人乙来讲，不能忽略的另一个重要罪名是非法制造、买卖、运输、储存危险物质罪，此罪是重罪，最高刑是死刑。实践中到矿区非法开矿，都要购买雷管、炸药、危险的化学物质，对其购买行为就应该定这个罪名。因此，从理论上讲，对这个案件，应当把非法采矿罪和污染环境罪认定为想象竞合犯，从一重罪处理；然后再和非法买卖危险物质罪数罪并罚。但是，实践中未必这样去思考问题。

对于理论和实务在这个问题上的差异，我觉得应当容忍和接受。一罪和数罪与法官的规范感觉以及一个国家的司法习惯有关，我国刑法对数罪并罚持比较保守的态度，很多时候出于政策考量做有利于被告人的考虑，不定那么多罪，不判那么重的刑，这样的实务习惯基本上是可以接受的。

不仅实务上如此，我国立法上在数罪并罚时采用的限制加重原则也是"手下留情"的产物，不像英美国家的累加原则，这种立法实际上会对法官认定一罪和数罪产生影响。法官会觉得数罪并罚后刑期会上去，而且立法者在立法的时候也不想累加。因此，法官在认为一罪和数罪有争议时，会尽量朝着一罪的方向判断，给被告人更多"出路"，看看实践中很多"两头骗"的案子，大多最终只以一罪处理，就更容易明白这一点。数罪并罚在实务中的适用其实比理论上所预想的要少很多。

英美国家一般按照自然行为判断，我们讨论的上述有争议的案件在英美国家一般都没有争议，这样的目的就是要很直观地告诉国民被告人有哪些行为，以此来达到一般预防的效果，同时使这个判决无限接近国民的感觉，这与英美国家的实用主义哲学有关联，法官因此也就懒得再作更多的规范判断。另外，英美国家的诉讼制度是大量运用陪审团审判，法官要告诉陪审员被告人的行为是什么，在做这种指引的时候，按照自然行为的单复数去表述也很容易说清楚。如果刑法教义学上将一罪和数罪分析得很复杂，就不容易跟陪审员讲清楚。所以，一罪和数罪判断的理论、法条竞合和想象竞合的理论与实践有差距，是和我们的具体国情、立法规定、法官的一贯立场紧密关联的。就此而言，理论上把罪数理论建构得比较复杂，符合刑法教义学的要求；实务上尽可能简单易行，也有一定合理性，谈不上理论或实践哪一方有明显缺陷。对于这种各有各的考量的情形，不要轻易说是理论和实践有脱节。

在共犯论中，也存在严格按照教义学可能处罚较重，实践中法官"判不下去"的情形，但这不能说理论有错。例如，甲撬开丙的车门，盗窃丙车上的财物，在将丙放在副驾驶座位上、装在信封里的2万元装入自己口袋，准备再次盗取丙车储物箱里的5000元钱时，甲的女朋友乙走过来说："注意，别出事"，甲答"马上就好"，然后顺手将这5000元钱递给乙，乙接过钱后站了一会儿说："我走了，小心点儿。"甲在乙走后将丙车的后备箱打开,拿走放在里面的1万元钱。实务中的难题是乙的犯罪数额究竟是多少?

要认定被告人之间成立共同犯罪,关键的条件之一是必须具备共同故意,即共犯人不仅意识到自己在故意犯罪,而且认识到其他人也有犯罪的故意,共犯人之间存在相互配合与分工协作的意思联络(明示或默示),意识到自己不是"一个人在战斗"。甲在第一次取款时并未与乙有明示或者默示的意思联络,由甲自己对该犯罪负责。但其后的取款行为却不同,乙明确提示甲说"注意,别出事",而甲也给予了回应,此时二人存在共同的犯意联络,成立共同犯罪。对于乙自己参与的共同犯罪所取得的赃物,其当然不能成立掩饰、隐瞒犯罪所得罪,只要是在共同犯罪故意的范围内,就应将甲所做的同时评价为乙所做的,因此甲、乙要对结果实行交互归责,即所谓的"部分实行全部责任"。虽然乙在取得5000元后便离开,但她没有切断和甲的意思联络,甲继续犯罪和乙有关,这就是"共犯的脱离"。

关于共犯的脱离,实务上的直觉可能是一旦共犯人离开,后面的犯罪就和他无关。但是,从教义学上看,成立共犯的脱离有极其严格的要求:脱离者必须切断因果链条,如果参与犯罪后单纯离开现场但纵容他人继续实施犯罪的,不能成立脱离。本案中,乙接过5000元后便离开,但乙提示甲说"我走了,小心点儿",意味着乙仍然没有切断和甲的意思联络,同意、鼓励甲继续犯罪,而甲也认识到自己继续取款的行为得到了乙的认同,共同犯罪人对于所有的犯罪结果均需负责,而不是仅仅对自己造成的犯罪结果负责。因此,乙需要对甲第二次取出的 5000 元以及第三次取出的 1 万元钱负责,即乙的共同犯罪数额是 1.5 万元。由此可见,从理论上看,就共同犯罪而言,共犯人一旦参与其中,要"回头是岸"其实没有那么容易。

对于类似于共犯的脱离这种理论和实务上可能存在一定差异的情形,我的观点是:不能动辄批评理论不合理。在现代法治国家,法治立场必须要坚守,教义学是保持法的安定性的重要法宝,不能轻易说教义学不合理。在共犯的脱离的场合,即便没有切断共犯行为和最终结果之间的因果联系,不能认定为共犯的脱离,实务上也应当适用从犯的规定对被告人从轻、减轻或免除处罚,但司法上仅基于"判不下去"的考虑就人为扭曲刑法教义学的做法需要慢慢改变。

13.4 认真对待判决

法学研究不能脱离司法实践,不能只讲正确的原则甚至是法学常识,需要尽可能地理解法院和法官所面对的问题以及解决问题的方法(参见〔美〕理查德·波斯纳:《法官如何思考》,苏力译,北京大学出版社2009年版,第13页)。为此,刑法学者必须能够架设沟通理论与实务的桥梁,不放弃对实务中具体问题的思考与解决,实现理论与实务的互动,尤其是要善于从实务的立场出发，探究司法人员之所想，站在司法人员的立场审视裁判逻辑、判断其合理与否，从而大幅度提升我国刑法学的实践理性。

长期以来，我们都很习惯于对刑法原理的抽象论证，喜欢搭建相对宏大的理论体系，面向实务的研究还比较少，这样的研究方法存在明显不足。必须看到，仅依靠理论体系的自我推演，仅满足于理论体系逻辑圆满，很难消除理论与实践之间的鸿沟。基于这样的问题意识，从实务出发向理论这一侧发力，确保刑法学从裁判中来，到裁判中去，是刑法学提升中国自主性的题中之义。为此，有必要倡导研究者形成主体意识，以中国刑法的规定为研究的逻辑起点并受其约束，同时要特别注重思考哪些问题是中国司法上所特有的问题；或者该问题在外国虽然也存在，但在中国司法上表现得更为特殊；哪些问题是中国司法面临的真问题而非伪问题。

关注问题性思考，意味着刑法学研究一定要有助于解决层出不穷的本土实务难题，由此必须重视司法裁判，不断开展判例研究，从中寻找刑法学发展的契机。我国虽然不像英美法系一样实施判例制度，未将判例法作为法源，但这并不代表学者就不能在成文法之下展开丰富的判例研究。其实，同属大陆法系刑法理论范畴的德国或日本刑法学就非常重视讨论判例，而且在判例研究实践上走得非常远。事实上，一个学者如果能够站在学科前沿并始终紧紧盯住法院的刑事判决，其刑法研究结论就更有说服力。

从比较法的视角看，日本刑法学的一些理论，比如因果关系的危险现实化理论、共谋共同正犯理论，都是从法院的裁判当中概括、提炼出来的基本原理；日本关于承继共犯的各种对立的理论，也都特别关注司法立场的最新变化。我国司法实务对抢劫罪的认定，也大量涉及承继共犯问题。所以，注重结合法官的立场对理论进行适度修正，应当是一流刑法学者始终需要关注的问题。这种意义上的刑法功能主义把对法官的说服、对法官判决的理解作为理论研究的出发点和切入点，显而易见具有其内在合理性。

为此，刑法学说必须要理解法官的判断并在这个基础上建构一整套理论来说服法官，由此才能指导或引导法官按照国民的多数价值标准（国民规范意识）进行裁判，使得裁判结论不会过于偏离国民的认同感。唯有如此，理论和实践之间才能有效对接，由此确立的刑法学实践理性、功能性思考就能够始终关注刑事裁判的动向，注重社会治理的积极参与，并将刑事政策思想有效融入刑法体系，最终能够妥善解决处罚必要性和刑法公正性的关系。

学习刑法一旦开始重视判决，势必就会尽可能尊重和理解判决。在具体分析裁判时，建议各位尽量妥善把握以下几点：

第一，要善于发现更多说理充分的好判决。实践中，基层法院对有的案件定性准确、量刑适当，说理也非常充分，只是理论上对此发现和关注得还不够。例如，关于何为聚众斗殴罪的实行行为，学理上存在一定争论。有学者主张"复行为犯说"，认为纠集多人的聚众行为和参与打斗的斗殴行为都是本罪的实行行为，二者之间属于并列关系，行为人只要实施聚众行为的，就是本罪实行行为的着手。另有学者认为，本罪是单一行为犯，即只有斗殴行为才是实行行为，聚众只是斗殴的方式，为了斗殴而聚众的，只是本罪的预备行为，聚众和斗殴之间是预备行为与实行行为的关系。应当说，单一行为说是有道理的，即本罪的实行行为具体表现为斗殴的举止。行为人纠集3人以上的聚众行为，虽然属于成立本罪的必经环节，但是，只要其还没有着手实施斗殴行为，行为对法益的危险就非常抽象、间接，真正能够挑战社会管理秩序，侵害本罪法益的危害行为是（聚众之后的）斗殴，而非聚众行为本身，聚众行为难以成为本罪的实行行为。面对这种争议，有的判决能够准确地对学理观点作出选择，在有的聚众斗殴案中，法院正确地认定：被害人一方虽有斗殴的故意但并未实际参与殴斗，造成的后果并不严重，其行为只是应受行政处罚的一般违法行为，不构成聚众斗殴罪。这一判决充分说明，即便为了斗殴而实施聚众行为，但事实上并未实际参与斗殴或相互打斗并未实际发生的，对行为人可以仅予以治安管理处罚。如此办理案件，不是"降格"处理，也不是放纵犯罪，而是既根据宽严相济刑事政策给予行为人出路，又与行政处罚措施有效衔接。从该案判决中体现出来的合理司法逻辑，值得在处理类似案件时认真考虑。因此，在进行判例研究时，需要及时发现司法裁判的"闪光点"，从而为建构具有实践理性的刑法理论奠定坚实基础。

第二，要全面客观地看待裁判文书的观点，在尊重司法裁判的基础上展开学理分析。这意味着对相关判例进行研究，不是处处与司法"较劲"，不是为了批判而批判，刑事裁判文书的研究者要先能够换位思考，尝试站在法官的立场，循着法官的思路去理解其思考路径。

第三，要基于善意为某些结论正确的判决"补充"裁判理由。有的案件在实务中确实比较疑难，相关判决是依靠法官的规范直觉作出的，其定罪量刑结论正确，但是，说理存在欠缺，对于这类判决，研究者可以尝试代替法官撰写、阐释裁判理由，进而提炼、发展出对疑难案件的裁判规则。学者商榷、批判的对象，仅是那些裁判结论明显存在错误的案件。

必须承认，我国现阶段还有一些司法裁判文书说理不够透彻，甚至未提供真正的说理。对于这种情形，研究者唯有站在法官的立场，按照其裁判初衷，秉持善意的态度予以解读，才能将裁判文书中没有考虑全面或阐释透彻的缺陷消除，从而点滴推动刑法学的发展。例如，有些复杂、疑难、热点案件（如过失犯罪案件、不作为犯罪案件等）在社会上引起广泛关注，法院如果认定被告人的行为构成犯罪，会面临很大压力，对这些案件，研究者首先应不受舆论的左右，认真分析案件所涉及的事实和证据,分析法官的判决是否进行了充分说理,是否很好地展现了其自身的专业素养。此外,针对与这些案件有关的诸多理论难点(例如,过失犯中结果回避可能性和预见可能性、不作为犯的作为义务来源问题等),研究者应当在理论上助裁判说理"一臂之力",将这些理论难点分别进行阐释。如此建构的刑法学体系,不仅能够获得法官的认同,也能够助推理论的发展,还能够及时消除社会对司法公正性的误解,从而发挥刑法学者参与社会治理的作用。

第四,在面对某些判决时,还需要考虑过去的理论是否有必要作出适度修正或变通的问题。司法实践中的某些做法,从理论的视角看未必合适,但当司法人员一直这样作出裁判的时候,理论上就需要"反躬自省"其有无必要作出某种程度的改变,需要进一步思考背后的深层次原因。对某些争议问题的解决,如果司法实践长期与理论相背离,但其结论确实是错误的,理论上当然要旗帜鲜明地予以批判。但有的案件,司法实践的一贯立场背后,展示了法官的独特考量,而且其思考有一定道理,现有理论难以作出圆满解释,就会"倒逼"某些原创理论的形成,从而纠正之前通说的不当之处。

例如,行为人导致他人死亡后,立即产生不法取财意思,拿走死者财物的,或者经过现场的第三人在被害人死亡不久即从死者身上取得财物的,究竟应该如何处理?这与理论上关于"死者的占有"的争论有关。理论上的多数说是否定死者的占有，对上述情形均只能肯定侵占罪的成立。但是，实务上对这些案件却大多以盗窃罪处理，由此形成理论和实务的巨大差距，二者相互不予认可。针对这种情况，我认为，需要反思理论上多数说的不当之处，从而肯定"死者生前占有的有限延续说"，即确实应当否认死者的占有，但要肯定死者"生前的"占有受到了侵害。所以，在夺取财物的行为和杀害行为在时间、场所非常接近的情况下，即杀害与财物的夺取几乎同时发生，行为人应当成立盗窃罪。这不是一般地肯定死者对财物的占有关系，而是从行为人引起被害人死亡这一特定关系出发，在理论上有限地承认死者在生前的占有，从而给予保护。（参见〔日〕佐伯仁志、道垣内弘人：《刑法と民法の対話》，有斐閣 2001 年版，第 174 页）此外，还需要特别考虑的是，如果对于导致被害人死亡随即取得其财物的情形否定死者生前占有的有限延续，会带来处罚的不平衡：行为人实施重伤行为导致被害人昏迷，马上拿走被害人财物的，构成盗窃罪（按照有关司法解释规定，也可能成立抢劫罪）；但行为人实施杀害行为导致被害人死亡后，再拿走其财物的，反而仅构成侵占罪，由此导致主观恶性更重的取财行为被认定为轻罪，而承认死者生前占有的有限延续，能够有效避免这种处理上的不平衡。

13.5 如何看待司法解释

实务上处理案件时，如果有司法解释，就应该按照司法解释的规定处理，这应当是没有疑义的。但是，学者们没有必要在司法解释存在瑕疵时仍然无条件支持司法解释，反而应该在理论上对不合理的司法解释提出疑问。

从教义学的角度看，我们更应该重视的是对刑法的法官解释而非法院解释。在适用刑法处理各种案件的过程中，法官个人对含义不明或者理解上有分歧的规定进行解释，可以在充分考虑各种方案的合理性的基础上，从容选择最佳方案，可以确保解释结论和案件之间有直接关联性。这是法官解释刑法的好处。

由法院解释刑法，即通过最高裁判机构制定全国通行的司法解释，貌似可以满足"统一司法"的目标，但其初衷是否能够实现，大可质疑。同时，法院解释（而非法官解释）刑法，在很大程度上不考虑理论发展，不借鉴理论成果。在我国，习惯上对于疑难问题由最高人民法院进行司法解释，而不是寄希望于法官个人独立地根据个案解释刑法，由此可能产生的消极影响表现在：

第一，司法解释既然要统一全国的司法活动，就必然具有抽象性、普遍性，这种解释具有立法的性质，会导致司法权和立法权关系混淆，司法解释随时有冲击罪刑法定原则的可能。

第二，司法解释仍然很抽象，在实践中无法满足基层需要，制定者最初的设想往往会落空。

第三，司法解释的存在会抑制法官自身探索刑法学真谛的冲动，使法官的独立裁判显得多余。

第四，司法解释大行其道，减少甚至消除了刑法学者发现问题的机会。法官遇到重大、疑难案件，不是求之于理论，不去仔细审视理论上对类似问题是否提出过解决方案，而是习惯于内部的层层请示，问题被法院系统内部消化，刑法学者们对实践中究竟有哪些问题是最为紧迫、疑难的，无从知晓。这是目前刑法学者进行问题思考时所面临的难题。实务部门总是习惯于批评刑法理论和司法实务脱节，这些意见有的显然有道理，但是多数意见对于刑法学者并不公允。疑难案件通过请示的方式到达最高人民法院，后者再以司法解释的形式把处理意见反馈回去，学者们无法通过更多渠道有效地发现问题。司法解释都是干巴巴的条文，和立法只有名义上的区别，学者们有时甚至无法知道司法解释究竟是针对哪些案件作出的。刑法理论有时就沦为"司法解释的解释论"，而不是刑法解释论，刑法学者还能够发现什么真问题？还能够建立什么远离司法解释的新体系？

第五，司法解释实际上无意中向一线法官灌输了判决无须说明理由的错误观念。法官总是寄希望于最高人民法院的司法解释解决疑难案件。一旦有司法解释，法官直接根据司法解释作出判决，而无须进一步解释判决理由。在几乎所有的法官看来，最高人民法院的司法解释就是理由，当然毫无必要再向被告人、辩护人详尽解释判决理由；而最高人民法院在作出司法解释时，也是不需要公布其理由的，有的解释明显是武断的。结果就是，对于疑难案件的处理，很多时候就是在不需要说明理由的情境下作出的。

与之不同的是，由法官个人在具体裁判中通过个案进行针对性地刑法解释，势必会带来理论与实务互动而非相互排斥。在司法实践中，法官在对疑难案件进行判决以前，会仔细比较当下最为重要的学者对相关问题的论述，在对理论合理性进行甄别的基础上得出判决结论。所以，我们经常可以看到，对于疑难案件的刑事判决，法官可能在判决书中明确表明自己赞成刑法学上哪一派别的观点，甚至直接引用当前某位著名刑法学者的观点，作为支撑判决的理由。刑法学者可以因为理论更多地被司法判决引用而获得成就感，理论对实务的实际影响力也才能得到具体体现。反过来，在理论上，可以在对同类案件的不同判决结论进行比较的基础上选择合理的问题解决方案，找到批评的样本和素材，由此建构的理论才会是言之有物、有的放矢。法官和学者由此能够进行沟通和互动，相得益彰。

当然，对司法解释要持谨慎态度，并不意味着学者们在发现司法解释明显不合理时，也不介入讨论。特别是在司法解释业已存在，但又明显不合理时，要使之合理化，学者的努力就是不可或缺的。对此，我以自己亲自参与推动有关恶意

定律 13　不能脱离司法实践学刑法

透支型信用卡诈骗罪司法解释的合理化过程为例进行说明。

2018 年 11 月 28 日，最高人民法院、最高人民检察院对《关于办理妨害信用卡管理刑事案件具体应用法律若干问题的解释》（以下简称"2018 年司法解释"）进行修改并重新公布，根据当前经济社会发展形势，适当调整了信用卡恶意透支定罪量刑数额标准、完善发卡银行"催收"的认定标准等。按照该司法解释的规定，每年因信用卡恶意透支被判刑的人在全国范围内将至少减少 5000 人以上，这将使司法政策更为合理，有利于发卡银行加强对信用卡的日常监管，也进一步完善了金融管理制度。这一修改采纳了 2017 年 3 月"两会"期间，我向最高人民法院提出的"关于高度关注对信用卡透支行为处理异化现象的建议"。

《刑法》第 196 条规定，进行信用卡诈骗活动，数额较大的，处 5 年以下有期徒刑或者拘役；数额巨大或者有其他严重情节的，处 5 年以上 10 年以下有期徒刑；数额特别巨大或者有其他特别严重情节的，处 10 年以上有期徒刑或者无期徒刑。恶意透支的，以信用卡诈骗罪定罪处罚。2009 年 12 月 3 日，最高人民法院、最高人民检察院联合发布了《关于办理妨害信用卡管理刑事案件具体应用法律若干问题的解释》（以下简称"2009 年司法解释"），明确了信用卡诈骗罪等妨害信用卡管理犯罪的定罪量刑和法律适用标准。作为重要内容之一，2009 年司法解释针对信用卡诈骗罪中恶意透支的情形，明确了行为认定标准和定罪量刑数额标准：恶意透支，数额在 1 万元以上不满 10 万元的，应当认定为数额较大；数额在 10 万元以上不满 100 万元的，应当认定为数额巨大；数额在 100 万元以上的，应当认定为数额特别巨大。

近年来，透支型信用卡诈骗犯罪案件呈现爆炸式增长态势。根据中国银行业协会公布的数据，全国各级法院处理的恶意透支型信用卡诈骗犯罪案件成为定罪"大户"，有的地方该罪已成为排名第二、第三的犯罪，且不少被告人被判处 5 年以上有期徒刑。

之所以出现这种增长态势，有两个重要原因：一是透支行为都有记录，此类案件的客观证据容易取得；二是此类行为入罪门槛低、尺度掌握宽松，实务部门对 2009 年司法解释有误读，对许多事实上没有非法占有目的的人也进行客观归罪，导致一些原本游离于处罚范围之外的用卡人（尤其是很多年轻人或社会中下层人士），突然间成了犯罪分子。这种现象的存在，使许多普通人（尤其是年轻人）背上了罪犯的标签，人为增加了社会对立面，影响了司法公信力。

此外，恶意透支数额在 10 万元以上就要判 5 年以上有期徒刑，这一规定存在诸多不合理之处。首先，与行为的社会危害性不相一致。恶意透支的被害人是金融机构，其具备审查义务，也有审查能力，其作为市场主体对他人可能无法及时还款应有一定思想准备，恶意透支行为和普通诈骗罪欺骗自然人的危害不可同日而语。但是，实务中的办案思路几乎完全免除了发卡行的审查义务和监管义务。其次，与其他类似犯罪的处罚不相协调。与恶意透支行为危害性大致接近的是普通诈骗罪。而普通诈骗罪数额巨大的起刑点是有期徒刑3年,很多省份掌握的数额标准是10万元;但是,社会危害性相对更小的恶意透支行为,同样数额(10万元)却要判5年以上有期徒刑,明显不相协调。此外,贪污罪中也有实施诈骗行为、骗取公共财物的情形。但是,按照关于贪污贿赂犯罪定罪处罚的相关司法解释的规定,在贪污罪中,犯罪数额至少达到100万元以上的,才可能判处5年以上有期徒刑,其量刑数额是恶意透支犯罪的10倍。最后,对恶意透支的犯罪分子不能适用缓刑。普通诈骗罪即便数额在10万元以上,但退赔且得到被害人谅解的,可以宣告缓刑;但是恶意透支行为即便退赔且得到银行谅解的,因为其起刑点高于3年有期徒刑,也不能适用缓刑。

针对实践中对信用卡透支行为定罪范围过广、处罚畸重的异化现象,我建议最高人民法院、最高人民检察院根据罪刑相适应原则,并结合我国社会经济发展情况,及时修改相关司法解释,适度提高恶意透支型信用卡诈骗罪的入罪门槛,提高定罪起点(建议提高至5万元以上)。

我在该建议中提出,在新的司法解释中,应当严格落实《刑法》第196条关于信用卡诈骗罪的规定,对行为时没有非法占有目的,仅为满足正常经营、日常生活需要进行透支,事后因为偶发事件或极其特殊原因不能及时还款的,不能认定为恶意透支型信用卡诈骗罪,从而防止客观归罪。同时,提高法定刑升格标准,尤其要防止恶意透支数额在10万元以上就要判5年以上有期徒刑的不合理现象出现,建议将5年以上有期徒刑的起点数额(至少)提高到50万元以上,以和其他诈骗类犯罪以及(欺骗型)贪污罪的处罚大致协调。

收到建议后,最高人民法院领导对此高度重视,迅速批示有关部门抓紧研究办理。2017年8月,最高人民法院即对建议进行了答复。2018年我多次参加专家论证会。2018年7月30日,最高人民法院院长周强主持召开最高人民法院审判委员会全体会议,审议并原则通过了最高人民法院、最高人民检察院《关于修改〈关于办理妨害信用卡管理刑事案件具体应用法律若干问题的解释〉的决定》。我列席了这次审委会,并对司法解释的修改谈了自己的若干具体建议。关于我参与推进该司法解释修改的具体过程,有关媒体曾进行过详细报道(参见黄晓云:《信用卡新〈司法解释〉的背后》,载《中国审判》2018年第24期)。

新的司法解释大幅度提高恶意透支型信用卡诈骗罪的定罪量刑标准,对非法占有目的的限定更明确,规定"有效催收"且设置了很多条件。可以预见,地方办案部门沦为"讨债工具"的状况将大为改观,每年将减少数以千计的"罪犯",也倒逼某些金融机构慎重发放银行卡。

最后要提示各位的是,在学习刑法以及未来的实际工作中,对地方人民法院、人民检察院制定"司法解释型规范文件"的做法，要坚决予以反对，至少要持一种抵触的态度。按照《中华人民共和国立法法》的相关规定，人民法院在审判工作中具体应用法律的问题，由最高人民法院作出解释；人民检察院在检察工作中具体应用法律的问题，由最高人民检察院作出解释；地方人民法院、人民检察院一律不得制定司法解释。2012年1月18日最高人民法院、最高人民检察院发布的《关于地方人民法院、人民检察院不得制定司法解释性质文件的通知》规定：地方人民法院、人民检察院一律不得制定在本辖区普遍适用的、涉及具体应用法律问题的"指导意见""规定"等司法解释性文件，制定的其他规范性文件不得在法律文书中援引。地方人民法院、人民检察院对于制定的带有司法解释性质的文件，应当自行清理。凡是与法律、法规及司法解释的规定相抵触以及不适应经济社会发展要求的司法解释性质文件，应当予以废止；对于司法实践中迫切需要、符合法律精神又无相应的司法解释规定的，通过高级人民法院、省级人民检察院向最高人民法院、最高人民检察院提出制定司法解释的建议或者对法律应用问题进行请示。但是，这一规定在实践中屡屡遭受挑战。例如，某省高级人民法院、人民检察院制定司法解释性文件，规定非法鉴定胎儿性别的，构成非法经营罪；再比如，某省高级人民法院、人民检察院、公安厅等部门于2016年制定了《关于办理部分生产、销售伪劣食品刑事案件具体适用法律有关问题的会议纪要》，规定更改生产日期、保质期的行为构成生产、销售伪劣产品罪,这一司法解释性文件明显不具有合理性,不应在具体案件处理中予以适用。因为产品的生产日期(保质期)被修改,但销售时尚在真实的保质期内(即没有修改前的保质期内)的,产品本身的质量符合法律规定,该产品就不属于刑法意义上的"伪劣产品",该行为也不构成生产、销售伪劣产品罪。所以,地方司法机关不能越界制定实质为司法解释的任何文件。对于参与制定以及执行这种文件的行为性质,如果说得重一点儿就是在挑战法治的底线。

定律 14

善于运用刑法展开论证

定律14 善于运用刑法展开论证

法律职业的特点是摆事实、讲道理、断是非。在查清案件事实的基础上讲出道理和法理,是各位未来的看家本领。在这里,我想结合刑法案例和问题,谈一下学习刑法过程中如何慢慢养成论证与说服的技巧。

法律人,尤其是从事刑法理论研究的人,对论证能力的要求可能更高、更严格,这可能是刑法学科特别独特的一个地方。处理民事案件或者对民法的适用,很多时候跟生活常识有关联,一件民事案件处理得公平还是不公平,有时候依赖于直觉或一般人的法感觉。尤其像婚姻家庭案件的处理,在适用民法的时候,只要不太偏私,结论不让老百姓感觉很意外就行。而刑法所涉及的都是生杀予夺的重大问题。法官要给被告人定罪,必须讲出道理来;检察官在指控犯罪时,也得让律师和法官觉得你说得有道理;律师的任务就更艰巨了,要同时说服法官、检察官和被告人,特别是有的被告人被定罪以后,总觉得自己的行为在法律上没有问题,这个时候律师想把道理给被告人讲清楚也比较困难。论证与说服比较重要,国外的大学一般会专门开设两门课,一门是通识性的写作课;另外一门就是专门的论证课。但国内没有专门的论证课,这很遗憾。各位未来要学习很多刑法教义学知识,但是,怎么把这些知识组织好、运用好,展开充分的论证,我觉得并不是一件简单的事。

14.1　什么是法学领域的论证和说服

在讨论具体的论证和说服技巧之前,我需要先讲一下什么是法学领域的论证和说服。这方面的法理学著作很多,我所讲的主要是个人的理解,不一定正确。

第一,自说自话显然不是论证。著名作家王蒙曾经写过一篇文章叫作《雄辩症》,讲一位医生和一位雄辩症病人的对话。医生请病人坐,对方回应"为什么要坐呢?难道你要剥夺我的不坐权吗?"医生请病人喝水,对方说:"这样谈问题是片面的,因而是荒谬的,并不是所有的水都能喝。例如你如果在水里掺上氰化钾,这水就绝对不能喝。"医生很委屈,说:"我这里并没有放毒药嘛。你放心!"病人则反驳说:"谁说你放了毒药呢?难道我诬告你放了毒药?难道检察院起诉书上说你放了毒药?我没说你放毒药,而你说我说你放了毒药,你这才是放了比毒药还毒的毒药!"医生毫无办法,便叹了一口气,换了一个话题说:"今天天气不错。"病人又给他怼回去了,说:"纯粹胡说八道!你这里天气不错,并不等于全世界在今天都是好天气。例如北极,今天天气就很坏,刮着大风,漫漫长夜,冰山正在撞击……"两人后面还有一连串其他对话,这里不详细讲。前面列举的内容已经能够充分展示出一个问题,那就是说话或者写字,我们都会，但是，要怎么才能讲出道理来说服别人？需要仔细考虑。

　　论证和辩论并不完全一样。论证当然也需要辩论，大家可以去看以前的"大专辩论赛"。在辩论赛里，很重要的一条辩论技巧就是不和对方有正面的交锋，你只管讲你自己的，让对方跟着你的节奏走。但是，刑法的很多问题不是这样的，当你围绕一个刑法问题讲出自己的观点以后，你就要一步步地往下论证，并且还要有支撑观点的论据，而日常生活中的辩论或者狡辩并不是论证和说服。在王蒙的这篇文章里，这个病人显然不是在进行论证，而是一种狡辩。

　　普珀教授在《法学思维小课堂：法律人的6堂思维训练课》这本书里说"法律人的全部技艺在于论证"。言之有理！论证在很大程度上是和解释学的解释重叠的，但是，它比解释的问题更复杂。论证需要一套方法论，要用理性的、可检验的、可控制的方式导向理论或实践上的认知。特别是刑法上的很多问题，在讨论时都必须是可检验的。普珀教授认为，论证就是一场网球赛，在讨论一个问题的时候有多个回合，比如，公诉人在法庭上和被告人以及辩护律师辩论的时候，肯定要进行很多轮的讨论，这个过程就像一场网球赛。

　　第二，论证胜于强制。有论证才会有说服，说服强于强制。《伊索寓言》里有一篇故事叫《太阳和风》，这篇故事讲的是：太阳和风打赌，说对面来了一个路人，看谁能够把他的衣服给脱下来？风听了之后就开始使劲刮，但是，风越刮,那人把衣服裹得越紧。后来,太阳升起来了,那人觉得热就把衣服脱了。通过这个故事可以看出,要让别人接受、认同某种结论,有时候不需要强制,说服远胜于强制。

我在这里列举两个案例,通过它们来说明应当如何充分地论证。这两个案例是希尔根多夫教授在《德国大学刑法案例辅导(进阶卷)》中编写的案例14"卡车事故案"(参见〔德〕埃里克·希尔根多夫:《德国大学刑法案例辅导(进阶卷)》,黄笑岩译,北京大学出版社2019年版,第293页以下)和案例15"足球赛案"(参见〔德〕埃里克·希尔根多夫:《德国大学刑法案例辅导(进阶卷)》,黄笑岩译,北京大学出版社2019年版,第311页以下)。先讲一讲"卡车事故案",一位卡车司机在驾驶时发生了交通事故,事故发生后他身子卡在驾驶室里出不来,此时驾驶室起了火,火势逐渐蔓延到他的脚下,卡车司机几乎没有可能活下来,只能被活活烧死。在这种情况下,他跟身旁同行的另外一个人说,你干脆让我死了算了,那样还痛快点。旁边那个人也没有办法,觉得那样活活被烧死太痛苦了,于是用扳手把卡车司机敲死了。这样的案子要怎么处理?

这种案件论证的思路有很多,可以从社会治理的角度来论证,所有的人结成一个社会共同体。人在社会中有团结的义务,一个人不可以随便牺牲别人的生命。那么,对这个案件就可以从社会学、哲学、伦理学等角度讨论。但是,希尔根多夫教授在最后评价这个案例的时候认为,解答这样的问题,不能单纯从政策学或者伦理学的角度切入,要说服别人就要尽可能从刑法教义学的角度切入加以论证，这就是刑法论证的特点。如果离开教义学，单纯去讲剥夺一条生命的行为一定是犯罪，这样的讨论在刑法学上是没有意义的。法学领域有一种学问叫社科法学，社科法学想用社会政策、社会学视野或者更加宏大的人文思考来解决问题，抽象地来看，社科法学的内容都没有问题，但是，如果涉及具体的论证，比如刚才那个案件，其结论就会出现一些问题。

回到刑法教义学上，在这个案件里，希尔根多夫教授认为行为人可能成立紧急避险。其最主要的理由是什么呢？是利益衡量的问题。卡车司机对自己的生存绝望，求生意志的丧失带来的煎熬加上他的自主决定权，高于他的生命权。此时，受委托剥夺被害人生命的这个人，他的行为就有正当性。这样论证的话，紧急避险就是成立的。这不同于我们通常认为的生命法益高于一切，不是像社科法学那样抽象地去讨论生命法益的问题，而是讨论在特殊的案情里，要不要尊重无论如何都会很快死亡的卡车司机放弃自己生命的自主决定权？如果认为自主决定权高于一切，按这个逻辑处理下来，整个案子就能够解释得相对很好，这样的思考方法对于解释分则的具体问题也有帮助。

再说"足球赛案"：甲打印了一张足球比赛的假门票，并用这张假门票进入球场看比赛，其是否构成诈骗罪？这里就必须要讨论损失的问题。假如，我是这个球场的管理者，我一共印了500张门票并且全部卖出，甲持有的假票相当于第501张票，是多出来的一张票。如果考虑球场容量的话，其实球场管理者没有吃任何亏，因为无论有没有这张假票，500张门票都是卖完了的，所以不会影响球场管理者的总收入。当我们很形式地去看球场管理者的财产损失时，我们会发现管理者没有损失。但是，对于法律人来讲，尤其在论证的时候，不能这么形式地看待损失这个概念。损失，不是单纯地看球场管理者的总收入是多少，不能说反正门票都卖光，其总收入没有减少。当然有人会说，我国对诈骗罪还有数额要求，现在假设不需要考虑数额，一张门票就是卖3000元。像这样的场合，我认为，即使门票一张都没少卖，球场管理者还是有损失的。因为当我们考虑损失的时候，指的是被害人的财产损失，对球场管理者的被害要如何评价？他的收益来自观众，收益的一个基本规则是进入球场的每一位观众都应当持有正规门票，也就是说每一个进入球场的观众都要先买票。球场的管理者通过这种方式对进入球场的观众进行管控，并由此增加收益。在这个案子里，进去的这个人并没有买票，也没有买票的意思，那么球场管理者就少收了这个人的门票钱，也就存在财产损失。各位会发现，财产犯罪的很多问题其实就是如何去论证的问题。

通过这两个例子可以看出论证其实很重要。因为这不是刑法理论课，我没有仔细讲这些案件的分析结论，我只是讲当你要得出某种结论的时候，一定要懂得去论证。

第三，论证不是吵架。论证和吵架肯定不一样，吵架能力越强,说理能力越弱。刚才和大家一起阅读的王蒙那篇文章中的病人,基本上就是在主动和医生吵架。在当前这个匿名社会,网络上的很多言论是没有论证的,大家一定不要想在社交媒体上去把什么道理讲清楚。在虚拟空间,心理上的暗示、传染、冲动、偏执等,这些都不是理性的讨论。但是,各位作为法律人,一定要学会理性的论证,一定要用理性的话语,做到平等、尊重、以理服人。

吵架是不需要讲逻辑的。刑法论证要怎么实现,或者说实现刑法论证的手段究竟是什么?第一是讲逻辑,也就是说你讲一个事的时候要讲得很清楚,不能颠三倒四。公众在网上讨论一些问题的时候,论证的逻辑就不是很清晰。比如,有人呼吁要取消寻衅滋事罪,但是他的论证过程就不清晰。立法问题和司法问题需要分开去讨论,如果主张要废除寻衅滋事罪,那么这个问题就是一个立法上的问题。但是,他在论证时所列举的例子都是司法的问题,也就是操作当中可能出现的问题。司法的问题,如果通过对寻衅滋事罪的合理解释和充分论证能够解决的话,就不需要绕到废除这个罪名上。事实上,国外很多国家也有这类罪名,像日本有胁迫罪、强制罪、纠缠罪等,这些跟我们的寻衅滋事罪很类似,如果废除了这个罪,可能就会出现社会治理方面的问题。另外,有的人虽然主张废除寻衅滋事罪,但是碰到一些极端的案子时,比如多人醉酒后随意殴打无辜妇女的案件,又会主张这种行为可以定寻衅滋事罪,那这个逻辑就是不清晰的。

第二是要有可信度，也就是观点及文献来源都要可靠。第三是要控制情绪。理性地展开论证，不轻易批评立法，对反对观点予以关注。比如，很多人基于情绪反对阶层论，但是如果仔细想想阶层论的思考逻辑，先判断一个行为是不是违法，是不是客观上对社会有害，再判断要不要谴责这个人，把对事的判断和对人的判断清晰地分开，那就会发现阶层论的思考方式是有优势的。如果单纯因为犯罪构成四要件很便利，实务人员都掌握了此理论，因此做出不宜改变这种理论构造的结论，那这种论证在逻辑上的说服力，就没有清晰地表达出来，用这样一个似是而非的判断来替代论证，总是显得比较乏力。

在公共事务的讨论里，其实也没有办法确保充分的论证，所以，我建议各位不要到网上去跟别人讨论太热门的问题，不要总想着去网上说服别人。首先，在控制情绪这一点上就做不到，也根本保证不了逻辑一致性，更没有办法保证观点的可信度。在网上讨论问题，谁会引用文献？要是在网上说，我认为保留死刑比较好，马上就会有一批人攻击你；如果说，我认为废除死刑比较好，又会有一批人开始攻击你。甚至攻击你的人始终就是同一批人。

但是，各位在学习刑法，尤其是在分析案例，完成作业，或者写作论文时，就不一样了。没有论证，法律人就没有存在的必要，也没有未来。在论证的时候，一定要避免逻辑上的颠三倒四，要确保自己的观点和文献来源可靠；要准确归纳别人的观点，不能曲解别人的论证，这样就会导致自己的论证可信度降低。至于论证时的情绪控制，包括很多方面，比如不能看到什么观点就天然地反对，不要去轻易批评立法，尤其是对立法论的问题和解释论的问题不能搅合在一起分析，这样会导致对很多问题完全没有办法充分展开讨论。

第四，刑法领域大量存在各种缺乏论证的现象。在这里，我简单列举5个刑法领域缺乏说理的说法：（1）有套路就是"套路贷"。某省的公检法机关曾经制定了一个认定"套路贷"的裁判标准，其中有一条就是"有套路就是套路贷"。这个标准广受批评，虽然放高利贷时可能有点套路，但是，套路如果无关紧要的话，根本就不是套路贷，也不是诈骗。很多人去买理财、买保险的时候，就会发现这些业务也是多多少少有点"套路"的，但也没有说大量的保险公司都构成诈骗。有的保险公司故意把保险条款上的字写得很小，就是不想让你把这个字看清楚，条文也列得很多，买个七八十块钱的保险，保险提示条款就要好几十页，这也可以认为是一种"套路"。有套路就是套路贷，套路贷就是诈骗？但是，诈骗罪的判断多复杂呀？诈骗罪是定式犯，有固定的定式结构。还有一些词，比如"养老诈骗"也是这样。这些词都很有欺骗性，只是对现象的罗列，大家不要被这些缺乏说理的词语所欺骗。（2）"不杀不足以平民愤"。这个说法我认为也是很缺乏论证的，会导致死刑适用扩大化。（3）"死者为大"。这种说法会导致正当防卫难以成立。(4)"如果被杀的是你妈,你还会主张废除死刑吗?"在一些极端的案子发生以后,对于杀人犯要不要判处死刑一定会有两派观点,有的人主张判死刑,有人主张不判死刑。"如果被杀的是你妈,你还会主张废除死刑"?这样的提问,没有论证,只有站在道德制高点的压制,肯定就不是想好好讨论问题。(5)"人都关了那么久,能不判?"有的法官和检察官常常把这个话挂在嘴边,这就是缺乏论证的体现,为什么关了那么久就必须判?有的案件,羁押被告人可能就是错误的,强行判决就是错上加错。

类似的说法还有很多,既不严谨,对被告人也很不利,不值得提倡。各位学习刑法后,一定要避免轻易使用这些说法。

第五,法学院不能只教法律知识,必须要培养学生论证的技巧。各位在法学院学习了一条又一条的法律知识,但在复杂的具体案件里,要怎么样把教义学的这些知识有机地串起来?这就需要你们去论证。比如,不法原因给付的诈骗罪要不要成立,这背后复杂的问题太多了。对此,除了考虑保护法益,还要考虑刑法和民法究竟是什么关系,还要考虑刑法对社会治理要达到什么目标,如果认为刑法要积极地参与社会治理,那肯定容忍不了不法原因给付的诈骗罪。在碰到一些以前没有出现过的、很难办的案子时,要善于通过论证进行妥当地处理。比如,《德国刑法》第224条规定了使用

定律 14 善于运用刑法展开论证

危险性工具的伤害罪,谁也不会否认砖头属于有形的工具,把墙上的砖头抠下来,用它砸被害人,当然构成本罪,因为这个工具能够被人所支配和利用。但是,对于多个被告人抬着被害人或者按着被害人的头让他去撞墙的时候,尽管危险性比用抠下的砖头砸被害人头部更大,但德国法院也不会把墙体视为危险性工具。法官倾向于认为,一面结实的墙壁、自然土壤或者一块岩石不是工具,很重要的一个理由就是文义解释,我们日常生活中所理解的"工具"一定要能够被人用,工具箱里装的镰刀、斧头这些可以被操纵的东西都叫工具,但我们没办法利用或者支配一面墙,没办法把一面墙握在手上,想怎么使用就怎么使用。所以,将一面立着但不能被行为人所支配的墙体解释为工具,对被告人处以最严厉的刑罚是不合适的,这会违背一般老百姓的认知。对于这样一个解释来说,解释的极限就是法条文义最大的边界,也就是工具这个词的最大边界,如果把立在那里的一面墙解释为工具的话,那就超越了文义解释的最大的边界。类推解释,尤其是有罪的类推解释,不属于很有力的论证。不可否认,解释离不开预判。司法人员首先会在预感上觉得这个行为的危害很大,但是单纯有预感还不行,还要一步步地去论证。在论证的时候就得考虑很多因素,比如,法条文义的制约等。法律人的论证在很多时候是有瓶颈的,不是说想处罚就能处罚。懂得论证,掌握法学方法论,才能把案件办准。这一点对法官适用,对律师适用,对检察官也适用。检察官要确保他指控的被告人真的有罪，就必须要考虑其工作不能只是"一往无前"，刑法的实质解释也不是无边的，指控无力或被反驳的情形大量存在，没有论证，就不会有精准的指控。

14.2 论证的前提：了解实务现状

发现实务的不足，才能找准论证的"发力点"。如果实践中的判决都很讲道理的话，那论证不足这样的问题可能就没有了。很多国家的判决很讲道理，理论上可以不断地去思考或者去推敲这个判决，学理上论证的紧迫性就会弱一点。我们的裁判文书在论证上就要差一点，我们有时候批评法官说判决不讲道理，这背后的原因比较复杂，可能是由办案机制和司法习惯所决定的，有的问题言多必失，所以，起诉书和判决书都写得很简单，就是为了让人不挑毛病，但是这样的话问题很大。我们在阅读裁判文书的时候，要仔细判断证据和说理的对应性，每一句话都要有证据支撑，这是刑法说理或者法学说理的一个很重要的特点。像我刚才讲的"卡车司机案"，被害人被卡在驾驶室出不来，火烧到了被害人的脚下，他要继续待下去就会被活活烧死，而且会死得非常惨，这个事实和证据对于后面的判断就很重要。在这样的事实有证据支撑以后，我们才能进一步地论证：在这种极其紧急的情况下，另外一个人基于法益衡量把被害人砸死了也可以不承担刑事责任。夺取别人生命的行为，总是一个特别重

定律 14　善于运用刑法展开论证

大的行为,要想得出这个行为具有正当性的结论,离开个案中的具体证据细节就没办法讨论。刑法学者跟诉讼法学者相比,有一个更繁重的任务,就是在考虑完证据的关联性以后,基于这种证据的关联性在实体法上进行说理,每一步说理都一定要有证据支撑。你们看裁判文书的时候也要去检验这些事实是不是有对应的证据支撑。比如,有一起案件,检察院的起诉书中说被告人非法采矿。但列举的案件事实是,那些矿石是别人挖出来以后堆在那里的,被告人只是把这些已经堆放多年的矿石粉碎了之后卖掉,他没有实施采矿的行为,怎么定得了非法采矿罪?如果没有证据支撑,你最后讲多少道理,得出多少结论,都是没有办法说服别人的,这是法律论证极其特殊的地方。

各位一定要培养将说理与实务挂钩的思维。也就是说,你讲的道理对实践一定是有用的,能够对应实践中的案例或者问题。如果这样去训练你的论证能力和说服能力,那经过一段时间以后,你就会发现你写文章或者和别人讨论问题时基本上没有什么空话或者废话。我定过一个小目标,或者说我一直朝着这个目标努力,就是我的文章当中的每一句话,背后都对应着我心目中的一个案例。当你问我这句话究竟想说明或解决什么问题的时候,我的心里是有案例的,离开这些案例和实务难题,抽象地去论证是没有意义的。比如,能不能牺牲他人的生命去保全自己或者其他利益?抽象地问这个问题毫无意义,只有在具体的案件里这个问题才有讨论的价值。像我在一开始提到的"卡车事故案",被害人本身就是死路一条,如果不砸死他的话,他只会死得更惨烈,在这样的情况下,行为人要不要成立犯罪?行为人夺取的总归是别人的生命,如果说另外一个法益要高于这个生命的话,那你对这个法益是怎么解释的?所以,培养论证的思维或者说理的思维,一定要跟实务难题的解决挂钩,根本的目标就是每一篇论文、每一句话都对应一个或者一批案件、实务难题的解决,做到不说一句空话。

"根据《刑法》第232条的规定,被告人的行为构成故意杀人罪,为严肃国法对被告人的行为予以严惩;辩护人所提的辩护意见,缺乏事实和法律支撑,本院不予采纳,据此判决如下……"这是我们国家大量判决书的写法,这段话还真的是我从一份判决书里抄下来的。法院认定被告人构成某一犯罪的时候,就是根据《刑法》某一条文的规定直接作出的,这等于没有论证。刑法当中的那些规定,其实在我看来每一条都需要解释,比如故意杀人罪的"人"包不包括法人,什么叫活着的人,这里的"人"本身就需要解释,单纯根据《刑法》第232条规定判被告人故意杀人罪是完全缺乏说理的。

建议各位在学习的时候,尤其以后你们写毕业论文的时候,还是要去看看国外法官的判决和说理,比如德国、美国、英国、法国、日本的实务判决,如果你外语水平足够好的话,直接看国外判决书的原文。比如,对于敲诈勒索和权利行使的关系，在日本就有很多判决，日本的《刑法判例百选》里列了大概五六个关于权利行使与敲诈勒索的判决，包括早期判决的立场，法官在判决里是怎么论证的；慢慢发展以后，法官立场改变之后又是怎么论证的，一目了然。日本法官在早期认为这样的行为导致债权债务消灭，被害人没有损害，不构成犯罪；之后，法官认为恐吓行为作为权利行使的手段，超越了社会能够容忍的限度，而且也侵害了被告人的占有，对被告人造成了损害，所以要定罪。总而言之，说理和论证极为充分，值得高度肯定。

再回到刚才所讲的我国刑事判决书的问题。判决书写成这样的原因很多，一方面是司法人员想尽量避免"说错话"，所以写得很少，像这个判决里写的，根据《刑法》第多少条构成某罪，你好像挑不出毛病来。但是，这个判决究竟告诉了你什么？法院为什么会这样去定罪？判决等于什么也没告诉你。另外，我们的律师水平不高可能也是另一方面的很重要的原因，律师的辩护意见究竟对判决构不构成挑战？律师的论证理由是不是让法官或者检察官感到震撼？我认为我们没有达到这种程度。我看过一个辩护词，洋洋洒洒写了好几万字，但其中穿插一句话说："这样的行为连某刑法教授都认为无罪，学界都说某老师如果认为无罪的话，那这个被告人真的无罪。"这算是论证吗？这就是律师不懂怎么去论证的表现，把这句话写到辩护词里能够在什么意义上说服法官？当然，这跟法学教育也有关系，法学教育就是教大家一些教义学原理，这些原理就像散在地上的珍珠，而论证是要把这些珍珠全都串起来，只有这样，才能展示出一个让大家很震撼的东西，让别人觉得你的论证是真的好，想不认同你的观点都很难。

14.3 为论证准备"武器"

一方面，通过大量的阅读，才能使论证底气十足。如果没有足够的阅读，是讲不出教义学上的道理来的，当然你说我讲社会学上的道理也行，真的有人这样干，你们看一下"张扣扣杀人案"的辩护词是怎么说的？

辩护词里说，张扣扣童年时候的经历很悲惨，患有创伤后的应激障碍，他没有一些更好的仇恨排遣的渠道，只能够通过这种方式复仇，并且说张扣扣的复仇有着深刻的人性和社会基础，还举了很多历史上复仇的故事，之后提到国家法律应当适当吸纳一些民间的正义情感，最后说了张扣扣是一个什么样的人。你们怎么看这个辩护词？

苏力教授曾经在《是非与曲直：个案中的法理》这本书里对这个辩护词进行了严肃的批评，认为其基本上就是在煽情，无视本案基本事实，用所谓的名人名言、趣闻轶事代替说理，以引证代替论证，不谈实体法和程序法，提出了超越刑法的追求，极端偏颇，没有价值（参见苏力：《是非与曲直：个案中的法理》，北京大学出版社2019年版，第7页以下）。律师希望法官不要判被告人死刑，像这种故意杀害多人的案件，被告人的责任刑很重。量刑究竟应该考虑什么？什么是责任刑？什么是预防刑？这都是教义学绕不开的问题。预防刑要考虑一般预防和特殊预防，被告人以前的经历是预防刑要考量的。但是，它对整个量刑的影响很小，光凭被告人过去的悲惨经历没办法说服法官。

论证就必须要有一系列的阅读。我在前面针对初阶、进阶和高阶的阅读写了一些内容，你们可以去看。什么书没有必要阅读？这也是要考虑的。但是，反过来就是什么书需要阅读？至于阅读的方法，我在前面也写了一些内容，建议你返回去再看看。

另一方面，学习刑法教义学知识才能确保论证说到"点子上"。为论证准备"武器"，就必须加强学习。学什么？（法）哲学？社科法学？教义学（解释学）？学习与阅读不一样，你选择学习的知识究竟是什么？我认为刑法教义学或者解释学是很重要的，你不可能绕开刑法教义学去讨论刑法问题。在学习中，不提倡批评立法，这是因为论证一定要避免情绪化。但是，批评立法有些时候就是情绪化的，我们现在批评立法的时候会说立法的工具性、象征性，但是什么叫工具性，什么叫象征性，这本来就没有定论。有的人以有些刑法条文使用率很低来批评立法不合理，其实这也是有问题的，无助于提高你的说服、论证能力。

学习刑法教义学，还需要考虑法学知识的学习和人文关怀。比如，牺牲一人保全五个人的行为是不是具有正当性？有的人抽象地说因为保全的人数更多，所以，可以牺牲一个人。但刑法的判断不是简单地比较数量，这样比较的话，人家会认为你没有人文关怀，比较必须要放到紧急避险的场景下去特殊地考量。

对于刑法教义学的学习还必须环顾左右，关注其他学科，这要么是刑事一体化的问题，要么与法秩序统一性有关。尤其是刑法和民法的关系，大家一定要认真关注。例如，对金钱的占有在民法上是什么态度？在刑法上又是什么态度？实践中，有案子就涉及这个问题，比如，我在出国前委托别人帮我保管1万美元，一年以后我回来找他要，他坚决不给，说从来没收到过这个钱。这个问题在民法上怎么处理？在刑法上怎么处理？会出现什么问题吗？

对此，有的人可能会说，如果是在一般侵占的场合，比如，我委托他人保管一辆自行车，然后他把这个自行车卖掉，通过这种处分行为能够显示出来他有侵占的行为。但是对于金钱的保管，哪怕保管人把这个钱花了，也还不能说这是一种侵占行为，因为金钱不是一个能够被特定化的物品，即使我花了你给我的这一部分钱，但我后来用其他的钱退还给你也是可以的。像这种不退还委托保管金钱的情形，我的教科书里认为要处罚。在民法上，这种委托或者寄存有时候也会特定化，但这种特定化和刑法上的不一样，刑法基本上最后想定罪时候就会倒过去说金钱被特定化了，而民法特定化的范围不会这么大。你把钱给了别人，别人可以混着用，这在民法和刑法上其实都没问题，刑法关注的就是当要求保管人返还的时候，保管人否定债务的存在或者拒不返还。像拒不退还现金的场合，如果想定被告人构成侵占罪，那就相当于刑法和民法有两套话语，想要把这两套话语解释得没有冲突，得下点功夫去论证。另外一个与刑民关系有关联的问题也跟大家讨论一下。吸毒者故意把 1 千克的毒品藏在家中很隐蔽的墙缝里，工人甲安装空调时，在对墙体打孔的时候发现了这些毒品，于是就把毒品悄悄地拿走了，对甲要怎么处理？刑法要对改变违禁品占有状态的行为定罪，等于变相保护了毒品持有人，刑法的解释想要和民法没有矛盾就必须得费很多功夫，但是因为长期有这样一个"盗窃违禁品的，按照情节定罪，不计算数额"的司法解释，它替代了我们的思考和论证，导致刑法对这个问题缺乏论证，完全照搬司法解释。如果认为，对盗窃毒品的甲进行处罚，是为了保护生活秩序或者生活利益，这样的话，这个罪就不是财产犯罪了。

确实，要对甲成立盗窃罪这一点进行论证的话，会有多重路径。进路之一，刑法多多少少带点保护社会秩序的色彩，民法之所以不保护违禁品，是因为违禁品本身没有流通的价值，根本就不是合法的财产。但是在刑法上，不论是毒品也好，淫秽物品也好，最终都还是要去追缴的，对于国家来说，要尽快地追缴这些违禁品，不可能让它们流动起来。

所以，在这里其实不是保护持有毒品的这个人，而是保护把这个毒品固定在他的占有之下的这样一种状态。那就相当于刑法在这里保护司法权。

进路之二，把毒品直接解释成所有权归国家，保护的是国家的所有权。但如果这样解释的话，现在有人占有的财物，也可以说万一以后没有继承人了，财物也是国家的。把所有的财物都解释成为归国家所有，不是一种理想的方式。

进路之三，尽可能回归财产罪的论证思路。违禁品不能偷、不能抢，这是肯定的，但是为什么在刑法上不能偷、不能抢？很多时候是没有论证的。如果说对违禁品的占有不被保护的话，那当甲把墙体里的毒品偷走的时候，毒品的主人就不能进行正当防卫，只有承认主人对违禁品的占有合法，他才能行使正当防卫的权利。正当防卫是正对不正的关系，如果说毒品主人是值得保护的，就得说他的占有本身是没有问题的。这个问题其实挺复杂，国外很多教科书在讲财产罪的保护法益之外，会在讲财产罪的对象时把违禁品单独列出来，那就说明对违禁品的占有和本权说、占有说这些学说有不一样地方。

我认为，盗窃罪毕竟是财产罪，盗窃违禁品的案件在解释的时候要朝尽量朝着财产犯罪的方向去解释，不能朝着社会管理秩序或者司法秩序去解释。对普通的合法财物，权利人有占有、使用、收益和处分的权利。但是，和合法的财物相比，违禁品有一个特殊性，就是占有人有销毁的权利。违禁品最终要被国家追缴,但国家追缴之前个人也可以销毁,比如,毒品持有人也可以把自己手上的毒品焚烧,非法枪支的持有人也可以砸毁这些枪支。在普通财物的权利人能够享有的四项权能之外,违禁品的持有人还多出一个销毁违禁品的权利,如果把他人持有的违禁品拿走,那么持有人销毁违禁品的权利就会被侵害,在这个意义上就损害了持有人的财产权。我觉得这也是一种说理的方式,立足于财产处置的权利被侵害来解释盗窃违禁品的行为。实际上也可以说这是跟民法不同的说法,有点像"违法相对论"的观点,刑法顾及了民法的一些基本取向,比如,民法不保护违禁品,但是刑法为了实现处罚,又出现一个相对于民法不同的说法。比起保护的是司法机关追缴违禁品的权利的观点,这种观点立足于财物本身,主张财物占有人的财产权利受到损害,基本上可以说得通。

14.4　刑法论证的技巧与方法:具体展开

论证,是事实和观点的完美结合,是有价值的和有效的法律思维。也就是说,观点要有证据和事实的支撑,并在此基础上一步步地展开推理,最后得出结论。如果没有经过论证,单纯地告诉被告人有罪或者无罪,该判多少年,耗费很多年精力去学习刑法的意义就很有限。

论证很难"一局定输赢"。普珀教授在《法学思维小课堂：法律人的 6 堂思维训练课》中有一章专门讲论证的"广告与海盗"，论证的一种方式是把某个问题的各种观点都罗列起来，说清楚别人都有哪些观点，这相当于给别人的观点"做广告"；另一种论证方式如同"海盗"，比如，一个问题可能有三种观点，我只赞成其中某一种观点，所以我在前面展开的时候很详细地介绍另外两种观点，而把我赞同的这种观点隐藏了，到最后展开我的观点的时候，再告诉读者现在还有一个什么观点，让读者误以为这个观点是我提出的，这种论证方法隐瞒了文献的来源，隐瞒了别人的贡献，虽然这也是一种论证，但这种论证就是"海盗"，这种论证方式很不好。

论证是建立在对别人观点全面理解的基础上的。如果对某一问题有多重观点，或者对此有从不同侧面进行的论证，你要反驳或展开自己的论证就必须要做打"持久战"的心理准备。今后，各位在写案例分析报告或完成一篇论文的过程中，就需要在自己的脑海里进行一场持久的、多轮的问题讨论，然后用书面的方式把它表达出来，这就像是在举办一场论证比赛。这种比赛就是正面论据与反面论据的相互应答、你来我往。写论文实际上就是这样，通过反复讨论就可以搭建起讨论问题的框架，这场比赛就是在语句的反复交锋中进行。最终，你在一定程度上还要扮演起裁判的角色，去决定哪一边获胜或者是判定为平手。因此，在进行论证时，应该尽可能地将相互交流的不同论点和论据表现出来，对他人观点的不足予以修正，从而提出有创新性的主张。

比如，对于隐瞒不法取得财物的行为是否构成诈骗罪，历来见仁见智。甲乙二人各自出 100 万合伙开设了一个卖淫场所，由甲负责经营，乙不参与具体经营活动，二人约定参与经营的甲可以分得六成利润，乙拿余下四成。到了年底，甲告诉乙说我们今年赚了 200 万，按照四六的比例分给乙 80 万。但是，事实上，乙后来通过其他渠道发现这一年一共赚了 400 万，乙少分了 80 万。组织卖淫在我国是犯罪行为，甲向乙隐瞒了通过犯罪行为得到的财物，要不要对其定诈骗罪？这实际上跟财产犯罪的保护法益或者财产的概念有关系。德国财产罪的问题基本上就是围绕这个知识点建立起来的。在关于这个问题的论证中，首先要考虑文义解释，你可以认为即使是违法取得的财产也是受保护的，因为不可以存在任何不受刑法保护的财产。但是，这样一个说法是没有论证的。论证还要进一步展开，比如，只要有财物、有经济价值，那它就值得保护。反对你观点的会认为，关于财产的保护必须要有法律上的根据，也就说只保护合法的财产。在这一轮关于文义的解释中，正方和反方可能分不了胜负，接着就进入第二轮体系解释，正方和反方都可以运用体系解释的方法对民法相关规定作出不同的解读。第三轮是关于"法外空间说"的讨论，如果认为这样的财物也受保护，会不会形成法外的空间？第四轮是目的论的论证，目的论的论证就涉及更宏观的问题，比如，"江湖道义"等问题。实际上，必须要经过多轮的论证以后，才看得出来哪一种案件处理方式更合理。如果说赞成财产在民法上也必须要被保护才能成为诈骗罪的对象的话，那要定诈骗罪可能就很难了，因为对方没有办法通过提起民事诉讼的方式把钱要回去，在民法上没有值得保护的权利。但是，如果刑法完全按民法来的话，财产罪的很多问题就没法展开。所以，刑法上对这些问题又发展出一套相对独立的说法。我认为财产罪比较考验刑法人的论证能力，包括刚才讲的权利行使和敲诈勒索，以及知假买假实施敲诈行为要不要定敲诈勒索罪等，都是同样的问题。

接下来，对如何具体展开刑法上的论证与说服谈一些具体意见。

第一，案件事实的归纳与解释方法的运用。关于刑法上论证的展开，首先就是事实的归纳、关键问题的准确提炼。如果事实归纳本身有问题的话，论证肯定有问题。比如，最高人民法院再审纠正聂树斌案的时候提出，该案最终无罪是因为案件存在九大疑点。其实，一个案件有这么多疑点的话，原审有罪的论证是没办法展开的。讲这个是想说明，思考刑法问题的时候要有刑事一体化的理念，虽然刑事一体化这个词没必要非得随时都挂在嘴边，但是，一定要注意到刑法问题和刑诉法问题是捆在一起的。刑事诉讼能够进行，最终作出司法裁判，事实基础就一定要相对明确，可供后面去论证和判断。所以，事实的归纳以及基于这个事实能够提炼出哪些关键问题，这些都很重要。

定律 14　善于运用刑法展开论证

对案件事实的归纳很重要，论证时坚持文义解释是起点的方法论也很重要，尤其对那种有死伤结果的案件或者社会影响特别重大的案件，要定性准确，就必须把事实搞准。各位可以去看穗积陈重写的《法窗夜话》这本书，书里提到一个案子"大津事件"：1891年5月11日，日本警察津田三藏在大津行刺前来日本访问的沙俄皇太子未遂，日本政府迫于外交压力要严惩这名警察，日本首相主张用"大逆罪"处罚罪犯。但是，日本最高法院法官认为津田的行为不符合大逆罪的构成要件，因为日本的刑法之前规定了谋杀皇室成员可以定大逆罪并判处死刑，这个案子的争议在于沙俄的皇太子到底属不属于大逆罪中的皇室成员。在日本，杀人案件本来就是让国民感觉很震撼的案件，再加上这又是个外交事件，来访的是当时强国的皇太子，护送皇太子的军舰就停在大阪港口。因此，事件发生后日本上下都很恐慌。当时的政府官员基于外交压力，认为应当适用杀害皇室成员的罪名判处被告人死刑。但是，法官一直坚守的一点就是罪刑法定原则。日本当时的宪法规定特别保护皇室成员。从刑法和宪法的关系上来看，杀害皇室成员这个罪名特别保护的是日本的皇室成员，不包括外国的皇太子。当归纳案件事实的时候，如果认为既然都是皇太子，外国皇太子的地位和日本皇太子的地位是一样的，那么案件事实可能就会抽象地归纳成为杀害皇太子，这样的解释论是不准确的，最终会导致论证和解释的偏差。因此，一定要把案件中的皇太子限定为是外国的皇太子,并基于这样的一个事实来适用对应的法条。对于这种案件,法官的论证和说理非常重要,不能完全顺着行政官员的思维考虑,官员们尽可能地回应民众的情绪,但是,法律家的思维要考虑整个论证的出发点是什么,论证的最大制约是什么。论证的出发点就是法条文义最小的含义,以此为出发点,运用文义解释、体系解释和历史解释等一系列的方法,看文义能够扩展到什么地方,法条文义的最大的边界构成对解释的制约。

各位可能会觉得,讲来讲去都是讲文义,好像是个循环反复的过程,其实并不是的。论证的起点是法条文义当中最核心的意思或者说最通常的意思,在此基础上运用其他解释方法展开一系列的论证。那么在论证的时候,就需要进行外部的思考和内部的思考,反复地去考量,比如如果把皇太子解释为包括外国皇太子的时候,可能会带来什么问题?可能就会跟日本宪法相冲突。另外也要从法条目的去解释,看这个法条究竟保护的是什么?

刑法领域的论证本身就特殊,因为面对事情都比较重大,很多时候要说服的对象可能是很有权势的人,而且还要去回应民众的呼吁与不安,所以如果法官讲不出道理的话就没办法说服别人。"大津事件"里的那名警察最后就定了普通的杀人罪,而不是按谋杀皇室成员定大逆罪,日本法官最后坚守住了底线。法官要说服行政官员,让公众认同裁判结论,中间肯定有一个特别复杂的过程。

前面的讨论充分说明：刑法的论证其实就是在罪刑法定原则之下对刑法解释方法的运用，那么，政策分析就不能代替刑法论证。比如，"安乐死"的案件在我们国家一般都会判有罪，只是以情节显著轻微或者其他理由对被告人不判处刑罚或者判处缓刑。但是，如果很情绪化地分析，或者按照你的直觉来分析，好像很容易给这些案件下结论。但是，这样的分析或者直觉代替不了刑法的论证。再比如，死刑的问题，我昨天看到联合国的一个机构好像在发起一个调查，问大家是赞成死刑还是不赞成死刑。我觉得这样的问题不适合征求公众的意见，因为如果问一般民众的话，得到的答案很有可能是情绪化的表达，而且这种情绪化表达的背后往往是一些非常极端的场景，民众想象的可能是1个人杀了10个人这些极端的案件，基于这些案件赞成死刑。也有可能还会想到，如果我赞成废除死刑的话，万一我的亲戚朋友要被判处死刑了怎么办？所以，如果对死刑的存废展开论证，最后会发现要去说服别人是很困难的，因为无论怎么讲，一定都会有相反的说法。刑法上的有些论证跟政策搅合在一起，这样不是一个好的论证。单纯的政策考量也不能代替刑法论证，从"大津事件"就可以看得出来，外交、政治上的政策考量替代不了刑法上的分析论证。

此外，类推不是法律论证。类推可能在民法上挺重要，但是在刑法上或者行政法上就会有问题，特别是涉及刑事处罚、行政处罚的场合，如果通过类推得出处罚的结论，其实是有问题的。

　　第二,刑法论证必须在阶层论的框架下进行。我在前面对阶层论的重要性已经有所讲述,建议各位学习阶层论。重要的事情说三遍,在这里,还需要进一步强调:刑法的论证受阶层论的制约,必须在阶层论的框架下进行。无论是两阶层还是三阶层,对大量的案件处理其实没有什么差异,但是它们都要求先判断这个事情究竟是什么性质,是好的还是不好的,应该受到什么样的评价;在这之后再来讨论被告人本人出于什么原因可以被谅解,是因为年龄小,还是因为认识不到法律,还是因为他当时没有别的选择。

　　阶层论的思考就是把这个事情干坏了和这个人本身要不要被谴责区分得很清楚,比如,一个小孩砸坏了别人的东西,如果没有阶层论的思维,一般人首先会想这是个孩子,大家要原谅他。但是,拥有了阶层论的思维以后,就要先去想这个事情本身干坏了,然后再来说这个人还是个孩子。

　　我们都知道,过失致人死亡罪的定型性是欠缺的,各种各样的行为都可能过失致人死亡,没有办法概括到底有多少种过失行为会导致他人死亡。但是,刑法学总是想一些办法来说明到底什么叫过失致人死亡。如果不这样的话,法律人和老百姓的直觉就没有差别,基本上成了想定罪就定罪。对此,林东茂教授举例予以说明:一位美丽的女士在路口等公交车,一名驾车路过的出租车司机一直盯着这位女士看,结果突然冲上站台把正在等公交车的其他行人撞死了。这名司机肯定是有罪的，成立交通肇事罪。但是，这位女士是不是也有罪，她是否应当构成过失致人死亡罪？林东茂教授说我们不会这样去考虑问题，原因就是阶层论会确保我们在构成要件和违法性阶层，或者不法阶层讨论行为、结果、因果关系等要素，阶层论当中有一系列规则确保只要求司机对死亡结果负责，而不需要这位女士对死亡结果负责。如果没有阶层论确定下来的这些要素，过失致人死亡罪可能就会扩张到无限大。

所以大家在思考刑法问题的时候，一定要把这些思考自动地放到阶层论的框架下来检验。阶层论的容量是足够的。我们在具体分析案件的时候，可能不会说我用的是阶层论，但是事实上你要保证你所讨论的问题基本上是在这个框架结构里进行的。比如，一个精神病人杀了人，办案人员如果得知这个人是精神病，他会首先说因为精神病人不负刑事责任，所以，不构成犯罪。但是，当我们碰到这样的案件时，作为一个法律人，尤其是学习了阶层论的法律人，还得首先说这个事情是有人做错了，然后再思考责任的问题。

另外，阶层论框架之下的鉴定式方法可以被反复运用、反复检验，确保学理的思考和裁判在大多数时候是一致的。学理思考和裁判可以有差别，比如，裁判为了表述的便利或者为了节省文字会直接交代行为、结果等要素，然后再去考量个人的责任情况，但这同样是阶层论的思考。刑法的论证离开阶层论基本上是很难进行的。当然，阶层论的理论构造本身就比较复杂，未必说非得要一一对照，我也知道有很多人虽然不赞成阶层论，但是如果在他的思考逻辑里，先考虑行为、后果等要素，后考虑责任年龄、精神状况等，那么，这跟阶层论其实也是差不多的，只要客观、主观、违法、有责这些要素能够在思维上分开就行。所以，很多时候，像构成要件该当性这些词语未必非得挂在嘴边，有时候完全不需要使用这些词，也照样能够按照阶层论的逻辑讨论案件。

当碰到一些疑难问题的时候，如果把这些问题放到阶层论的框架里去考虑，许多问题就容易分析了。比如，甲在地震逃生过程中，有意把值钱的东西放在路边，打算事后回来取，但后来路过这个地方的乙将该财物拿走了，究竟怎么去处理？思考这样的案件，首先就要考虑财物究竟是谁占有的，占有的权利根据是什么？甲处于有意放置财物的场合，权利人针对财物就有一个请求他人返还的权利，与一般的埋藏物、遗失物不太一样。从罗马法的时代就认为，占有需要具备体素和心素。盗窃罪的成立一定是侵害别人的占有，那判断时就要考虑占有的行为和占有的意思，有些时候占有的意思是不需要特别判断的，但是在有些案件里占有的意思反而特别重要，尤其是在权利人有意放置财物的场合。所以论证这样的案子就得从客观构成要件出发，盗窃罪的客观构成要件之一是改变占有。在讨论一些有争议的案件的时候，切入点很重要，阶层论的思考，就是要始终把思考和解决问题的切入点放到阶层论的框架里,然后去找到争议问题与阶层论对应的地方。

第三,在现有学派理论、解决方案中探寻相对合理的说法。需要考虑现有学派理论、解决方案的合理性,并进行辨析。刑法中很难找到一个没有争论的问题,那些看起来理所当然的问题背后也可能有争论,每个问题都可能有不同的解决方案。有的争论可能跟学派有关,所以就需要去考虑现在究竟有些什么样的学派,都对应着一些什么样的解决方案。

第四,特别关注是否可能有相反的观点。我认为刑法中的很多问题都有相反的观点,要特别注意别人的相反的观点。假设我现在赞成一个观点并展开论证,但是事实上有人可能完全反对我的观点,他有一套完全相反的观点及论证,这个时候就要特别关注。

实践中许多对交通肇事案件的处理,如果行政机关对事故责任划分明确,行为人的责任更重或者负全责的,刑事法官往往据此认定被告人构成犯罪,这是一种司法惯例。很多人对此也不持异议,认为无须论证。但是,对于这种做法,也是有相反观点的,我们在分析类似案件时,必须充分关注这种相反观点。例如,甲在路边临时停车,乙的摩托车撞上甲的车,甲发现撞车以后驾车就离开了,乙被他人送医后第二天死亡。《道路交通事故责任认定书》认定甲对事故负全责,公诉机关通常会对甲以交通肇事罪提起公诉。但是,应当认为,甲在路边停车并无不当,交警的认定属于责任推定，交警出具的责任认定书在整个案件里不是决定违法性的根据，最多只能作为证据使用，无法据此确定因果关系，难以认定甲有罪。但是，要把甲无罪的道理说得特别清楚，也并非易事。

在这里，需要考虑交通肇事逃逸的目的是什么？目的是保护被害人遭受交通事故以后及时得到救助的权利，还是为了防止被告人逃脱法律追究。在明确这一点后，再去考虑甲的行为是否属于逃逸。我认为，考虑逃逸的目的是保护伤者能够得到及时救助的机会，在这一前提下，可以认为交警的责任认定并不能够证明甲要为乙的死亡结果负责。同时，还需要考虑甲到底有没有创设一个法所不容许的风险，甲本身在路边临时停车的行为没有违反任何交通管理法规，就从这个角度来说，甲根本就没有创设一个法所不容许的风险，乙对甲车追尾，就应当被害人自我答责。另外，还可以从法秩序的统一性去考虑，虽然《交通事故责任认定书》认为甲要负主要责任，但这是基于甲的逃逸行为作出的责任推定，虽然逃逸在违反交通法的意义上是一个不法行为，但是刑法不能直接援用，还是要在刑法的意义上单独考虑刑事不法。

在论证甲的行为性质时，最主要的是甲究竟有没有肇事行为？死亡结果算到他头上究竟合不合适？如果说甲在路边临时停车符合《道路交通安全法》的规定，那么乙就是因为自己的过失驾车追尾，乙的行为和撞上一块巨大的石头没有区别，甲临时停车的行为没有创设一个法所不容许的风险，

定律 14 善于运用刑法展开论证

制造风险的恰恰是乙,乙作为一个摩托车驾驶者,应该保持谨慎义务,乙要对自己制造的风险自我答责,风险的制造和风险的实现都跟甲没有关联。也就是说,甲要不要成立交通肇事罪,切入点就是客观构成要件里面创设法所不容许的风险和实现风险。

这个案件看起来似乎很简单,但是想要论证清楚也不是那么容易。这充分说明,对于案件处理,不顾及其他可能存在的相反主张是不妥当的,依赖于交警出具的责任认定书判断结果的归属,是把刑法和行政法的关系简单化。行政认定最多算一个证据或者算一个裁判的参考,它不能成为决定判决正当性的依据。所以,我们在论证这种案子的时候,要首先去思考法官、检察官的论证逻辑,然后进行反思和批评,再展开学理上的判断和论证,而学理上的论证就要求首先要把案件的关键点找出来,在这个案件里,主要是结果归属的问题。无论你赞不赞成客观归责理论,这个问题都是绕不开的。

第五,提出自己的见解。接受现有的某一种相对合理的方案,或者发展出新的解决路径。最理想的论证方式是结合案件事实,在阶层论的框架内,把现有的解决方案都分析完以后,提出一套全新的解决方案。但是对很多案件来讲这种论证方式好像挺难,所以接受现有的某种相对合理的方案,并且把它解释清楚,我认为也是可以的。没有横空出世的新理论。当然,也要考虑自己观点的理论和实务支撑究竟在哪里？观点是不是有弱点？还要尽可能地展示思考的过程，类似于用解答数学题的方式分析法律问题，这样，才可能把整个论证的过程展示好。

另外，还要进行正向和反向的论证。像客观归责理论列举的三个步骤就是正向的检验，首先要考虑行为是不是制造了风险，是不是实现了风险，最后考虑构成要件的效力范围，这些属于正向的思考。但是，事实上在讲客观归责论的时候，教科书上列举的都是反向的判断规则，哪些情况不属于制造风险，像允许的风险、异常的因果联系等。客观归责论提出的判断步骤是正向的，但是我们在教科书或者实际操作的时候，判断规则全部是反向的，通过这样一个正向和反向的检验来确保论证的合理性。

第六，要保持法学论证的批判性。法学的理论论证不等于一味的认同法院的判决，特别注意那些可能改变规则的罕见的判决及其道理，关注抗诉案件的改判的理由。一味的认同判决可能导致很多问题，像日本很多学者在最高法院作出判决以后，去给这些判决作注解，为一个判决"背书"，来说这个判决判得多么好，这种做法在多数时候是没问题的，但是有的时候就可能有疑问。要特别注意那些可能改变规则的罕见的判决和说理。另外，有些抗诉案件非常值得关注，一审案件和二审案件的判决书可能不太讲道理，但是很多抗诉案件还是判得不错的，因为法院要针对检察机关提出的抗诉意见提出的相反的观点，需要讲很多道理。所以大家在看抗诉案件的判决时，需要仔细看裁判的理由，去进一步思考法官的论证方式是什么。前面讲了那么多，归结起来无非想说明：培养论证和说理的能力，是法律人要练习的基本功。没有说理，"法律人"其实就没有存在的独特价值。说理就是说真话，说有道理的话，条理、逻辑、举例、语言的明晰和生动，都非常重要。可以说，不会论证和说理，就没有掌握法学基本功。各位一定要知道，要想真的把法律学好，也是一件不太容易的事，其中有技巧。不过，学好法学或者说法教义学的基础知识，掌握基本功，是最为关键的。

定律 15

在刑法学中接纳政策思想

定律 15　在刑法学中接纳政策思想

很多大学的法学院不专门开设"刑事政策学"课程。清华大学法学院为本科生开设了这门课，通常隔年开设一次，基本上都是我在讲。很多同学在学习刑事政策学时，会误以为其与刑法之间没有多大关系。对此，当然不能责怪初学者。

其实，自李斯特以来的传统就是：刑法和刑事政策二者之间是对立的，没有关联性的。但是，今天的刑法学主张是：一方面，刑事政策离不开刑法。刑事政策相对灵活，有时停留在对个案的思考和判断上，如果脱离刑法的约束，缺乏具体科学的下位规则支撑，刑事政策就可能陷入偶然和专断，难以为正义的判决提供理由。例如，关于共同犯罪的认定，如果不管实定法和教义学的要求，仅仅考虑刑事政策的需要，处罚范围可能就没有边际，刑罚运用就变得比较随意，最终可能就是谁有主犯/正犯的意思，谁就是主犯/正犯，司法上就可能依靠感觉来确定正犯和共犯的刑罚。因此，离开刑法体系的刑事政策是危险的。另一方面，刑法学中也要融入或吸纳一些政策思想。这不仅仅表现为刑法的一些具体规定受政策影响（例如，中止犯、累犯的规定都是政策思想渗透到刑法学的产物），而且在刑法的理论构造中也应展示出刑事政策取向，从而实现"刑法体系的刑事政策化"(参见陈兴良:《刑法教义学与刑事政策的关系:从李斯特鸿沟到罗克辛贯通 中国语境下的展开》,载《中外法学》2013年第5期)。如果坚持实证主义之下刑法和刑事政策尖锐对立的立场,刑法中只有对行为的一般化分析,没有社会和政策方面思维的渗透,那么刑法在社会治理方面就可能没有效果。"刑法的刑事政策化旨在强调,刑法教义学体系的构建,在遵循合逻辑性的同时还应考虑合目的性,在逻辑性与目的性的关系上,逻辑性必须服务于或者至少是合于目的性要求。基于此,刑法的刑事政策化,在方法论上会青睐目的论解释,甚至进一步采取问题型的思考方式;与此相应,它会偏向于采取实质导向的犯罪论与解释论。这样做的目的,无非要强化刑法体系的应变性的一面,以使后者有能力应对日益复杂的社会环境。"(劳东燕:《刑事政策刑法化的宪法意涵》,载《中国法律评论》2019年第1期)。

在刑法体系的刑事政策化方面,罗克辛教授的贡献最为巨大,他在方法论上提倡在刑法体系中纳入刑事政策的价值导向,这对当今德国乃至世界刑法理论、司法实践都产生了巨大影响。

在学习刑法,尤其是在学习刑法方法论时,需要认真思考如何沟通刑法与刑事政策,借以实现"刑法体系的刑事政策化"问题。换言之,在你所学习的刑法理论中,适度融入政策思想,是刑法学习时需要考虑的一条重要定律。

15.1 刑事政策影响犯罪论体系的建构

对犯罪论的思考是体系性思考。在进行这种思考时，需要将其与刑事政策紧密结合起来，与犯罪的经验事实结合起来，从而克服脱离刑事政策的抽象体系性思维的弱点。因此，我们不需要与刑事政策相脱离的抽象犯罪论体系，也不需要支离破碎、前后矛盾的犯罪论体系。

对犯罪论体系的建构，要考虑根据经验和现实提取犯罪要素，发展出一系列概念；再对犯罪要素进行准确归位，使其相互关系明确。在大陆法系犯罪论体系的代表者德国，在古典犯罪论体系之外，后来又逐步形成了新古典犯罪论体系、目的论犯罪论体系、功能性（目的理性）犯罪论体系。各位在学习犯罪论体系的时候，会发现一个有趣的现象：不同说法的犯罪论体系先后粉墨登场，但是，越到后面，就越注重价值判断和刑事政策思想的渗透，也就越强调刑法和刑事政策的沟通。

古典犯罪论体系将构成要件看作纯客观的、记叙性的事实要件，它的最大特点是：构成要件仅具有形式的意义，构成要件、违法性都是客观的，责任是主观。但是，这种理论不能算是一个成功的方案：其很难解释不作为犯、未遂犯；可能导致犯罪范围较广；说责任是主观的，也不符合实际（就无认识过失而言，在行为人的意识中，根本就没有那些能够成为责任基础的情形;阻却责任的紧急避险、未成年等排除责任的事由,都是客观的事态)。

新古典犯罪论体系认为,违法性并不是在任何情况下都是客观的;责任也并不是在任何情况下都由主观要素构成,期待可能性、免责的紧急避险的成立,都取决于外部的客观条件(规范责任论)。

此后出现的目的论犯罪论体系认为,犯罪论体系应该建立在人类的意志之上,这种意志按照犯罪的目标操控犯罪事实的发生。因此,目的行为论彻底颠覆了古典理论。但是,目的行为论不能很好地解释过失犯、不作为犯。

从 1970 年开始,依靠罗克辛教授等人的努力,功能性或者说目的理性的犯罪论体系开始逐步形成,并产生较大影响。功能性犯罪论体系的最大特点在于:对于行为是否成立犯罪的评价,需要考虑现代刑罚目的理论的刑事政策基础。按照罗克辛教授的想法,刑法上的不法,要从刑法的任务中引申出来;责任,要从具体的处罚目标中推导出来。

以刑事政策为基础的功能性刑法体系,在不法、责任阶层为一些重要理论问题提供了新颖且具有说服力的解决方案:(1)为了实现罪刑法定,需要各个构成要件;构成要件受法的明确性的指导。(2)违法性,讨论的是社会整体或者他人的利益与个人需求有矛盾时,如何进行社会纠纷的处理、干预,如何实现社会治理。(3)责任,不是从经验的角度判断个人的他行为能力,而是从规范的角度判断处罚的必要性和轻重。例如，对有特定职责的人紧急避险的，不能免责，因为其是一个坏的榜样［参见〔德〕克劳斯·罗克辛：《刑事政策与刑法体系（第二版）》，蔡桂生译，中国人民大学出版社2011年版，第20页］。总之，目的理性的刑法体系要求发展一种受刑事政策目标指引的功能化的刑法解释论。刑事政策要对刑法解释产生影响，必须以方法论上实现从概念法学到利益法学及评价法学的转变为前提。它借助目的的管道进入刑法体系，通过作用于作为规范保护目的的法益的范畴，来影响与形塑刑法条文的解释，从而与传统教义学之间形成相互补充的关系（参见劳东燕：《功能主义刑法解释论的方法与立场》，载《政法论坛》2018年第2期）。

15.2 刑事政策影响构成要件判断

罗克辛教授认为，通过罪刑法定来实现的威吓性预防是刑事政策的基础原则（心理强制说）；构成要件的保障机能是刑事政策目标构想的一个重要方面。基于刑事政策的考虑，犯罪论体系上的主观要素的地位有所变化；客观归责论的重要性得以凸显；共犯论的构造被改变，尤其是义务犯和支配犯区分的意义被展示出来。

关于故意，如果坚持古典犯罪论体系，将构成要件奠基于事实因果关系，把故意排除在构成要件要素和违法要素之外，就可能导致可罚性的过度扩张，使责任的范围变得没有边际，从而危及法治国的原则。因此，为了满足法治国的明确性要求，需要把故意放到构成要件中去考虑，而不能仅仅认为它是责任要素。

罗克辛教授说过，故意到底是属于构成要件还是属于罪责的问题，是一个肤浅的问题。"对于构成要件而言，故意是具有本质性的，因为没有故意，就无法按照法治国所要求的方式来刻画出法定的犯罪形象；然而，故意和罪责也是有关系的，因为故意可以界分出严重的罪责形态和较轻的（过失）罪责形态，故而，按照该犯罪类型的评价原则，故意也必须在内容上被反映出来。"〔〔德〕克劳斯·罗克辛：《刑事政策与刑法体系（第二版）》，蔡桂生译，中国人民大学出版社2011年版，第52页〕

应该进一步思考的是，如果认为违法是纯客观的，那么，在共同犯罪中，也应当将因果关系视为客观的。在存在客观的因果关系的场合，正犯就应该成立。这样一来，共同预备的参与者，只要有足够的恶意，也可以按照刑法分则规定的正犯来处罚。因此，要确定谁是支配犯场合的正犯，就需要基于一定的意思支配行为再结合其行为举止进行判断。

要将刑事政策考量融入构成要件判断中，就离不开对客观归责论的讨论。古典犯罪论体系阐明了行为构成的客观内容，新古典犯罪论体系使构成要件具有主观色彩，目的论犯罪论体系将故意融入行为判断中。这三种犯罪论体系的共同特点都是尽量使对行为、因果关系的判断纯粹化。

定律 15　在刑法学中接纳政策思想

受刑事政策思想影响的功能性犯罪论体系认为,作为构成要件要素的客观行为是否存在,取决于行为是否在构成要件的作用范围内实现了一种不被允许的危险。客观归责的理论基础是从刑法规范中推导出来的认识:只有当行为危害了被保护的客体,且符合构成要件的结果中的危险被实现,由人的行为所造成的结果才可能有客观归责问题。根据这一理论,可以归责于一个行为的结果,只能是这一行为给保护对象造成了法律禁止的危险,并使这一危险现实地实现在了作为构成要件的结果之中。

显而易见,由于"眼睛不再是断言(predicate)'实在世界'的东西",([美]乔纳森·克拉里:《观察者的技术:论十九世纪的视觉与现代性》,蔡佩君译,华东师范大学出版社 2017 年版,第 208 页),客观归责论已经不再是纯事实的判断,而是规范性的判断。

客观归责论试图根据刑法的需要来限制因果关系的存在范围,将刑法中的原因行为归结为对被保护法益"危险的增加",是结果的客观归责的前提;这种风险的增加因一系列导致危害后果发生的事件而具体化,并在结果发生时达到顶峰。

客观归责论有助于顺利实现刑法的目的。一般认为,刑法的目的是保护法益。但如何才能保护法益?从刑事政策的角度,必须禁止行为人制造不被允许的、可能侵害法益的风险,才能有效保护法益。如果行为人通过某种侵害法益的行为实现了风险,该行为就要作为符合构成要件的行为归责于行为人。

　　与刑事政策紧密关联的客观归责论在刑法学理论构造上的意义重大:(1)除了能够解释构成要件符合性问题外,还应用于解释其他问题。例如,要区分未遂犯和不能犯,就应该从事前的角度看,行为只有在创设了不被容许的风险的场合,才能被以未遂处罚,否则就是不能犯。世界各国关于未遂犯的范围的规定并不相同,而且总是处于发展变化的状态,与刑事政策思想影响未遂犯判断有关。(2)共同犯罪中正犯、教唆犯、帮助犯的成立,都要以制造风险为条件。客观归责论能够将连帮助作用的因果性都不存在的行为清除出共犯成立的范围。(3)能够对中立帮助行为的"出罪"提供支撑。例如,有的城市相关主管部门要求超市卖菜刀时必须进行实名制登记,这是对容许的风险加以禁止。如果甲违反实名制登记规定把菜刀卖给了乙,乙事后用此菜刀杀人的,甲的行为是否符合故意杀人罪的构成要件?古典理论认为,甲卖菜刀和乙杀人之间的因果性存在;目的行为论也会认为,甲既然是有意卖菜刀,也就存在这种因果性(但甲的有意性、目的不能通过乙的行为直接成为一个杀人行为);客观归责论能够以甲的行为属于容许的风险,其没有制造法所禁止的风险而"出罪"。

　　共犯理论,是具有一定特殊性的构成要件问题:一个行为在多大范围内可以被归入刑法分则的犯罪描述,从而成为正犯。司法上习惯于将预备阶段一定程度参与谋议的人都认定为正犯,从而导致刑法的主观化,违背罪刑法定原则。而对那些义务犯(例如,妻子甲发现丈夫乙伤害儿子而不救助的),却有可能被作为帮助犯处理。因此,为准确认定正犯,出于功能刑法的考虑,必须建构犯罪事实支配理论(而非主观的正犯理论)。对于作为犯中的正犯认定,需要考虑客观的、实质的犯罪事实支配行为是否存在。

此外,基于政策考虑,有必要认真研究义务犯的正犯性问题,要考虑支配犯和义务犯的区分。义务违反的行为就符合相应犯罪(如身份犯)的构成要件,构成要件的齐备不取决于对外部事实的支配。在义务犯的场合,有义务者成为正犯。义务犯概念的提出,给人以耳目一新的感觉:义务犯要保护法律精心构筑的生活领域,义务违反是建立在社会成员之间长期形成的社会关系、规范关系之上的。在义务犯中,医生是注射了超剂量的药物,还是彻底的不救助,对于故意杀人罪的构成要件满足,都是不重要的。义务犯的意义取决于一定的社会价值,义务犯的构成要件是对这种社会价值的体现。

区分支配犯、义务犯,可以形成比较精巧的犯罪参与体系。"人们在刑法之外的领域确定了相关参与者的义务,通过将这种义务写进法律,从而维持了罪刑法定原则。"[〔德〕克劳斯·罗克辛:《刑事政策与刑法体系(第二版)》,蔡桂生译,中国人民大学出版社2011年版,第23页]因此,有必要尽可能采用叙明罪状的方式规定行为人的义务，多增加纯正不作为犯的规定，这样义务犯的规定才是明确的，也才符合政策要求。

15.3 刑事政策与违法性

构成要件所确立的犯罪类型是建立在经验意义、现实意义上的，是对现实的提炼和归纳，具有静态的特点。杀人、盗窃、抢劫等行为的内容，千百年来没有变化，受到构成要件要素以及描述性构成要件的语词的限制。而只有通过正当化事由，社会中价值观的动态变化才能在犯罪论中得到体现。

正当化事由在刑事政策上的功能是解决社会冲突。立法者只是普遍地、一般地规定禁止故意杀人、故意伤害。但是，在某些情况下，必须基于政策考虑或者价值观的衡量而允许个人剥夺他人的生命、损害他人的健康、限制他人的自由，其背后的理由总是多种多样的。

这就是说，正当化事由的存在及其范围总是和特定时代有关。例如，我国 1997 年《刑法》关于特殊防卫权、防卫限度的规定就充分体现了这一点。此外，超法规的紧急避险、父母对子女的有限体罚等，在整体法秩序中得到肯定，在司法实务中也得到承认，维持了社会整体发展和个人权利之间的平衡关系。

要充分发挥刑法的正当化事由的政策功能，就应该将违法性体系化，即要尽可能完整地提炼、列举出违法阻却事由

定律 15 在刑法学中接纳政策思想

背后的正当化根据或原则,并且梳理清楚这些原则之间的相互关系。但是,这方面的工作,迄今为止做得还很不够,基本上是围绕各种具体的正当化事由展开的,法官由此来判断在具体个案中行为对社会有利还是有害。

关于防卫行为正当化,在从政策角度出发的体系性任务中提炼出来的原则是法确证原则(遭受不法侵害的人有权反击,正义不需要向邪恶退让,按我的说法就是"不委屈也可以求全"),以及自我保护原则。在这里,法确证原则应该排斥"利益衡量"原则,否则,会使拥有重要利益的一方胜出,使得司法上在判断防卫限度时本能地倾向于死伤者(即便其先前的不法侵害行为暴力性质极为明显),司法因而没有分清是非,不当地维护了"死者为大"的观念,片面地理解了"维稳"要求,同时也无法合理解释我国《刑法》第20条第3款关于特殊防卫权的规定。

另外,如果承认法确证原则,对儿童的侵害就有回避义务,而不能将正当防卫制度泛化。这样说的合理性在于:不法侵害虽存在,但对于成年人的、正常人的不法侵害,之所以允许防卫,是正义不向非正义屈服,以此来证明规范、法秩序的效力。而在侵害者是无刑事责任能力者时,他们不懂得规范效力,因此,不需要特别证明规范以及法秩序的效力。换言之,法确证原则在这里要优先予以考虑,因为无法通过防卫来证明法规范的效力。

对违法阻却事由的判断,尤其是认定防卫是否过当,是在价值冲突时进行的政策选择。对价值选择的理由、边界进行解释，这就考虑了刑事政策的尺度。在我国刑事司法实务中，对防卫过当认定太多，对大量正当防卫行为不敢依法肯定行为的正当性，从而带来很多弊端。

如果要让正义不屈从于邪恶，司法上就应该让被侵害者在该防卫时一定要防卫，"该出手就出手"，而不是要想保护自己就只能"靠跑"。如果在政策上以及实务中，总是要追问遭受侵害的人是否有可能避让，是否必须使用武力反击对方，试图"找到社会伦理上最正确，同时又最灵活的方案"，明显不是融刑法和刑事政策为一体的思考方法。

在认定紧急避险时，要考虑利益衡量原则。在法益重大时，必须想办法保护该法益。但是，利益衡量原则和个人的人格自主原则的关系是什么，也需要仔细研究。比如，甲由于车祸受伤需要输血，否则就有死亡的危险，医生乙因为情况紧急来不及从正规渠道取得血源，便强行对到医院就诊的身强力壮的丙抽取血液，乙是否可以主张紧急避险？对此的判断，取决于对利益衡量原则和人格自主原则关系的处理。如果认为人格自主原则是绝对的，就会强调在任何场合都不能假借维护公共利益损及他人利益之名，违背当事人的意志进行器官移植或血液抽取。但是，如果认为利益衡量原则是优先的，由于生命法益的价值最高，个人行动自由、人格自主等无法与之相提并论，医生乙为救人性命而强行抽取他人血液的行为，就可以成立紧急避险，人格自主原则的功能就被排除。传统观点肯定利益衡量原则优先的功能，因为患者的生命价值，应高于被抽取血液者的自由和人性尊严［参见林东茂：《刑法综览》（修订五版），中国人民大学出版社2009年版，第86页］。与此类似的观点认为，人格自由和身体自主权虽然权利位阶比较高，但不是无限定的。主张强制抽血行为违反人性尊严的说法，与现行其他立法的立场未必一致。例如，在怀疑行为人醉酒驾驶的场合，警察有权对驾驶者强制抽血以检测血液中的酒精浓度。而危险驾驶罪是轻罪，其所保护的虽然是公共安全，但其属于抽象危险犯。在他人面临死亡危险的场合，为保护位阶最高的生命法益强行抽取血液，符合利益衡量原则。更何况，社会生活共同体成员必须承担一定的互助义务，而这正是刑法容许紧急避险的理由［参见林钰雄：《新"刑法"总则》（第6版），元照出版有限公司2018年版，第271页］。但也有学者认为："捐血甚至捐脊髓液或器官，乃个人道德与良心上的决定，此等自我决定乃涉及宪法的核心价值，不能认为任何人对他人有此等一般性的救助义务，故强迫捐血并不具有社会伦理上之适当性，不能主张紧急避险。惟如果是配偶间、父母与未成年子女间或者在战争时期或处于前线的军人，本来就具有保证人地位，彼此之间具有特别的义务关系，故可例外地认为强制保证人捐血以挽救生命，得主张紧急避险。"（王皇玉：《"刑法"总则》，新学林出版股份有限公司2014年版，第297页）我认为，处理这种案件，必须确保其结论与宪法上保障个人基本人权的立法主旨保持高度一致，难以承认此种强行抽取血液行为成立阻却违法的紧急避险。这样说来，利益衡量原则也就不是"一路通吃"的。不过，这个问题确实比较复杂，还需要在今后仔细研究。

15.4　刑事政策与责任

在没有罪责的情况下进行报应，缺乏正当性；对当事人的处罚，也不能达到特殊预防的目的。这也是我们对未成年人、精神病人不适用刑罚的理由之所在。

责任，是指行为人的个人罪责。但是，从刑事政策的角度看，仅仅这样理解责任是不够的。责任不是人的主观心理的存在本身，而是对主观心理的价值评价，刑法学不可能纯事实地回答责任问题。"社会需要'责任'发挥功能时，就会让行为人承担责任，社会足够稳定，无需'责任'发挥功能时，行为人就无责任。简言之，'责任'不是自然生发的，而是符合目的地制造出来的。"（冯军：《刑法中的责任原则》，载《中外法学》2012年第1期）就责任论而言，刑事政策重构了责任概念的基本内容，使刑事政策因素深入责任论中，从而使预防性的责任论逐步成为引领学术潮流的见解。

罗克辛教授重新界定了罪责概念的内涵，将传统罪责层面建构为"答责性"，而将罪责与预防必要性作为答责性的前提条件看待。答责性的评价不仅仅涉及人们是否对行为人能够提出（罪责）非难的问题，也涉及这样的判断：即从刑法的视角来看行为人是否必须对其行为负责。据此，罗克辛教授认为可谴责性只是答责性的必要但非充要的条件，必须加上预防的制裁必要性。因此，罪责只是决定刑罚的要素之一，一般预防必要性是另外一个要素，即处罚同时取决于责任和预防需要。因此，罗克辛教授认为，罪责概念只有和预防性需求相结合，且相互限制，才能得出行为人具有责任的结论，在罪责相同的情况下，有关预防的观点决定着"需罚性"。

这样一来，刑罚同时取决于责任大小和预防必要性：一方面，刑罚的严厉性不能超过责任的严重性，责任是刑罚的上限；另一方面，不能在没有预防必要性的情况下适用刑罚。答责性，就是罪责加上"以预防为目的的处罚必要性"。"罗克辛这样做的目的，在于将作为犯罪标准的犯罪要素与刑事政策的价值评价联系起来，以此建立一个符合目的论的体系。"〔〔德〕阿恩特·辛恩：《德国犯罪理论的发展及现状》，徐久生译，载《国家检察官学院学报》2009年第1期〕

关于答责性的运用，罗克辛教授举了两个案例来加以说明〔〔德〕克劳斯·罗克辛：《刑事政策与刑法体系（第二版）》，蔡桂生译，中国人民大学出版社2011年版，第80页以下〕：

例1：警察甲对绑匪刑讯逼供，试图得到藏匿被害人地点的信息，以解救被害人。但是，警察的想法最终没有成功，因为人质在此之前已经死亡。在本案中，行为人甲有责任，但不宜对其适用刑罚。因为甲的动机是救人，而没有犯罪动机，所以，应该考虑超法规的答责阻却事由。法官最后对甲宣读了仅仅具有象征意义的单纯的"警告"。

例2：美国"9·11"事件之后，德国于2005年颁布了《航空安全法》，规定国防部长发布命令后，可以对被恐怖分子劫持的飞机进行打击。这是为了防止被劫持的飞机撞向高层建筑危及更多人的生命。但是，飞机上的无辜乘客只能成为国家的牺牲品。2006年2月，德国宪法法院宣告该法案无效，因为杀害乘客有悖于人类尊严。不过，在实践中，如果空军飞行员真的将被劫持的飞机击落，但挽救了更多的人时，人们很难认同对飞行员的处罚。虽然该飞行员有责任（他本可以选择不击落该航班），但没有预防必要性，因此，可以用超法规的答责阻却事由排除处罚。

在上述两个案例中，虽然被告人具有传统意义上的责任，但因为缺乏预防必要性，对类似行为立法者和国民都能够接受在这种情况下所发生的结果。对犯罪人而言，类似行为今后不会再发生，不需要对其再社会化；对公众而言，不可能对这种行为进行模仿、学习，公众也能够容忍从行为人那里表现出来的人性弱点，通过处罚来实现一般预防是不必要的，因而不存在答责性。

刑事政策融于责任论之中，特别是答责性论的提出，能够给我们一些启发：

第一，今天的中国刑法学在责任论问题上，要立足于规范责任论，但还要避免为处罚而处罚的现象。为此，就需要考虑处刑的实质意义——是不是一定要通过处刑来实现一般预防？处刑是否真的有助于实现积极的一般预防？

第二，我国刑法规定的胁从犯中，行为人具有形成反对动机的可能性。但刑法对其从宽处罚，主要的考虑并不是行为人没有罪责，而是这类行为不易复制，不实施刑罚制裁不会引起他人效仿，刑法的一般预防（以及特殊预防）都不需要。

第三，对中止犯的认定，必须考虑刑事政策思想，不能将犯罪人主动停止犯罪的场合一律认定为犯罪中止。例如，在犯罪人穷尽其实现计划的一切手段都杀不死被害人的情形下，转而将被害人送往医院的，不宜以犯罪中止奖励被告人，而适宜将其行为以犯罪未遂处理（参见周光权：《论中止自动性判断的规范主观说》，载《法学家》2015年第5期）。

第四，在刑罚改革上也要考虑预防必要性问题。就刑罚裁量而言，不是建立在法官基于个人兴趣和经验直觉上的司法裁量，而是应建立在体系性思考、基于刑事政策选定的量刑基准之上的，刑罚要考虑被告人的罪责，也要考虑预防必要性。对于罪犯改造，应先做出准确的刑罚评价，再通过现代社会的矫正方法准确衡量其再犯可能性和特别预防必要性，向服刑人提供改过自新的机会，使之能够再次回归社会。

定律 16

追求刑法与刑诉法的一体化

定律16　追求刑法与刑诉法的一体化

研习刑法学，不能仅仅满足于学这一个部门法。学刑法如此，教刑法也是如此。国外大多数刑法学教授都不仅仅守着自己的"一亩三分地"，好像还时刻惦记着"耕耘"他人的学科领域。比如，美国著名刑法学家弗莱彻在哥伦比亚大学法学院除了讲授刑法学，还讲授侵权责任法，而且讲课效果很好（只是他的考试题多年不变，丝毫没有与时俱进的意思）（参见朱伟一：《法学院》，北京大学出版社2014年版，第84页）。连刑法学教授都那么拼，你在学习刑法的过程中，同时学一点其他学科的知识，想来也没有多大困难。

提到学科的密切程度，与刑法关系最近的，莫过于刑事诉讼法。对这一点，刑事司法实务中会感受更深。学刑法的人一定要学习和熟悉刑事诉讼法，而且要对刑事诉讼法充满感情。在你的内心里，刑法和刑事诉讼法不能"分家"。国外的很多刑法学教授都能够同时讲授刑事诉讼法。

1999年进入清华大学法学院工作后的两个学期，我多次讲过刑事诉讼法这门课程（因为当时清华大学还没有专门的刑事诉讼法老师，张建伟教授、易延友教授都是属于"抢我饭碗"的人），所以对二者之间的密切关系感触很多。我现在指导刑法学专业的硕士生或者博士生，一般都要求他们去上刑事诉讼法的相关课程；在我的读书会上，也会特别要求学生们关注刑法学和刑事诉讼法学交叉的问题。

这当然是因为程序的正义很重要。没有一个正当的程序，司法不可能有一个正当的结论。即使勉强得出结论，可能也不符合现代法治理念，是不正当的。另外，刑法中的大量问题都是和程序法紧密相连的，不在刑法和刑事诉讼法之间架设沟通的桥梁，要学好刑法学就很难。最简单的例子，在刑法教学中会举到案例：甲基于杀人意思持枪瞄准乙；丙为了开玩笑而瞄准丁，对甲和丙应该怎么处理？对这样的问题，从刑事诉讼法角度会问：如果查不清甲和丙的故意怎么办？所以，刑法学上的思考问题就是以刑事诉讼法上能够查清有关事实作为讨论的前提。如果这些事实查不清楚，刑事诉讼法上的问题意识就应该是：有罪就判，无罪放人！

类似例子，不胜枚举。比如，刑法上讲的预备犯、未遂犯、中止，都是以证据上能够查明，完全没有疑问为前提的。有一个真实的案例：甲、乙夫妻俩吵架，吵完以后妻子乙很伤心，到楼下的小区里去散心。当时是晚上10点钟左右，歹徒丙一直跟在乙的后面在小区里转。后来，乙上楼，丙也跟着上楼。乙掏出钥匙开门进去了，丙也跟着挤了进去。结果丙刚挤进去就被甲发现，就问丙进来干什么？甲报案后，丙被抓。对类似犯罪预备的案件究竟如何处理，丙的第一次口供很重要，如果丙说我就是想进到乙家里以后占点"便宜"，这样就可能以强奸罪（预备）给判了；如果他说我就是想偷点东西或者抢她点东西，性质一下就变成盗窃罪或

定律 16 追求刑法与刑诉法的一体化

抢劫罪了。这都说明，要在刑法上得出结论，如何运用刑事诉讼程序中取得的证据至关重要，刑法与刑事诉讼法的关系极其密切。

再比如，犯罪故意是行为人的主观心态，因此，包括间接故意在内，都有很难解决的诉讼证明问题。换言之，故意问题的另一面就是诉讼上的客观证明问题，这是认定间接故意的一大难题，因为不能证明就不能裁判。对于间接故意的认定，刑法学上先后提出了容任说、漠然性理论、认真对待说、可能法益侵害决定说等近十种理论。但是，这些理论的差异性和价值可能都被高估了。无论哪一种学说，最后都取决于确定行为人是否容任结果发生的客观事实，也就是诉讼证明。如果不能证明相关事实，无论哪一种学说都没有实质用处。因此，"一个有效的故意理论，也必须诚实面对而非逃避或遮掩故意在诉讼上证明的困难"〔林钰雄:《新"刑法"总则》(第6版)，元照出版有限公司2018年版，第198页〕。

这样说来，在学习刑法的过程中，必须善于发现刑法和刑事诉讼法的连接点，寻找这两个不同学科之间的沟通可能性，秉持以实务为导向、兼顾刑事实体与程序的学习思路。当然，刑事诉讼法学也应该面对刑法上的一些难题，建构自己体系性的解释学理论。

16.1 在学习刑法过程中，必须树立刑事诉讼法上的权利保障理念

第一，学刑法时，必须领会无罪推定原则的精髓。在刑事法律人的整体性知识中，底色是无罪推定的理念。根据这一理念，要经常做反常识的、反事实的思考，因为被告人往往事实上就是犯罪人，或者是被高度怀疑有罪的人且这种怀疑在实务中有相当的依据。但是，按照无罪推定的要求，也必须先假定被告人无罪，然后再去收集证据，通过法定程序由法官宣告其有罪。

事实上，在学习刑法时，会发现要贯彻这一理念很困难。很简单的例子，学生的毕业论文写得很好、创新性很强，类似的观点，老师以前甚至都没有看到过，这时老师心里就会反复嘀咕"这会不会是抄的"？其实，这就是有罪推定的观念。是不是抄的，老师自己可以查文献证明，如果没有办法证明，就应该推定是学生的原创。只有有证据证明是抄袭的，"有罪"的认定才是可靠的（例如，某初中生写作文，第一句总是"想想我初三那年"，其实他当时在读初一，作文是抄来的，铁证如山）！实话实说，这种无端怀疑学生"行为不轨"的经历，做老师的大致都有。在刑事司法实务上，轮到对某人的行为做"好或坏"的判断时，司法人员潜意识里最容易接受的其实是有罪推定的逻辑。因此，无罪推

定律 16　追求刑法与刑诉法的一体化

定说起来容易，做起来难。

这样说来，在学习刑法时，内心一定要有这样的理念，不能戴着有色眼镜看人，把被告人假定为有罪的人。

很多人会认为，我学刑法就是学刑法，不是学刑事诉讼法，有没有无罪推定的理念不重要。但是，问题不是那么简单。如果你无视无罪推定原则，在实体法理论上就可能与刑法主观主义很接近：既然被告人很可能是有罪的人，那么就应该尽可能从犯罪主观方面去组合其有罪的证据，从而重视故意、目的、动机等要素，最终可能办出错案。这说明，是否坚持无罪推定原则可能会影响学习刑法时的立场定位。

第二，学刑法时，要坚持做存疑时有利于被告的考虑。这个问题与无罪推定有所不同。无罪推定是理念层面的问题，存疑有利于被告则是具体操作层面的问题，也即是说在事实和证据存疑的情况下，无法得出不利于被告的定罪或量刑结论。

存疑有利于被告原则的贯彻，其很多问题主要是刑事诉讼法层面的。例如，有宿仇的甲男与乙男因两家的通行权发生口角并扭打在一起，甲被乙按倒在地猛打。甲的妻子丙见丈夫吃亏，持镰刀连续砍乙 50 刀，乙死亡。现查明：(1) 丙砍乙的过程中，乙的妻子丁闻声从家里出来。事后，丁第一次作证说，看见丙、甲都在用镰刀砍乙；第二次作证说，看见丙用镰刀砍人，也看见甲在打乙，但究竟用什么工具，因为距离远，看不清楚。(2) 此外，并无其他目击者。(3) 丙砍死乙后，带着镰刀去派出所自首，说自己砍死人了。(4) 丙共有十次口供，在前八次口供中，都仅承认自己砍人，甲倒在地上，没有实施任何击打乙的行为；后两次口供承认丈夫用鞋底打乙。庭审时，丙又翻供。(5) 案卷中，侦查机关并未提取到甲的鞋子。(6) 甲有九次口供，一直都坚称自己被乙打倒后昏迷了，醒来后发现乙死了，没有看见丙砍乙的过程，也没有一起击打乙。(7) 经鉴定，甲的伤情为轻伤。一审法院以故意杀人罪判处丙死刑缓期执行，判处甲有期徒刑10年。我认为，这一判决，对丙的行为性质认定没有考虑防卫过当问题，量刑畸重。更大的问题是，一审法院对甲故意杀人罪的认定缺乏足够的证据支撑，甲是否实施杀人行为存疑，法院无法根据上述相互矛盾的证据得出甲故意杀人的判决结论。

但是，存疑有利于被告原则所带来的问题，也有不少是与刑法解释紧密关联的。例如，甲基于伤害故意砍乙两刀，随即心生杀意又补砍了两刀，但四刀中只有一刀砍中乙并致其死亡，且无法查明是哪一刀造成被害人死亡，如何处理甲？按照犯罪构成要件理论，对于甲的前后不同行为，应分别认定为故意伤害罪与故意杀人罪，但在无法查明是哪一刀造成被害人死亡时，根据存疑有利于被告原则，如何认定死亡结果的归属就是一个难题。

从刑法教义学上看，故意杀人罪与故意伤害（致死）罪的界限是实务中无法绕开的疑难问题。一般来说，行为人究竟有杀人故意抑或伤害故意需要综合考虑被害人的伤害部位，行为人使用的凶器种类、行凶的方式与程度（如砍了几刀等）等因素来予以认定。但在一些"难办"案件中，往往难以清楚区分故意杀人罪与故意伤害（致死）罪，此时解题就有很大难度。在前述案例中，在判断上应当依次完成以下思考过程：（1）在事实存疑时，应当坚持有利于被告的原则来予以认定，因此显然难以得出甲成立故意杀人罪既遂的结论。（2）准确处理本案，应当厘清故意伤害罪与故意杀人罪之间的关系。过去我们习惯于将两罪理解为彼此互相排斥的关系，如果这样理解的话，就只能认为甲的行为不可能构成既遂。但行为人如果一直基于伤害故意实施客观行为，要成立故意伤害罪既遂；在其有新的更重的犯意（杀害故意），并且也确实造成被害人死亡的结果发生的情况下，如果简单按照存疑有利于被告原则，只能论以故意伤害罪（未遂），这显然与仅有伤害故意造成死亡的情形不协调，与"后果考察"的逻辑不符。（3）如果将故意伤害罪视作故意杀人罪的必经阶段，二者成立规范评价上的包容关系（法条竞合），如此便可以肯定甲构成故意伤害（致死）罪，要求其对死亡结果负责。所以，在事实似乎存疑的场合，能否一概得出有利于被告的结论，还需要在刑法解释上进行认真检验。

附带提一下，关于"存疑有利于被告原则"（罪疑唯轻）和刑法教义学的关系问题，我建议大家去阅读林钰雄教授的相关研究，他对第三人行为介入与客观归责论、存疑有利于被告原则的个案运用、结果可能性以及风险升高原则和存疑有利于被告原则的关系等问题分别进行了讨论（参见林钰雄：《刑法与刑诉之交错适用》，中国人民大学出版社 2009 年版，第 3 页以下），堪称沟通刑法与刑事诉讼法的典范。林钰雄教授的研究也充分说明，要具体地实现刑事一体化的理念，在刑法教义学上还有很多工作需要做。

16.2　要充分认识司法制度改革给刑法解释带来的冲击

我们知道，法律人的看家本领是解释和论证，这种解释和论证要到公开的法庭上通过刑事诉讼的"商谈"程序接受检验。

2018 年 11 月 8 日，我在清华大学法学院作了一场题为"面向司法改革的中国刑法"的讲座，谈到包括诉讼制度改革、刑事诉讼法改革在内的司法改革给刑事实体法带来的影响。我主要提到两点：

一是 2018 年 4 月全国人大常委会通过了《人民陪审员法》。随着人民陪审员制度的正式贯彻实施，陪审员在司法活动中将会起到举足轻重的作用。例如，在小合议庭中人民陪审员与法官同职同权，在大合议庭中陪审员可以参与认定事实。这样的变化显然是需要注意的，特别是制度实施后可能产生的问题更是要求刑法理论与刑事立法对其做出积极的回应。

二是 2018 年 10 月 26 日全国人大常委会通过的《关于修改〈中华人民共和国刑事诉讼法〉的决定》确立了认罪认罚从宽制度。在该项制度确立之后，会有近 85% 的刑事案件通过速裁程序予以处理，检察机关则需要就此提出量刑建议，并在司法量刑活动中扮演一个愈发重要的角色。此外，被告人必须出于自愿而认罪认罚，这一点将会与实体法上的刑法客观主义立场形成紧张关系，对于实体法领域理论的发展有重大影响。

上述两个问题中所涉及的制度改革效果可谓殊途同归，即根本目的在于增进国民对刑罚判决的理解与信任。例如，在人民陪审员制度中，既要帮助作为社会一般人的人民陪审员理解案情，又要保证其能够对案件作出独立的判断；而在认罪认罚从宽制度中，也需要被告人理解并信赖相应判决，从而让国民信任并使刑事司法活动运作的效果最大化。

上述两项制度在实体法层面的影响表现为如下两个方面：

一是司法改革对犯罪论的影响。

首先，定罪标准不能降低。我国的认罪认罚从宽制度与英美国家的辩诉交易制度不同，英美国家的辩诉交易制度具有更为浓厚的协商性与交易性特征，而我国的认罪认罚从宽制度则赋予司法机关更多的职权。必须将认罪认罚从宽制度与刑法客观主义结合起来，而要坚持刑法客观主义的思维底色，客观事实的证明标准不能被降低，只有将案件事实查清后才能推进认罪认罚程序的进行,对依赖口供判断被告人主观危险性的刑法主观主义倾向需要警惕。同时,在陪审员制度中,对于陪审员在认定事实时可能存在的易受干扰及情绪化问题,需要专业法官提供专业化的帮助。

其次,必须坚持阶层犯罪论的应用。即便认罪认罚从宽制度在审理案件时极大地简化了各项程序,使得案件处理愈发简单,但是仍需肯定阶层犯罪论是判断犯罪成立的基本工具,亦即必须在经过阶层的判断后才能对被告人的行为是否成立犯罪作出终局的判定。

最后,要求刑事实体法的教科书及学说理论更为"平易"。专业法官以及司法人员在案件事实与法律规范是否符合的判断上可能存在"不接地气"的问题,在一些问题的处理上反而不如人民陪审员判断准确。实践中,法院判处的一些饱受争议的案件如果让陪审员参与审判,社会上的非议可能会更少,其原因在于人民陪审员在进行判断时相较于专业法官可能更贴近国民的一般生活经验。因此,必须肯定国民的一般生活经验与刑法教义学相融合,推动刑法教义学的"平易化"。

各位如果留心观察就会发现,近年来,日本的很多刑法教科书越写越简单。之前的教科书中有很多较为复杂、深奥的理论,是专家们才看得懂的。但是,近年来日本学者慢慢改动,使之平易化,就是为了适应陪审员参与审判的改革(这方面最为典型的例证是前田雅英教授的最新教材)。

从这个意义上说，陪审员制度其实是在专业法官与广大民众间架起了沟通理解的桥梁，有助于实现具体案件的处理结论更为符合实质正义需求这一目标。

二是对于量刑理论研究的影响。

2018年修正后的《刑事诉讼法》第15条规定，犯罪嫌疑人、被告人自愿如实供述自己的罪行，承认指控的犯罪事实，愿意接受处罚的，可以依法从宽处理。在刑事诉讼法上，认罪认罚从宽包括两类：一类是美国式交易型，控辩双方达成协议，法官一般不介入、不改变相关协商结论，从宽幅度特别大；另一类是法定从宽式，检察官和被告人协商的范围受到实体法的约束，从宽的限度有限。我们采取后一种模式，而且协商必须建立在被告人有罪的基础上，实体法上的构成要件规定仍然是非常重要的。因此，认罪认罚从宽的立法规定不会动摇犯罪论理论，反而会强化刑法理论对被告人有罪或无罪在理论上要弄得很清楚的要求，弄清楚以后才能以这个为基础进行交易。

更为重要的是，认罪认罚从宽制度对量刑理论提出了很多新要求。在量刑理论中责任刑、预防刑分得非常清楚，认罪认罚情节涉及的只能是预防刑问题，因为它是犯罪以后的态度，所以，立法上即便将认罪认罚法定化，也不会根本动摇我们的量刑理论，责任刑还是基础，预防刑是调节，其对量刑的影响有限。但是，必须承认，现在预防刑对量刑的影响比以前大很多。因此，可以认为，认罪认罚从宽制度会在很大程度上推动量刑理论的发展。

《刑事诉讼法》第 176 条第 2 款规定，犯罪嫌疑人认罪认罚的，人民检察院应当就主刑、附加刑、是否适用缓刑等提出量刑建议，并随案移送认罪认罚具结书等材料。第 201 条规定，对于认罪认罚案件，人民法院依法作出判决时，一般应当采纳人民检察院指控的罪名和量刑建议。按照上述规定，对于认罪认罚案件，检察院必须提出量刑建议，法院原则上应当采纳，例外情形是：被告人的行为不构成犯罪或者不应当追究其刑事责任的；被告人违背意愿认罪认罚的；被告人否认指控的犯罪事实的；起诉指控的罪名与审理认定的罪名不一致的；其他可能影响公正审判的情形。此外，人民法院经审理认为量刑建议明显不当，或者被告人、辩护人对量刑建议提出异议的，人民检察院可以调整量刑建议。人民检察院不调整量刑建议或者调整量刑建议后仍然明显不当的，人民法院应当依法作出判决。这说明，《刑事诉讼法》修改之后将量刑的任务在很大程度上移交给了检察官，在认罪认罚从宽制度下，对检察官所提起的量刑建议，如无例外情形，法官不得随意改动，这就对检察官提出相对准确的量刑建议设置了较高要求。

就司法改革对于量刑论的影响而言，有以下几点需要在学习刑法时特别予以重视：(1) 量刑理论应当成为未来刑法研究的一大新课题。但是，无论量刑论如何发展，决定量刑的上限基准还是需要建立在责任刑的限制上，而预防刑也需发挥其应有之功效。(2) 法律将决定预防刑的部分权力移交给被告人。认罪认罚从宽制度设立的基本目的是什么？刑事诉讼法学者认为是为了提高诉讼效率，我认为也有这样的考虑，但还有实体上的考虑，即给予被告人"优惠"，类似于经济学上的"供给侧结构性改革"。对于检察机关而言，实际上是增加了工作量。但是，从社会治理角度，推行认罪认罚从宽制度是有实际意义的：我国每年有 120 万件左右的案件，量刑时如果给予被告人真正的"优惠"，就能够减少对抗，社会治理的成本也能够降低。因此，该制度的另一重要目的在于通过实体法的认罪认罚从宽制度为被告人提供刑罚优待，并借此获得被告人的实质认同。(3) 采取认罪认罚从宽制度、人民陪审员制度后，需要规定一系列配套措施。我国现有的部分做法并不利于陪审员独立地作出审判，例如，起诉书中的前科记录便会对陪审员造成严重干扰，过早让陪审员接触案件会导致刑法主观主义的弊病。因此，对于前科记录应考虑单独写在量刑建议上，而非记载在起诉书中，从而能够在制度上对陪审员独立审判起到保障作用。

16.3 思考通过刑事程序实现实体法目标的可能性

民众对死刑的功能有迷恋，世界各国如此，因此立法者、司法者必须在汹涌的民意中保持理性和冷静。

限制死刑、尽可能不适用死刑是实体法目标。立法上对减少死刑罪名已经做了很多努力，我国《刑法修正案（八）》《刑法修正案（九）》减少了22项罪名的死刑，大规模做"减法"，立法过程中面临的各种压力很大，持反对态度的人为数不少，法律起草部门必须反复进行解释，做工作。今后，死刑罪名削减的工作还会继续进行，以确保死刑主要适用于后果极其严重的暴力犯罪、毒品犯罪、危害国家安全罪，但立法削减死刑的难度会越来越大。

原本应当通过实体法上少规定具体犯罪的最高刑为死刑来达到控制死刑的目标，但是，在实体法上回旋余地很小的情况下，通过实务中的刑事操作，尤其是死刑复核程序的运作来实现这个目标，就是特别需要考虑的。

关于死刑复核程序改革，我认为立法以及最高人民法院的相关司法解释近几年的进步很大。《刑事诉讼法》明确规定，最高人民法院复核死刑案件，应当讯问被告人。最高人民法院《关于办理死刑复核案件听取辩护律师意见的办法》（2015年2月1日起施行）第5条第1款规定："辩护律师要求当面反映意见的，案件承办法官应当及时安排。"这些规定，有助于被告人辩护权的行使，具有合理性。

但是，目前的改革，还有进一步推动的必要，需要制度创新。现在，司法改革在我国高歌猛进，刑事程序的改革（例如认罪认罚从宽处理等）尤其被重视，下一步的改革，应当更精细化，啃更多的硬骨头。

为此可以考虑：（1）在合适时机，进一步修改《刑事诉讼法》，规定被告人犯可能被判处无期徒刑或死刑的暴力侵犯人身犯罪、毒品犯罪的，讯问过程应全程录音录像；第一次讯问时律师必须在场，确保律师的在场权。之前有关司法解释规定，对可能判处死刑的案件，律师有一定的调查取证权利，但事实上难以行使。如果在法律上规定律师的在场权，可以适度弥补律师无法调查取证的缺陷。（2）2007年3月9日发布的最高人民法院、最高人民检察院、公安部、司法部《关于进一步严格依法办案确保办理死刑案件质量的意见》第14条规定，侦查机关应当将第一次讯问笔录以及证明犯罪嫌疑人有罪或者无罪、罪重或者罪轻的证据材料一并移送检察机关。该条规定在极端案件中也必须得到落实。（3）对律师辩护权的尊重方面，还需要进行实质性改革。最高人民法院《关于办理死刑复核案件听取辩护律师意见的办法》只是解决了律师查询案件、向承办法官反映意见的场所和程序问题，给了律师提出辩护意见的机会。但是，这只是解决了程序问题。在承办法官听取律师的意见之后，如何予以甄别并体现在死刑复核裁定书中，还需要进一步成文化、细致化。目前的死刑复核裁定书中，基本没有对律师意见采纳与否的详尽表述，建议增加有关内容，确保律师辩护权不仅有机会行使，还能够在裁判工作中占据一定分量。（4）关于向律师送达复核裁定文书问题。最高人民法院《关于办理死刑复核案件听取辩护律师意见的办法》第9条规定，复核终结后，受委托进行宣判的人民法院应当在宣判后5个工作日内将最高人民法院裁判文书送达辩护律师。这一规定，有稳妥方面的考虑。但在宣判后很久才将裁判文书送达律师，并未充分尊重律师，制造了律师和当事人家属之间的矛盾，需要改进。可以考虑修改为：最高人民法院复核终结后，向委托宣判的下级法院寄送裁判文书时，应当同时向辩护律师送达。(5) 发布相当数量的指导性案例，细化死刑适用的罪名"大户"的量刑规则。例如，针对故意杀人罪的死刑适用，要重点考虑"手段残忍"的焦点问题：是否让被害人在死亡前惨遭肉体上的折磨，而不要重点考虑被告人的主观恶性（因为故意杀人案件中被告人主观上的恶性都极为严重，如果仅重点考虑这一点，对所有的故意杀人罪犯都应该判处死刑）。针对毒品犯罪，应当通过指导性案例明确"通过'线人'破获的案件，一律不能适用死刑"的裁判规则，这样才能发挥最高人民法院对地方法院的指导功能，确保限制死刑、尽可能不适用死刑的实体法目标通过刑事司法程序来实现。

16.4　保持对刑事实务中某些做法的反思精神

第一，关于刑事庭审直播的反思。在审判实务中，法院审理民商事案件涉及商业秘密和个人隐私的，大多不公开审理。刑事案件除了涉及国家秘密、个人隐私和商业秘密的，均公开审理，庭审过程可能通过网络视频直播，而且最高司

定律 16　追求刑法与刑诉法的一体化

法机关对于庭审直播比例有一定数量的考核要求。

但是，在学习刑法的过程中，你完全可以质疑：庭审直播可能带来哪些问题？

为了防止被告人被秘密审判，公开审理就成为正当法律程序所必不可少的一个基本要求，成为法院保障被告人享有的一项权利。不过，要求公开审理的权利，仅仅属于被告人。如果公众和报社记者有机会参加审理并对审理进行报道，就达到了公开审理的要求。新闻机构无权被允许对公开审理过程进行广播或录像。

我认为，推进司法公开，让司法"可视化"，肯定是司法改革的大方向。但问题的关键是公开什么内容？是裁判文书公开，通过陪审员参审产生司法公开的效果，还是把庭审过程公开，是值得仔细考虑的问题。

其实，通过直播审判过程的方式实现司法公开，可能产生很多弊端：（1）庭审中的被告人可能同时受到公众的道德审判，法官、陪审员都会感受到公众重刑苛求的压力和干扰。"公众过多地卷入审理，从而导致产生了更多的宪法问题。"（〔美〕卡尔威因、〔美〕帕尔德森：《美国宪法释义》，徐卫东、吴新平译，华夏出版社1989年版，第246页）对庭审进行过多的、耸人听闻的报道，可能导致审判人员难以对在公开法庭上提出的证据进行平静的评议。对庭审进行直播会导致对被告人正当法律程序权利的否定，被告人甚至会恍惚地认为"我已经是坏人了，怎么还可以辩护？"如此，对被告人权利的保障就会失衡。(2) 出庭检察官、法官因为怕出错而在庭审时中规中矩地"念稿子",不利于培养优秀司法人员。(3) 与其他司法改革措施相矛盾。如果一方面推行认罪认罚从宽制度,试图促进罪犯及早回归社会,另一方面又公开庭审过程,人为升高被告人回归社会的难度(如果考虑大数据时代的传播力度,就会发现庭审直播视频会被永久记录,一直传播下去,被告人想要重新做人,几乎没有翻身的机会),这就是相互矛盾的两种思路。(4) 可能大幅度提高司法成本,诉讼并不产生财富。"社会在支持法院运转方面产生费用,并且由于生产力的损失产生间接费用。没有任何一个国家像我们那样,将如此多的资源投入诉讼当中。"(〔美〕戴维·奥布莱恩编:《法官能为法治做什么:美国著名法官讲演录》,何帆等译,北京大学出版社2015年版,第179页) 而庭审直播是司法权的变相扩张,增加了社会对司法的投入,提高了司法成本,增加了国民的负担。

第二,反思实务中无罪率极低的现象。司法工作有其自身的特点和规律,其最大的特点是:有一个过滤机制,也就是越到司法活动的后续环节,有罪比例越应该有所降低。因此,检察机关提起公诉的案件,在审判环节成为无罪案件的可能性是存在的,这是不可回避的司法规律。

我们都知道,日本检察机关积极推行"精密司法",起诉准确率很高,法院判处有罪的比例高达99%,无罪判决很少,被告人认罪口供多,证人数量少。在我们看来,这似乎是好事。但是，日本学者认为，这"给刑事司法带来了紧张感……世界各国的裁判几乎没有类似情况……使人感到担心，现在日本的'成功'，在这种特殊性方面可能脱离了国际生态圈"，因此，这样的精密司法是"障碍性的精密司法"，或者说是"精密过度"的精密司法〔参见〔日〕田口守一：《刑事诉讼的目的（增补版）》，张凌、于秀峰译，中国政法大学出版社2011年版，第94页〕。这一观点，很值得我们反思。

近5年来，我国公诉案件的无罪率始终在3‰～5‰，比起日本1%的无罪率低了不少。虽然不同国家的无罪率不好简单比较，但是，日本学者对无罪率极低的担忧，也是我们在学习刑法时不能完全不顾及的，因为无罪率太低，刑法学上系统建构的教义学理论就可能丧失存在的意义。精巧的教义学理论如果在实践中能够得到很好地运用，完全能够为某些案件的无罪判决提供理论支撑。

所以，在实务中不能一谈无罪判决就色变。不能简单地将无罪率作为公诉工作质量好坏的唯一考核指标，要分析法院作出无罪判决的原因，对于公诉机关、审判机关在法律解释方法上的不同而导致的无罪判决要予以容忍和接受。

此外，特别重要的一点是，实务中要改变目前关键证人出庭率极低的现状，以确保案件事实得以查明，从而为适度提高无罪率提供支持。对此，我想多说几句。

我国刑事诉讼法对证人出庭作证制度做了大量规定，试图改善证人出庭率低的问题。但从刑事审判的现状来看，证人出庭率低一直是一个"老大难"问题，多数地方的刑事案件证人出庭率低于1%，有的基层法院审理数百件甚至上千件刑事案件，却没有一个证人出庭。刑事审判中普遍见不到证人，以及"证人作证难，出庭更难，讲真话难上加难"等状况的出现极不正常，使《刑事诉讼法》规定的证人制度落空，在有的案件中无法保证公正审判，使推进党中央确定的以审判为中心的诉讼制度改革遭遇瓶颈。

实践中刑事案件证人出庭率低，一方面，与传统的"以侦查为中心"的司法理念有关，基于对侦查、公诉机关的高度信赖而阻碍证人出庭，审判机关与侦查、公诉机关具有天然亲和性，配合有余、制约不足，法官基于证人证言可能发生变化进而增加审理难度的压力，以及对无罪判决引发后果的各种担忧，对证人出庭持消极甚至抵触态度。另一方面，与不合理的绩效考核指标有关。在现有的绩效考核体系中，往往将结案率、服判息诉率、上诉率、发回改判率等作为量化管理和考核的硬指标，为提高结案率，法官自身不愿意增加案件难度；为提高服判息诉率，减少发回改判率，法院不得不减少抗诉案件，往往在审判前与检察机关沟通，采取"不抵抗"对策，不敢担当，想尽办法不让证人出庭。

需要说明的是，我建议提高证人出庭率，并不意味着我期待每一个刑事案件都要有证人出庭。众所周知，基层法院审理的刑事案件中85%以上均为事实清楚、案情简单、当事人认罪的案件，这些案件并不需要证人出庭作证就能定案，因此无须传唤证人出庭作证。

但是，对于疑难、复杂案件以及被告人及其辩护人坚持做无罪辩护、控辩双方对事实和证据分歧极大、被告人提出非法证据排除请求的案件，证据是诉讼的基石，证人不出庭将会严重影响案件的公正裁决。为此，最高人民法院、最高人民检察院应认真研究，就刑事案件证人出庭问题出台专门的司法解释，要求在某些特殊案件中证人必须出庭，以解决证人出庭制度空转、出庭陈词被书面证言所替代、开庭审理流于形式等弊端，大力推进司法公正。

要大力推动关键证人出庭，各级检察机关、审判机关必须树立现代刑事司法理念，落实中央关于推进以审判为中心的司法改革的精神，强化证人出庭意识，牢固树立程序正义和公正司法理念。最高人民法院、最高人民检察院应当因势利导，尽快出台相关证人出庭的司法解释，建立健全证人强制出庭、补偿、保护等一系列制度。

我认为，在推进证人出庭、适度提高无罪判决率方面，以下具体措施是需要认真加以考虑的。

首先，要明确证人必须出庭的案件类型。近年来，有的刑诉法学者建议将推进"关键证人"出庭改为"必要证人"出庭。其实，关键证人的提法也好，必要证人的说法也罢，未必差异特别大，能够切实提高证人出庭率才是要害。对以下案件，最高人民法院、最高人民检察院应当规定证人必须出庭：（1）法官认为案情复杂、疑难（例如，不同证人说法不一致的案件，对是否属于正当防卫在事实上有争议的案件等），不通知证人出庭就无法查明案件主要事实的；（2）被告人及其辩护人坚持做无罪辩护，且申请通知证人出庭的案件；（3）控辩双方对事实和证据分歧极大，且一方申请通知证人出庭的案件；（4）被告人提出非法证据排除请求，且申请通知证人出庭的案件。

其次，要明确"关键证人"的概念。一方面，对案件的公正审理不会产生实质性影响的证人不是关键证人，即使被告人及其辩护人申请证人出庭，法官也可以不通知出庭作证，以减轻诉讼压力，节约司法成本。另一方面，将证实犯罪构成要件的证人、影响罪名认定的证人、证实重大量刑情节的证人确定为关键证人，被告人及其辩护人申请证人出庭的，应通知出庭作证，以保障司法公正。

再次，建立证人出庭权利保障配套措施。（1）建立证人出庭作证经济补偿制度，明确补偿标准，在庭审后立即将补偿发放给证人，确保证人出庭作证制度落到实处。（2）作证方式应灵活、多元，对于需要特殊保护的证人，应利用技术手段让其在庭上"出声不出面"作证，或者采用录音、录像等方式作证。（3）最高人民法院、最高人民检察院与公安部门会商，落实《刑事诉讼法》关于证人权利保障的规定，明确公安机关为证人的权利保障机关，确保证人不会因为出庭作证被打击报复。

最后，要完善对拒绝出庭作证证人的制裁措施。我国

《刑事诉讼法》规定,"凡是知道案件情况的人,都有作证的义务";还规定"法庭查明证人有意作伪证或者隐匿罪证的时候,应当依法处理"。为此,建议最高人民法院、最高人民检察院细化规定,对证人拒不出庭作证或出庭后拒不作证的,进行必要的强制或处罚。例如,对应当出庭作证但拒绝出庭作证的,可以采取拘传、罚款、拘留等强制措施,确保证人能够及时出庭作证,维护公平正义;对于在法庭上作伪证,构成犯罪的,应当依法追究刑事责任。

第三,反思实务上对刑罚执行完毕后再发现漏罪的处理方式。对于"判决宣告以后,刑罚执行完毕以前"发现被判刑的犯罪分子的漏罪,或者其再犯新罪的,直接按照《刑法》第70条、第71条的规定进行处理即可。但是,在刑满释放之后,才发现犯罪分子原来的漏罪的,究竟如何处理,这在实务中是一个难题。例如,被告人甲犯有故意伤害罪,同时犯有盗窃罪,但司法机关仅发现故意伤害罪(致人重伤),对其判处有期徒刑6年。刑满释放之后,甲之前犯下的盗窃罪被发现,对甲怎么处理?

对于这种情形,直接按照《刑法》第70条、第71条的规定无法处理,因为两条规定都要求"判决宣告以后,刑罚执行完毕以前"发现被判刑的犯罪分子的漏罪,或者其再犯新罪。现在的情况是,在发现盗窃罪之前,已经存在一个生效判决且已执行完毕。对此,实践中通常的做法是,既然发现了盗窃罪,就按照该罪去判刑。如果单独针对盗窃罪定罪判刑,不考虑之前的故意伤害罪判决,应判处甲 4 年有期徒刑。但是这样做,被告人甲是吃亏的,他总共要服刑 10 年。如果司法机关一开始就发现两个罪的话,6 年有期徒刑和 4 年有期徒刑并罚以后,按照限制加重原则,甲无论如何不会服刑 10 年,对他所犯的两个罪的宣告刑最多七八年有期徒刑。究竟怎么处理才合适,这涉及刑法和刑事诉讼法的"一体化"问题。

有人也可能会说,先撤销原来那个故意伤害罪的判决,再将其与盗窃罪并罚。但是,撤销原来的判决又会带来无穷无尽的问题。司法机关都有内部考核(虽然近年来有弱化的迹象),说原来那个判决有错,要撤销原判,这样会有更多的麻烦。有的人也可能会提出,对刑满后发现的新罪可以判轻一点,判 2 年有期徒刑,也就是说这个罪原本应判 4 年有期徒刑,现在判 2 年有期徒刑,这样的话,被告人前后服刑 8 年,也就不会太吃亏。但是,这样做也可能遇到别的问题:如果盗窃数额大,刑期起点就是 10 年有期徒刑,没有回旋余地,对新发现的罪想判轻一点也做不到。这个时候就会发现,如果后面这个罪很轻的话,判轻一点基本上公平,但是,对犯罪数额特别巨大,起刑点就是 10 年有期徒刑的这种"坎上"的案件,单纯对后罪判轻一点的这种解决思路就解决不了。

我认为,对于刑满后才发现漏罪的案件应当在重新解释《刑事诉讼法》第 253 条、第 254 条关于原判决"确有错误"

的基础上，适用审判监督程序，对前后两个罪的刑期做协调处理。目前，对于作为再审前提的原判决"在认定事实上或者适用法律上确有错误"的理解都是狭义的。可以将"确有错误"理解成一个相对中性的概念（有新的证据和事实，有必要改变原来的判决），而不像现在刑事诉讼法上理解的，原审判决有可能启动司法责任制追责程序的那种错误。这里的"确有错误"是说在对被告人进行第一次审判之前，他就有别的犯罪事实，只是司法机关当时没有发现，如果当时就发现了的话，本来就应该两项罪名一起宣判。所以，当时只判了一个罪，那个判决在证据上、事实上有遗漏或者有错误。这样的"错误"就被解释成一个中性的——因为有某些事实没有被发现而出现问题，而非贬义的概念。如此一来，就可以把原来那个判决撤销，撤销以后再来处理新发现的漏罪，即按照《刑法》第69条的规定，对其盗窃罪、故意伤害罪按照限制加重原则决定执行的刑期。

重要的事情说三遍：刑法和刑事诉讼法不分家；基于刑事一体化的理念，在学习刑法的同时，也要认真对待刑事诉讼法。否则，不可能深刻理解刑法！

定律 17

在刑法学习中保持反思能力

前面已经讲过，学习刑法时，一定要有比较的眼光。但同时要明确，德、日等语境之下发展起来的刑法学不可能是唯一正确、"一路通吃"的理论。最近几十年多来，我国刑法学在学科知识体系化方面取得了重大进展，对此，我们要充满自信，相信我们能够把刑法学研究好。问题的另外一个侧面是，各位今天学习刑法，在很大程度上要为未来建构更加合理的中国刑法理论，或者投身更加能够得到认同的刑事司法实践做准备，那就要从着眼于建构更为讲得通，更加易于解决司法难题的理论体系方向思考问题，那么，我们就不能仅仅满足于在德、日既有理论中融入部分"中国元素"，而必须结合我国的具体国情、复杂而生动的司法实践来思考问题，在解决犯罪认定难题过程中，保持理论自身的批判精神和反思能力，从而为大幅度提升刑法学的穿透力、合理化做准备。

17.1 对我国刑法学的发展应当充满自信

新中国成立之后直至改革开放初期，我国刑法学都深受苏俄刑法学的影响，理论体系的自主性、本土性较弱。自 20 世纪 90 年代之后，尤其是在 1997 年《刑法》大规模修订之后，我国刑法学的创新能力和自主性都显著增强，其所思考的是与中国社会发展所面临的犯罪困扰紧密关联的、自成体系的中国刑法学，不再将中国刑法问题与外国的问题同质化，也不照搬外国刑法理论或刑法条文来生硬地解决中国的现实难题，注重考察现实问题的背景和制约因素。

17.2　我国刑法学的特色和创新性已经较为明显

我国刑法学在以下方面已经有所突破，形成了自己的特色：

第一，从总体上看，对于社会中现实发生的犯罪认定难题，如"于欢防卫过当案""赵春华案""王力军收购玉米案"等社会广泛关注的案件，理论上都及时做出了回应。在讨论这些案件时，不仅解决具体问题的这种问题性思考被强调，阶层犯罪论体系的运用、法秩序统一性原理、违法性认识的体系地位、犯罪论和刑罚论一体解决等思考方法也得到了重视。此外，实务中因果关系、客观归责论在财产犯罪中的运用、正当防卫的司法异化和纠偏、期待可能性理论等研究中，我国刑法学的自主性都表现得很充分，相关理论研究对司法裁判的动向有所影响，能动地回应了社会治理的法治需求。

第二，在刑法学解释方法的运用上，对法条文义的理解更为精准，对解释方法位阶性的讨论也更为深入；在通过妥当的解释实现个案正义方面，刑法学所提供的选择方案也更为妥当。对此，在对主从犯的判断，对虚拟财产的财产性质、虚开增值税专用发票罪、组织领导传销活动罪的认定，以及对危险驾驶罪的处罚限定上，都可以清楚地看出来。此外，结合刑法分则中的具体犯罪（如受贿罪与介绍贿赂罪）的关系，思考正犯与共犯问题，以及结合分则中对恶意透支型信用卡诈骗罪、逃税罪、侵占罪的规定，思考客观处罚条件等问题的相关研究在近年来都逐步得到展开。

第三，注重发挥刑法的社会治理功能，将刑法学研究与犯罪的现状、现代性刑事政策紧紧挂钩，尽量避免空谈，增强理论的穿透力。例如，对共犯论、未遂犯论、中性业务行为、法条竞合与想象竞合犯的关系等的研究，均与刑法功能的准确发挥紧密相关。

第四，对于明显具有特殊性，确实难以从外国的理论中寻找到答案的问题，我国刑法学也没有回避，提出了相应解决方案。这一点在信息网络犯罪的认定、故意杀人罪以及毒品犯罪的死刑适用标准建构等方面，都表现得特别充分。

第五，对刑法学派展开研究，并凸显中国问题的特殊性。众所周知，关于行为无价值论与结果无价值论的争论原本是在日本展开的学术话题，但我国学者对此的研究并非停留在简单介绍的层面，也不是亦步亦趋地重演日本学者的争论，而是根据我国的犯罪状况及其解决就两个学派的对立展开了深入研究，这对于丰富我国刑法学的知识体系、推动理论的完善起到了积极作用。

17.3 方法论上值得我们总结的经验

我国刑法学之所以能够取得突破，在很多方面形成自己的特色，与我们近年来在方法论上的探索紧密关联。

注重理论的协调性和一贯性，自觉地进行体系性思考。刑法学是追求精细化解释的科学，是一种不断改善的系统性研究，受罪刑法定的制约，受体系解释方法的影响，所以，体系性思考很重要。而刑法学研究在大多数时候注重对具体问题的解决，其知识可能是碎片化的。仅仅"见招拆招"地提出解决个别案件的思路，可能造成刑法学整体理论体系内部的冲突，因此，倡导刑法学知识体系的协调性、一贯性是相当重要的。刑法理论的体系性思考，对学者阐述其刑法思想是很重要的制约。如果没有体系性思考，就有可能出现碰到某一问题的时候这么说，下一次在别的案件处理中碰到一个大致相同的问题时，又换成了另外一种说法的情况。有了体系性思考，才能确保同样问题，同样处理。我国刑法学近年来对阶层犯罪论体系的争论、对刑法基本立场的研究、对共犯及未遂论的分析，以及对犯罪论和刑罚论关系的协调等，都在体系性思考方面下了一些功夫，注重从司法实践出发思考问题时兼顾理论体系，从而既避免了刑法理论的前后矛盾，又确保了对案件的分析具有一定理论水准。

坚持运用比较的眼光打造刑法学体系。刑法学固然具有地方性，但各国所面临的犯罪困扰及相应对策仍具有很大共性，因此，建构中国刑法学知识体系必须善于借鉴他国的经验，而不能一味排斥国外合理的刑法学研究成果。欧陆刑法学有近200年的规范发展历史，其教义学理论大多经过无数学者的反复争辩、打磨，对很多问题也能够给予妥善处理。因此，我们承认定罪处罚实质问题的共通性或相似性，进而接受跨越国别的理论共识和一般方法论。借鉴、引入国外理论并不意味着我国刑法教义学自主性的丧失。在近年来的研究中，我国学者仔细甄别了域外教义学知识与中国刑法语境的兼容性，积极引入没有语境障碍的教义学知识，并运用教义学的一般方法创造出了立足本土特色的新理论，这一点，在我国学者关于财产犯罪处罚范围、贿赂犯罪保护法益的研究中，都得到凸显。可以说，通过近年来刑法学者们的共同努力，我国刑法教义学形成了自己的特色，并非不加批判地将国外的理论移植进来，并未充当"理论进口国"或"学术代理人"，展现了刑法教义学的中国特色，这为未来的中国刑法教义学提升自主性，进而为形成中国的刑法教义学奠定了良好基础。

自觉追求创新。我国刑法学逐步在对大陆法系犯罪论及刑罚论发展的经验、教训加以甄别和总结的基础上，以我国刑法规范和司法实践为土壤，构建起符合自身时代需要的不法理论乃至犯罪论体系，并且从犯罪论扩展开来，在不作为犯、共犯、未完成罪、过失犯等领域，都开始逐步形成了有别于德日刑法学的刑法知识体系。

必须看到，虽然我国近年来的刑法学研究的深度和广度都取得了长足发展，理论的协调性、前后一贯性都得以增强，但满足体系性思考的要求并不是衡量理论成熟与否的唯一标尺。相反，如果刑法理论过于体系化、形式化，也会带来很多问题，理论与实践之间的鸿沟可能进一步加深，相互不信任的情绪会加剧，因此，必须重视刑法学的实践理性。刑法理论如何重视实践，同时又能够保持理论自身的反思能力，是各位学习刑法时需要认真考虑的问题。

17.4 学习刑法过程中如何进一步提升反思能力

要学好刑法，除了要在问题性思考中增强其实践理性，还必须提升刑法学自身的反思能力和批判精神，确保基本立场选择正确，避免过度追求体系化，准确运用刑法解释方法，对具体问题尽可能谋求妥当的解决。

17.4.1 反思司法裁判背后刑法主观主义思潮的消极影响

从刑法思想史来看，刑法主观主义和客观主义的对立由来已久，且各自都对刑法解释论有深远影响。刑法客观主义将客观行为及其后果（或危险）作为处罚根据；刑法主观主义则主张行为人的危险性格、内心邪恶程度是惩罚对象。一般而言,如果司法机关对实现处罚的便利化、扩大处罚范围情有独钟,并将刑法作为社会治理的核心手段使用,刑法主观主义当是首选。但是,在我国,彻底防范类似于聂树斌等冤案再度发生的长效机制可能并未真正建立;如在有的案件中,在证明客观行为或者危害的证据并未达到确实充分程度时,要求被告人签署认罪认罚具结书。这种做法说明,司法人员还缺乏正确的刑法方法论,还需要刑法客观主义指引。如果要顾及刑法所承担的保障被告人权利的使命,使之成为"犯罪人的大宪章",从而形成符合法治要求的刑法观,建构一套"眼见为实"、可视化的刑法学,肯定刑法客观主义的意义就是理所当然的。面对我国当前应当对刑事司法运作予以限制的现实需要,从客观出发进行思考,重视法益侵害,先客观判断后主观判断、先违法判断后责任判断,就是特别需要考虑的。换言之,行为客观上没有造成法益侵害或危险的,被告人无罪;在没有就客观行为及其危害进行评价前,不能直接从主观要件出发对行为性质进行评价。

在关注司法裁判时,必须对其中展示出来的刑法主观主义立场保持警惕,坚持客观主义,这对于法治的实现具有重要意义。

从实践价值上看,由于刑法客观主义重视构成要件,尤其是客观构成要件,刑法的恣意解释受到限制,罪刑法定原则在最大限度上得到坚守。同时,刑法客观主义不排斥事实判断基础上的规范判断（例如，重视实质的作为义务论，重视因果关系的规范判断等），注重问题性思考与刑事政策目的的结合，并非一种纯粹抽象的理论建构，刑法理论的实践理性由此得以凸显。

从理论构造上看，客观（不法）判断优先于主观（责任）判断，是刑法客观主义的当然逻辑。在优先判断客观不法的过程中，因果关系、客观归责论成为重点讨论的问题。客观归责论主张，当行为制造了法所禁止的危险，符合构成要件的结果被实现，且该结果在构成要件的效力范围之内的，由一定行为所造成的结果才可能被归责。按照客观归责论，需要先用条件说进行因果关系的判断；在存在事实因果关系的前提下，再做能否将结果归责于行为人的规范判断。在刑法客观主义理论所承认的客观归责论中，承认行为人的特别认知。但行为人是否有特别认知，只是评价行为危险性、确定结果归属时的判断资料而已，承认特别认知并不能动摇客观不法论，更不意味着刑法学派之争需要从行为无价值与结果无价值的对立转向主观不法论与客观不法论的对抗。

从刑法学发展前景上看，客观主义立场为刑法学的进一步发展预留了很大空间：结果无价值论基于经验主义的考量，以客观主义为出发点，将违法的本质理解为法益侵害，试图建立看得到、摸得着的理论体系。行为无价值二元论并不如此绝对地、固执地坚持外在化的纯客观化违法，其虽然赋予损害结果对于犯罪认定的重要意义,但也重视行为的规范违反性,在判断行为的违法性过程中,将故意、非法占有目的等作为判断资料加以使用;其并不认为违法是纯客观的,在违反行为规范进而造成法益侵害的意义上把握犯罪本质,从而实现了刑法客观主义之下学派论争的缓和。

必须看到,在我国当下的司法实践中,有时在客观的行为、损害并不存在时,司法人员以对特定对象人格、品性有所怀疑作为启动司法追诉的决定性因素,极易将行为人的主观"恶"作为定罪处罚根据。这种刑法观一旦和"只要能够破案,手段如何在所不问"的错误司法思维相结合,就可能导致刑讯逼供或其他不规范的司法行为。例如,行为人运输毒品,刚着手实施时就被抓获,司法人员可能仅凭其"如果运到目的地,收货方会给其 5 万元"的供述,在没有查到"下家"的情形下,对被告人适用死刑;又如,当行为人的行为造成被害人死亡时,司法人员总是首先习惯于讯问被告人(或嫌疑人)当时是想杀人还是想伤害(至于过失致人死亡,通常不可能在司法人员的考虑范围内)。当被告人回答只想伤害,客观上又存在杀人的可能性时,司法人员总是想方设法让被告人承认自己当时想杀人。司法人员如果立足于这种主观主义色彩极其浓厚的心态办案,最终出现司法偏差的风险就很大。事实上,司法人员应当先根据客观行为及其所造成的结果,确定行为的性质,然后再考察行为人是否具有与之相符合的主观心理状态,而不是相反。

总体而言,刑法客观主义对于保障人权、指导司法、推进法治的意义不可低估,要建构中国自主、科学的刑法学知识体系,就应该摈弃刑法主观主义,坚守刑法客观主义立场,最大限度地防止刑法适用出错,以实现刑法的人权保障功能。

17.4.2 反思过于体系化的传统主张

刑法学不能"为体系而体系"。为追求体系性而提出大量形式化、过于烦琐的理论,放弃实质判断和问题性思考,对于解决司法难题的意义很有限。因此,要增强刑法学的实践理性,就必须对过于体系化的主张进行反思和批判。这一点,在犯罪论体系中表现得比较充分。

不可否认,按照构成要件该当性、违法性、有责性的阶层式进路分析案例,能够确保思路清晰,所有法律上重要的要素都能够没有遗漏地被检验,通过抽丝剥茧的分析完成思维过程。对于某些具有一定疑难性的案件,按照阶层犯罪论进行分析,得出被告人无罪或其他合理结论的可能性大于目前在我国处于通说地位的犯罪构成四要件说。但是,构成要件该当性、违法性、有责性的内部构造较为复杂,有过于追求体系化的嫌疑,实践中运用起来不那么便利,这也是理论上需要正视和反思的问题。基于此,有必要运用目前我国司法人员较为熟悉的术语来简化阶层犯罪论,以提高其被接受的可能性,同时降低"改革成本",将其简化为"先客观

(违法）后主观（责任）、先原则后例外"的司法逻辑或实务判断方法，以降低犯罪论体系的实务操作难度，促成犯罪构成四要件说的主张者和阶层犯罪论的赞成者"坐在一起"讨论问题，让不同立场的人取得最大共识。

17.4.3 反思和批判某些实务的不当做法

如前所述，对于刑法学者而言，对司法判决应该给予足够尊重和认同，从而使刑法学更加具有实践理性。但在充分关注司法裁判过程中，学者也必须保持独立思考的精神，不能认为只要是法官写在判决书里的裁判理由就都是正确的，对判决的绝对依赖会造成刑法研究的停滞。"今天的刑法学说无论好坏都接近于法律实务，在此可以看到对实务的批判性精神的衰退。"（〔日〕曾根威彦：《日本刑法理论的发展动向》，徐宏译，载赵秉志主编：《刑法论丛》（第33卷），法律出版社2013年版，第369页）因此，不应当助长绝对依赖判决而失去独立思考精神的趋势，而应当始终保持学者应有的反思能力、批判精神，使刑法学能够真正对司法裁判有所推动。对此，平野龙一教授指出，刑法学说无非就是为说服法官而付出的努力，必须处理好体系性思考和问题性思考的关系。和判例保持一定距离，比判例超前一步，对于判例具有牵引力的学说，可以说是最被期待的（参见〔日〕平野龙一：《刑法的基础》，黎宏译，中国政法大学出版社2016年版，第194页）。

而要建构"和判例保持一定距离，比判例超前一步，对于判例具有牵引力的学说"，刑法学对于某些实务不当做法保持警醒就是必要的。就此而言，国外同行从事刑法学研究时在保持理论的相对独立性，同时进行一定程度的坚守方面，就有不少值得我们学习、借鉴的地方。例如，在日本，实务中对共同正犯的认定范围非常广泛，狭义的共犯（教唆犯、帮助犯）数量极少，在具有共犯关系的犯罪人数中只不过占了1.7%，帮助犯的数量更是少到了可以被忽略的程度，而共同正犯具有压倒性的重要地位，判例通过缓和地理解正犯与共同正犯（尤其是大量认可共谋共同正犯）来填补不当的处罚间隙。在对共同正犯与帮助犯进行区分时，日本司法实务采用了将多种不同的应罚性思想糅合在一起的综合标准。行为人未在现场实施犯罪，但如果该犯罪事关其自身利益，而且他在犯罪计划的拟定或者实现过程中发挥了重要作用的，就被认定为正犯。对此，学者明确予以批判，认为实务的上述做法等于采用了单一正犯体系，从而将共同正犯与帮助犯的区分化解为量刑问题，架空了日本刑法典关于正犯和共犯予以区分的实际意义（参见〔日〕井田良：《走向自主与本土化：日本刑法与刑法学的现状》，陈璇译，载陈兴良主编：《刑事法评论》（第40卷），北京大学出版社2017年版，第380页）。因此，在裁判的公正性存疑以及说理不当时，刑法理论必须保持对实务的反思精神，通过充分的论证来对实务进行一定程度的纠偏。

确实，刑法学研究必须关注司法的动向，重视判决，在活生生的司法实践中发现法律人的本土智慧，借以寻找刑法学发展的契机。但是，重视实务、提升刑法学的实践理性，绝不意味着研究者只能亦步亦趋地阅读法官判决,尤其是在判决的公正性存疑、说理性并不透彻,或者对大致相同的情形出现了截然相反的判决时,对判决就不宜简单地予以认同甚至"照单全收",理论的相对独立性仍然需要保持。

就我国目前的司法实务做法而言,至少有以下问题值得你在学习刑法时给予持续关注和批评。

第一,关于刑法的"软性解释"。实践中,对于某些案件出于处罚必要性的考虑而定罪,但该定罪结论缺乏明确的构成要件支撑,或司法人员对犯罪构成要件的约束进行虚化,从而可能与罪刑法定原则相违背。有人可能认为,为了应对非典型案例与规范供给不足之间的紧张关系,解释论的能动主义甚至功能主义倾向是解决问题的出路之一。例如,前几年对于网上"刷单"的案件,实务上大多认定被告人构成破坏生产经营罪。但这一结论并不妥当,因为破坏生产经营罪客观构成要件中所列举的行为方式都是物理性破坏,按照同类解释的原则,网上刷单行为不具有与物理性破坏相同的性质,不宜将其认定为破坏生产经营罪。

谁也否认不了,实务中如果单纯重视如何满足处罚需要,解释上扩大处罚范围的内在冲动就始终存在,通过解释论限定处罚的目标最终无法实现。"对法进行权宜之用的解释、适用是不被允许的,也就是说,法治国家中的刑法学的作用在于提供一种保证结论协调性,又能保证体系的完整性的精湛理论。"（〔日〕松宫孝明:《刑法总论讲义（第4版补正版）》,

钱叶六译，中国人民大学出版社2013年版，第35页）不可否认，在刑法解释中，体现功能主义特色的软性解释在所难免。问题的关键是软性解释一定存在限度，否则遇到"难办案件"或"临界案件"时，就会产生与法治相抵触的裁判风险。

那么，在刑法教义学上必须面对司法裁判，深入讨论软性解释和扩张解释的关系问题。扩张解释是对法条用语的核心含义进行扩展，但又必须将其限定在条文用语可能的最大边界范围内。刑法并不禁止扩张解释。在进行扩张解释时，需要考虑解释对象的开放性，对法条用语的含义进行一定程度的拓展，对处罚冲动进行必要的限缩。单纯从学理的角度看，扩张解释和软性解释、类推解释的界限似乎是清晰的。但是，在实务上，软性解释有时再向前迈进一步就是类推解释，就可能使得解释结论超越规范自身内容，演变成由司法者制定出立法上原来没有预想到的全新规范。因此，即便需要使用软性解释，在实务中也需要注意防止软性解释沦为类推解释。必须注意的是，在民法领域得到广泛认同的软性解释乃至"漏洞填补"等创造性解释方法，在受到罪刑法定原则约束的刑法领域总体上是被禁止的。

第二，对某些"刑民交叉"案件的处理，实务上存在背离构成要件约束，违背刑法教义学基本逻辑的问题。例如，某些并不符合犯罪构成要件的"套路贷"被认定为诈骗等犯罪；合同诈骗罪和违约行为的界限被模糊化；在民事上并不违法的行为，或者民事权利归属并不明确的场合，对被告人的行为予以定罪等,都值得在刑法教义学上进行认真反思和梳理。

第三,正当防卫的认定比较难,特别是"死者为大"的观念根深蒂固,导致《刑法》第 20 条的立法主旨落空。这一现状在近年来虽然有所改观,但司法上结合违法阻却的一般原理所进行的深入思考较为欠缺,有些防卫造成的后果虽然严重,但防卫行为的正当性并未丧失的案件,在其未得到社会广泛关注时,司法上仍然难以果断地认定其属于正当防卫,理论上对于司法偏差的探讨也还有待深化。

第四,在实务中,对结果加重犯的认定较为随意,对其中的直接性原理的理解存在误区。例如,在某些非法拘禁案中,法院以被告人的行为与被害人死亡之间存在刑法上的因果关系(条件关系)为由,认定其构成非法拘禁致人死亡的结果加重犯。针对这些裁判结论,理论上应当特别强调对结果加重犯的限定,通常意义上的条件关系或相当关系,并不能成为将加重结果归属于行为人的根据,而应当类型性地考虑行为是否蕴含着结果发生的内在危险。

第五,在实务中,对共犯的处罚范围较广,这与共犯论的一般原理、归责理论都有所抵触。例如,在涉及传销、非法吸收公众存款、集资诈骗、开设赌场等犯罪案件中,有时一个案件判处几十人甚至上百人有罪,将极其边缘、危害性很小的参与者都作为刑罚处罚的对象,这种情形很值得商榷,有打击范围扩大化、制造过多社会对立面的不足。对此,要考虑行为人是否制造了法所禁止的风险,分析其是否通过正犯侵害了法益，思考是否应当承认中立的帮助行为等问题。此外，在某些并非涉众的共同犯罪中，处罚范围究竟如何划定，某些实务做法也值得商榷。例如，多人故意参与伤害行为并导致被害人轻伤，在被害人跑开时，其中一个行为人追赶被害人致其落水被淹死，这类在实务中发案率很高，法院一般认定所有被告人均构成故意伤害罪的结果加重犯。但这种裁判对处罚范围的确定是值得斟酌的，与责任主义以及结果加重犯、共犯论的一般原理并不符合。对此，相对合理的处理方案是仅认定直接参与追赶的被告人成立故意伤害的结果加重犯，对其他被告人以该罪的基本犯论处。总之，各位学习刑法时，必须扎根于我国本土的生活场景和司法现状，始终面向司法实践进行思考，善于观察运行中的刑事司法，将对司法难题的妥当解决作为检验理论合理与否的重要标尺，追求理论和实务的相互贯通、携手并进。同时，时刻保持理论的反思能力和批判精神，这样的学习才有深度、有价值，问题意识强烈，又一直站在学科前沿。这才是理想的刑法学习状态。

定律 18

必须持之以恒地学习

刑法要解决这个社会中最为极端的纠纷，其所承载的使命极为繁重。以犯罪和刑罚为研究对象的刑法学能够让你洞察世间的不幸，教给你论证和说理的技巧，让你获得处理复杂问题的方法论。因此，刑法学有其独特的魅力，学起来也很有趣。无论你将来从事的是教学科研还是刑事司法实务工作，刑法学都值得你持之以恒地学习。"学无止境"一词用在学习刑法学上，再贴切不过。

通过前面的学习，你已经有了一定的刑法学基础，甚至已经毕业走上了教学、研究、刑事司法实践岗位。但我还得对你说：刑法学犹如蔚蓝的海洋，我们所掌握的知识，只不过是其中的几滴水，未知的领域无穷无尽，你需要进一步努力去探索。因此，持之以恒地学习刑法学，往后余生与刑法学同行，是我要讲的最后一条刑法学习定律。

我后面要讲的内容，看起来篇幅不小。但我只不过是想说，对于刑法学，要想真正把它学好，要取得一定的成就，就必须不松懈、不放弃，用胡适先生鼓励罗尔纲的话来说就是"不苟且"。"这种不苟且的习惯是需要自觉的监督的。偶然一点不留意，偶然松懈一点，就会出漏洞，就会闹笑话。我要他知道，所谓科学方法，不过是不苟且的工作习惯，加上自觉的批评与督责。良师益友的用处也不过是随时指点出这种松懈的地方，帮助我们自己做点批评督责的功夫。"（罗尔纲：《师门五年记：胡适琐记》，生活·读书·新知三联书店1995年版，第5页）不苟且才有可能成功，这也是我想对你说的话。

18.1 始终保持对学术的"纯真"

无论你对刑法学知识了解、掌握到何种程度，你都必须保持对学术的纯真，保持终身学习的姿态，深刻理解"好学"比"学好"重要得多这句话的含义。这样，你才能走得更远。林毅夫曾经对博士生们说："一定要培养自己用初生婴儿的眼睛去看世界！"这一点，无论对学习经济学还是学习刑法学都是相通的，而且这种对学术的纯真、对学习的持续兴趣，好奇、好问、好思的习惯即使在博士毕业以后也要保持下去。无论你将来在研究过程中遇到多少困难，一定要始终保持对学术的纯真与敬畏。"愿你自己有充分的忍耐去担当，有充分单纯的心去信仰；你将会越来越信任艰难的事物和你在众人中间感到的寂寞。以外就是让生活自然进展。"（〔奥〕里尔克：《给一个青年诗人的十封信》，冯至译，中信出版集团股份有限公司2018年版，第55页）

1999年6月，我从中国人民大学法学院博士毕业到清华大学工作，一路走来，观察了很多我的同学以及我指导的博士生，发现凡是后来学术做得相对比较好的人，都是在刑法学研究领域里能够坚持"坐冷板凳"的人，"拣尽寒枝不肯栖，寂寞沙洲冷"（苏轼：《卜算子·黄州定慧院寓居作》），他们有着学术研究的持久动力。而没有取得相应成绩的人，往往是把学术研究作为一种苦差事，毕业离开学校或评得一定职称后就立刻放下了，既没有保持阅读的习惯，也没有与时俱进地更换知识体系，没有下苦功夫。在这里，我要特别引述西原春夫教授的话与大家共勉："我见过各种各样的人，有的人能够分清楚这是决定自己一生的非常重要的事情，有的人没有这样的能力，分不清楚。没有这样的能力的人，从外界看来，就会认为他'错过了不该错过的机会'，就这样不经意地把机会错过了……不是要主动去出人头地，而是要把自己所具有的能力，从父母那里、祖先那里继承下来的能力，与生俱来的能力，最大限度地发挥出来，为世人做一点贡献，这才是最重要的。因此，从这个观点来看，当决定自己生涯的重要事情来临时，即使夜里不睡觉也要把工作做完。这是上天安排下来的任务，是上天的指示，应该这样来接受。"（〔日〕西原春夫：《我的刑法研究》，曹菲译，北京大学出版社2016年版，第90页）

要保持对刑法学的终身学习，就必须让读书伴随你的一生。不阅读就要落后，这是真理。不读书，就不能思考。阅读是我们每个人整个知识构造的底色，是学习的基本功，读书要有足够的量。所以，即便是研究生毕业以后，也要拟定自己的读书清单，明确读书的时间表，尤其要学会"有效阅读"，使你的学习能力能够跃上新的台阶。"有效阅读（effective reading）最本质的含义就是阅读内容本身包含一个核心观点,而且阅读能力的提高就在于阅读是一个推理的过程。当你正确阅读时,你要做的不仅仅是接受,不是要把从书本上看到的内容自动转化为自己的观点,而是要将书本上看到的内容通过校对、批判、翻译、质问、理解和对比的方法进行加工。如果这个过程做得好,你的阅读能力就会有所提升。但如果这个过程做不好,你的阅读就会出现问题。"
(〔美〕文森特·赖安·拉吉罗:《思考的艺术》,金盛华等译,机械工业出版社2013年版,第82页)

  此外,在阅读过程中,你一定要有比较的眼光、运用比较的方法。读日本学者的文献,你或许有必要去关注分属于不同理论阵营的山口厚教授(结果无价值论)与井田良教授(行为无价值二元论)理论的差别,也有必要去审视同为结果无价值论者的山口厚教授和西田典之教授观点的差异,并仔细去看他们各自如何论证自己的观点,分析其主张的利弊得失,从而可以判断自己是否随时了解国内外刑法学理论的最新状态,使自己能够始终站在学科前沿。

  学到一定程度,有的人认为是不是就可以把德日体系全部推倒重来,再建构一整套由中国学者自己想出来的理论?我认为,这样思考问题是有疑问的。关注中国问题,结合中国司法实践进行功能性、体系性的思考是必要的,但是对于德日体系也应当予以充分尊重,这其实也是对人类文明多样性、发展模式异质性的尊重和理解。如果你认为,建立刑法理论体系是为了取代德日的学科体系、学术体系、话语体系，我认为这是误入了歧途，这一目标也不可能实现。"这是因为，尽管每一个国家、民族的生产生活方式是不同的，但作为上层建筑的文明文化都蕴含着人类发展进步所依赖的精神理念和价值追求，这些精神理念和价值追求有相同、相通之处。另起炉灶重新建构新的学术体系既无必要也不可行，从这个意义上说，我们必须给西方学术充分的空间和足够的尊重，在更大的平台上平等交流、优势互补，而不能简单化、绝对化，从一个极端走向另一个极端。"（陈恒：《在开放的视野中构建中国特色哲学社会科学学术体系》，《中国社会科学评价》2019年第4期，第8页）

要保持对刑法学的终身学习，就必须时刻反思、总结自己的学习进展和学习方法，要注重与实务的对接，关注判决和司法的倾向，了解体系性的而非零散的理论。"孔子说：'朝闻道，夕死可矣。'可知衡量人生另有尺度，那就是看一个人是不是闻道了。道在何处？怎样去闻？道在自身，省察自己而有所得、而有所悟，便可以称之为闻道了。"（流沙河：《晚窗偷得读书灯》，新星出版社2015年版，第27页）反思、闻道实际上是在锻炼自己再学习的能力，这是我最看重的。能够反思，意味着你必须要慢慢培养自己离开学校、离开导师还能再学习的能力。如果你毕业以后拥有的仅仅是一部分专业的知识技能，大学法学院对你的培养可能最多算得上是部分成功。如果你在专业知识之外还拥有独立思考的能力和反思精神，懂得终身学习，老师们或许才能真的松一口气。我在中国人民大学法学院读博士时接受的大致是犯罪构成四要件说,后来到日本名城大学做访问学者,才接触并逐步深刻理解阶层犯罪论的内容,才开始反思自己的学习状态是否良好。我认为只要自己敢于怀疑、反思,什么时候开始都为时不晚。

18.2　要有探索、质疑的精神

探索,意味着并不存在唯一正确的答案。

2002年,著名法理学家德沃金(Ronald M. Dworkin, 1931—2013)到清华大学法学院参加"德沃金法哲学思想国际研讨会",他在会上详细阐述了他的学术标签,其中一个是我们都很熟悉的"认真对待权利",另外一个"唯一正确的答案"(The Only Answer),我们稍微陌生一些。他的这个提法引起了很多争议,许多人认为世界上就没有唯一正确的答案。但是,德沃金认为,唯一正确的答案还是存在的。他最爱举例的是:种族灭绝和个人职业选择。他认为,如果我们反对种族灭绝,就应该旗帜鲜明地反对种族灭绝,不能模棱两可;在选择职业时,我们总是朝三暮四、犹豫不决,不找出一个正确答案,就无法作出最终的职业选择。朱伟一教授认为,德沃金之所以强调唯一正确的答案,是在提倡一种探索精神(参见朱伟一:《法学院》,北京大学出版社2014年版,第28页)。

我认为,唯一正确的答案,在有些情况下可能存在(例如，违反规范的行为一定不能容忍，这是坚定不移、不容讨价还价的，这个说法可以说是唯一正确的答案。另外，可能存在通过你自己的探索然后认同的所谓唯一正确的答案）。但是，在多数时候唯一正确的答案并不存在。

"因为人类行为往往充满争议而又千头万绪，故而有关人类行为的诸多问题我们能找到的最佳答案本身也就具有极大的或然性。"（〔美〕尼尔·布朗、〔美〕斯图尔特·基利：《学会提问（原书第11版）》，吴礼敬译，机械工业出版社2019年版，第9页）对刑法问题的思考，总体上不应该存在唯一正确的答案，"学派之争"就展示了刑法学者热火朝天地争论很多问题的场景。即便你认为存在唯一正确的答案，也可以认为我们暂时还没有找到这个答案，或者说在通往"唯一正确的答案"的途中，各种观点都只具有部分合理性，或仅具有部分存在的价值。每一个人的理论创造都值得尊重，但每一个人都不能固执地认为自己已经掌握了唯一正确的答案或真理。只有经过平心静气的讨论，真理才会越辩越明，我们也才可能最终找到"唯一正确的答案"。

"即使有人花数年取得博士学位，他依然有可能在学术上和个人生活中是个墨守成规的人。他们可能在他们的学术训练过程中不加批判地接受错误的惯例，不理智地维护学术训练并反对合理的批评。"（〔美〕理查德·保罗、〔美〕琳达·埃尔德：《思辨与立场：生活中无处不在的批判性思维工具》，李小平译，中国人民大学出版社2016年版，第45页）这样说来，保持对刑法学的探索精神和反思能力是有特殊意义的，能够记得住多少种刑法理论是一种本事,但不是真本事,训练你的大脑,使之能思考、善思考才是关键。当然,最佳的发展进路是你通过相当辛苦的努力和探索,在进行批判性思考之后,最终能够形成自己的"学术标签"。你要知道,刑法思想史上的那些大家,每一个都有自己的"学术标签"(例如,费尔巴哈的"心理强制说"、菲利的"犯罪饱和论"、龙勃罗梭的"天生犯罪人论"、韦尔策尔的"目的行为论"等),我们不敢望大家们的项背,但是要一直努力。

18.3 有意识地培养自己的学派意识,形成基本立场

要在刑法学研究方面走得远,就应该逐步明确自己的学派立场。我不太提倡博士生、硕士生在读书期间"选边站队",因为那个时候你的知识还未定型化。但是,毕业以后情形可能就不一样了。

其实,在理论上要形成"学术标签",就必须站在一定的学派立场思考问题,敢于与现存理论,尤其是经典性的著作进行对话,进而澄清、推进自己的概念体系和理论构造。此时,你必须要超越不同流派的理论,寻找不同流派的交锋点。对于研究生来说,掌握某一流派的理论已属不易(清华大学很多刑法学研究生上午听结果无价值论者讲课,认为其言之凿凿;下午再听行为无价值论者讲课,马上又觉得有

理；晚上回宿舍一想，总觉得哪点不对），要求其同时与不同流派对话，可能有点过分。但是，只掌握某一流派的刑法学理论，要走得很远是有难度的，也常常会陷于不自觉地完全接受其预设前提的境地，甚至会以为其是天经地义、无可置疑的"真理"，有时候要推进研究的深度就存在困难。

通过持久学习掌握不同流派之间的争议，就可以更清晰深入地辨别不同理论体系的所得所失，既不会迷信那些似乎成为通说的理论，又不会过于迷恋自己的感性直觉，这对你的研究一定会有所助力，有可能把认识和思考提高到新的层次，进而逐步找准或形成自己的学派立场。当然，具有学派意识、明确学派立场，很多时候都只不过是要表明你的研究是有底色和根基的，而不意味着你在每一篇文章中都要表明你站在哪一个立场，是什么学派。

18.4 寻找形成本土刑法理论的契机

在持续思考、研究刑法问题的进程中，你需要为实现我国刑法学的本土化进行上下求索，为此，需要关注以下四方面的内容：

一是要对我国刑法学研究所取得的重大进展充满自信。应当说，我国近年来关于刑法学的研究已经比较注重融入"中国元素"，展现了刑法学的中国特色，从而实现了一定程度的创新，这也是我国刑法学研究在最近几十年所取得的实质性进展。这至少体现在以下方面：第一，学派研究中的"中国元素"。如果想要形成刑法学的"中国学派"，就必须对国外的刑法学术论争史、发展史进行深入研究，这方面在最近二十年取得了丰硕成果。陈兴良教授就曾经指出，虽然行为无价值论和结果无价值论本是日本的一个学术话题，但其被引入我国刑法学界以后，我国学者并没有停留在对此的介绍上，也没有完全重复日本学者的争论，而是结合我国刑法中的理论问题与实务问题，进行了具有相当深度与广度的研究，对于促进我国刑法理论的发展起到了积极的作用。第二，在反思中国审判实践中，对建构合理的正当防卫和防卫过当判断规则的深度探究。第三，根据刑法分则中的具体犯罪，如帮助信息网络犯罪活动罪、受贿罪、介绍贿赂罪的关系等，思考正犯与共犯问题。第四，结合分则中对恶意透支型信用卡诈骗罪、逃税罪、侵占罪、聚众斗殴罪的规定等，思考客观处罚条件问题。第五，结合刑法分则在诈骗罪之外大量规定特殊的金融诈骗等罪的具体情形，深入思考法条竞合、想象竞合犯的关系问题。如此等等，不一而足。这些在通常意义上的教义学理论中融入"中国元素"的思考，为未来的中国刑法教义学提升自主性，进而形成中国的刑法教义学奠定了良好基础。

无论何时我们都要认识到，结合中国实务问题去论证欧陆刑法学理论的合理，以及接受欧陆刑法理论，并不是中国刑法学的落脚点或最终目标。未来的中国刑法学要全面思考的一定是与实践紧密关联的自成体系的"中国刑法学"。因此,不能将中国刑法问题与外国的问题同质化,特别是不能用外国刑法的理论以及立法规定来生硬地解决中国的现实难题,无视现实问题的背景和制约因素,这一点在共犯论、未遂论中表现得特别充分。此外,有的现实难题确实难以从外国的理论中寻找到答案,这一点在信息网络犯罪中表现得特别充分;有的难题的解决不能超越中国发展的历史阶段,例如,完全按照国外的不作为犯理论来解决中国实务难题,或者简单地主张借鉴外国某项现成的刑罚制度,不顾及我国的法律制度体系,显然是不可行的思考方法。中国刑法学完全有可能在对大陆法系不法论发展历程中的正反经验加以甄别和总结的基础上,以本国的刑法规范和司法实践为土壤,构建起符合自身时代需要的不法理论乃至犯罪论体系。从犯罪论扩展开来,逐步形成有别于德日的刑法教义学知识体系当然是可以期许的。

二是不能排斥国外合理的刑法学研究成果。欧陆刑法学有二百来年的规范发展历史,其刑法学理论大多经过无数学者"前赴后继"的反复争辩、打磨,对很多问题也能够给予妥善处理。因此,作为刑法学研究的"后发国家",我们应当充分认识到自身理论的"先天不足",必须承认实质问题的共通性或相似性,进而接受跨越国别的刑法学理论共识和一般方法论,借鉴、引入国外理论并不意味着我国刑法学自主性、主体性的丧失。为此,要仔细甄别域外教义学知识与中国刑法语境的兼容性,积极引入没有语境障碍的教义学知识,借鉴其合理成分,并运用教义学的一般方法创造立足本土的新型教义学体系。

三是不要避免将学术观点做绝对化、图式化对立,而是应当充分关注刑法问题的复杂性。刑法学者应该保持更为从容、缓和、成熟的心态,要能够兼容并包,避免凭直觉"选边站队",做到"君子和而不同",特别要注意防止学术观点的绝对化、简单化和图表式对立。例如,将刑法学中的思考单纯地归纳为"结果无价值论"与"行为无价值论"之间对立的做法,就过于简单,不具有建设性。其实,刑法中有很多修正理论都是为了防止问题绝对化而提出来的。例如,关于主观要素的定位,行为无价值论承认主观违法要素,用以揭示行为所具有的客观危险,而部分结果无价值论者为了处理特殊问题的便利,也例外地承认主观违法要素,还有的学者明显认为违法并非纯客观的,只根据客观方面就能够判断法益侵害的危险性也是不可能的,如果说作为主观违法要素会有认定上的困难,但在责任阶段考虑主观要素也同样困难。内心事实的认定如果作为违法要素就困难,如果作为责任要素就容易,这是不可能的。这揭示出两种理论在相关问题上的对立已经部分消解。因此,对于刑法教义学的长远发展而言,要紧的不是理论上的程式化对立,而是应站在相对超然的立场上,通过着眼于现实个案的妥当解决来形成体系性思考,至于给这种解决难题的方法论贴上何种学术标签倒是不太重要的。

四是尽量少写单纯批评立法的论文。对中国刑法立法应当有足够的尊重，不宜动辄批评立法。学者的使命不是批评立法，而是解释法典。为此，应当着力思考如何通过合理运用解释方法构建自主化的中国刑法学这一问题。我国在1997年大规模修订刑法之后，最近二十多年来，又制定了十多个《刑法修正案》。在功能主义背景下的刑法立法活跃化趋势，是刑法学者必须面对的现实。对此，也有学者质疑，认为我国刑法立法具有工具主义、象征主义，有的立法是情绪化的，有的规定是虚置的。这种批评未必站得住脚。我国活跃化的立法始终关注转型社会的现实问题，其具有实证基础，保持了立法的明确性和处罚的轻缓化，因而具有合理性。立法意味着平衡和决断，其与刑法教义学主张体系合理、解释上尽量没有漏洞等在方法论上原本就不同；学者先预设出一个刑法思想的分析框架再去批评为完成现代性社会治理任务而制定的刑法条文，属于意义有限的"跨界"对话；立法的实际效果不会因为刑法学的批评而消失；过度的立法怀疑主义势必从一开始就将刑法理论和立法实践对立起来，遏制了刑法教义学对未来的立法科学化产生具体影响的机会。立法活跃化为刑法教义学发展带来了新的契机，在教义学上从体系性建构转向问题思考，对立法所提出的难题予以充分展开，尤其是对构成要件进行合理解释，对犯罪竞合关系做细致梳理等，都能够增强刑法教义学的"应变"能力。在立法活跃化时代,刑法教义学必须尽快实现观念论的转变和方法论的拓展。

归结起来讲,各位必须清醒地认识到,刑法学知识具有根深蒂固的国界性和地方性,这是我们必须认真对待的问题,因此,刑法学要以当下的中国刑法典为研究的逻辑起点并受其严格约束,坚守罪刑法定原则,处罚尽可能趋轻,特别要注意避免量刑失衡。讨论者关心的问题应该是立法者对法律争点已经给出了什么样的答案,而不是立法者应该给出什么答案。因此,在建构刑法学时要特别注重思考哪些问题是中国立法、司法上特有的问题,或者该问题在外国虽然也存在,但在中国表现得更为特殊;哪些问题是中国的真问题而非伪问题。在发现问题的基础上,未来的刑法学不能仅满足于对既有国外的刑法理论进行"小修小补",而应当实现更大规模的、更有深度的、与中国司法现实更为贴近的创新。值得我们特别警醒的是,先学习欧陆刑法的教义学理论,然后再对照我国刑法规定去寻找与之相对应的问题点或者法院判决,最后再用国外的理论解释这些问题或者判决,这种将国外理论简单地中国化的方法论远不是理想的方案。因此,我们必须致力于建构具有中国特色、更加本土化的刑法学,寻找能够更好地与中国的立法、社会现实、法律文化相对接和匹配的,更加具有说服力的问题解决途径,而不是一味地用中国实务上发生的案件去印证欧陆刑法理论的妥当与否,从而找到中国刑法学研究再创新的契机。

18.5 勤于笔耕，一定要过写作关

学习刑法到一定程度以后，如果要对某一问题进行深入思考，或者要从事研究工作，就必须提升你的写作水平，勤于笔耕，确保写作过关。

先说论文的数量。在尽量保证研究成果质量的同时，适度提升论文的数量，是你需要考虑的。陈平原教授说过这样的话："原先我念研究生时，老师教诲：多读书，勤思考，少发文章。20年前可以这样做，因为你的'厚积薄发'，人家承认。现在不行了，申请教职时，首先看你发了多少论文，在什么刊物上。"（陈平原：《大学小言——我眼中的北大与港中大》，生活·读书·新知三联书店2014年版，第146页）所以，在这种背景下，你如果铁了心要十年磨一剑，就真的要有点定力。如果你没有这样的定力，又恰好有点写作能力，逼一下自己，多写一点又何妨？

在校期间，研究生们可能迫于完成作业或撰写毕业论文的压力，会撰写一些问题意识不是那么强烈、对实务难题的解决不是那么妥当的纯理论论文，这在一定程度上也是可以理解的。但是，博士、硕士毕业之后，你所写的论文就应该在风格上有所变化，要凸显问题意识和难题意识，尽量追求文章不写半句空的境界，必须针对实务困难且言之有物，推进教义学和司法实践的完美结合，这是刑法学研究的应然方

向。我多次给自己的研究生讲，如果想写某个专题的文章，最好在收集到5个以上具有代表性、疑难性的案例（或5份以上判决书）并进行深入思考，发现待解决的"真"问题以后，再动笔写作。因为法学专业要培养学生认定事实、适用法律的能力，经过系统的刑法学习之后，在论文中一定要能够明是非、断曲直。刑法学论文一定要让别人看了之后觉得对解决实务问题有所帮助。

当然，有的同学在校期间也会结合判决和案例再引用一些文献进行写作，但论文难免有简单堆积材料的缺陷，解决问题的方案未必特别明确。因此，在你的刑法理论水平提高到相当程度之后，你仍应继续关注司法裁判和实践立场，同时要特别注意在经验与理论相联系的层面上，建构解决实务难题的新方案，进而发现刑法理论层面的新问题，甚至为推进刑法流派理论的发展做出新贡献。在此阶段的写作，一定要考虑对文献充分、合理地利用，对他人观点的利弊得失了然于胸；在论证过程中最好简要评论中外刑法学者对相关主题的观点，使自己的论文写得格外厚实、凝重；展开自己的主张时，要特别注意自己观点可能面临的批评；随时注重思考方法和写作方法的养成，使之为自己未来的长远发展提供不竭动力；在论文中展示独特见解，凸显问题的针对性、可利用价值，从写作模仿逐步过渡到独立思考，提出创见，使论文有内容、有气势，让人阅读之后真的觉得有收获。

另外，你在迈出校门走向社会之后，最好尽快找到一个自己特别感兴趣、以往他人的研究又相对薄弱的问题进行持续思考和研究，这样，你的学术生涯才会"后劲十足"，长时期的持续投入也才值得，也只有这样才能逐渐形成你的"学术标签"。比如，柏浪涛博士目前是华东师范大学法学院教授，10多年前他在我的指导下先后在清华大学法学院攻读硕士、博士学位，学习非常用功，基础扎实；毕业之后，在教学、科研工作过程中，他一直保持着对"错误论"的研究热情，先后在《中国法学》《法学研究》等重要刊物发表多篇涉及事实认识错误、因果关系错误、共犯与错误的论文，每一篇文章都既关注德日前沿刑法理论，又与司法实践联系密切，令人瞩目。我举这个例子是想说明，只要你能够持之以恒地努力，就一定会取得理想的成绩，念念不忘、必有回响。

对于论文的写作，在学校期间，老师偶尔会给你指定写作题目，但是，一旦走出校门，你就要离开拐杖，不能再指望老师给你指定研究题目了。大约在2010年前后，我曾尝试让三四名硕士生在做毕业论文选题时，从不同侧面研究共犯问题（如共犯从属性、共谋共同正犯、承继的共犯、共犯的脱离等），但事后发现，"强扭的瓜不甜"，老师指定的题目，学生未必真正感兴趣，未必真正能够研究好。基于以上经验，后来我放弃了给研究生指定写作题目的努力，我认为这几乎就是在替他们"找对象"，效果一般都不会好到哪里去。说实话，导师为你指定写作题目，丝毫不会为你的研究减轻负担。对此,日本教授的看法与我完全相同。川岛武宜回忆说,他刚读研究生的时候,导师我妻荣博士这样跟他说:"什么样的问题都可以,研究你自己喜欢的题目,如果把我想到的问题说出来供你参考,'请求权竞合'这个问题是民法学界(不只是日本,还有很多国家)一直在研究的一个有趣的问题,不妨选择研究一下这个问题。"川岛武宜最终撰写了有关请求权竞合方面的论文。"看到这里,或许有人觉得'真让人羡慕',因为导师帮忙确定了论文的题目。但读者应该已经明白,这点建议不至于让写论文变得轻松。对于'请求权竞合'的问题,关键在于通过什么样的路径去研究,通过这样的路径能为既有的研究添加什么有意义的内容。"

〔日〕大村敦志等:《民法研究指引:专业论文撰写必携》,徐浩等译,北京大学出版社2018年版,第26页)

在这里,还有必要提示的是:在写作刑法学论文时,要特别注意理论的"平易化"问题,善于用简洁、明了的语言把复杂、深奥的道理讲清楚。查理五世曾经说过这样一句话:"我对上帝说西班牙语,对女人说意大利语,对男人说法语,对我的马说德语。"对于查理五世的这个说法,从语言学的角度看,大致可以理解为不同的语言有不同的优势:由于西班牙语复古柔和、优美动听,因此可以用于与上帝对话;意大利语缠绵婉转,可以用来表达爱意;而法语很严谨,可以用于与男人沟通的正式场合。对此,我的解读却是:根据交谈对象说话,是清晰表达自己意思的基本要求。

这一点，在日常生活中如此，在你的刑法论文写作中更是如此。

我在前面多次提到，司法改革以后，刑事程序进一步简化、司法效率进一步提高，今后很多案件会有陪审员参与审判，此时，刑法理论可以比较精巧和复杂，但是，你表达出来的形式或者论文的用语不能太抽象、太晦涩。原来面向刑法教授、专业法官、检察官的刑法理论，现在要面向陪审员，面向被告人，如果刑法理论还朝着很复杂的方向去发展，就很难被他人所理解，诉讼迅速就很难实质性推进，司法改革也就很难进行。例如，阶层犯罪论中的"构成要件该当性"一般人就不太容易理解，但是，如果告诉别人这就是在问被告人"该当何罪"，可能就易于被别人所接受。"学术思想是天下公物，须得流布人间，以求雅俗共赏。"（朱光潜：《给青年的十二封信》，东方出版中心2016年版，第19页）这样说来，在你的论文中，过于专业、生僻的术语应尽可能减少。你的写作必须朝着更加简洁化、具体化且重视解决具体问题的结论妥当性的方向进行，尤其要考虑"从国民视角出发的具体妥当性"。

草色新雨中(代跋)

十年磨一剑,甘于"坐冷板凳",诸如此类的说法,都说明学习是一个漫长的过程。这就要求你不要心急,而要珍惜当下的学习机会,把每一天每一刻都当作你人生唯一的一次机会来看待。日本一位商人山上宗二(1544—1590)提出了"一期一会"的茶道理念。这里的"一期"是佛教用语,指一生。"一期一会",是说一生之中只有一次相遇。山上宗二大致想说的是:身临茶会的时候,要领悟到此机会是你一辈子当中仅有的一次相会,大家都应该尽到诚挚之意。因为与此刻的相遇,在自己的一生当中仅有一次,所以,必须珍惜地把握此刻。此刻,也只有在此刻才存在,它不会再来。因此,"一期一会"的含义,就是要竭尽全力地活在此刻、当下。从茶道中产生了"一期一会"这样的词汇,不仅指要珍惜与他人的相遇和缘分,也提示我们要珍惜与"此刻"的相遇。因此,所有当下的学习机会都值得你珍惜,我们必须珍惜当下。这值得你在学习过程中仔细领会一下。

关于刑法学习方法,翻来覆去讲了这么多,我都觉得自己太啰唆了。说来说去,学刑法是个长期的磨炼过程,其间伴随着很多辛苦,似乎也有着唐僧取经般的"九九八十一难",需要苦中作乐。"我们人类早已意识到,成长不可能不付出代价:痛苦。古希腊悲剧作家埃斯库罗斯认为,人受到宇宙颁布的一个'认识定律'的控制:'智慧只有经历磨难才能等到'。"〔〔美〕詹姆斯·克里斯蒂安:《像哲学家一样思考(第11版)》(上),赫忠慧译,北京大学出版社2015年版,第151页〕在此过程中,你需要沉下心来,通过认真阅读、反复思考、上下求索,找到自己真正愿意一生与之"相伴"的专题,然后展开深入细致的研究。这样你对很多问题的思考就会豁然开朗,就会不断地超越自己。

美国哥伦比亚大学的理论物理学家皮特·沃伊特在接受记者采访时曾经说过这么一段话:"选择一条道路进行研究是非常辛苦也非常容易感到沮丧的,因此想每天起床之后都能充满活力地进行研究,就必须对于自己所探索的理论充满热情,让自己相信这项研究是走在了一条正确的道路上。我想,这是物理学家为自己打气的一种方式。"(苗千:《物理学家需要更诚实地面对公众》,载《三联生活周刊》2019年第20期)学习和研究刑法,你也一定要"相信这项研究是走在了一条正确的道路上",从而为自己打气。你一定还要有在很长时期内"坐冷板凳"的思想准备,不要有太多的功利心,否则不会走得太远。你一定要想到,刑法学规范发展了二百多年才有今天如此繁荣的局面,创新难度确实很大。所以,刑法学研究之路注定很漫长。1886年，霍姆斯在哈佛大学本科生毕业典礼上说过这么一段话："我毫不迟疑地承认，从事法律工作一样可以活得很伟大；你一样会抱怨生活，尝到英雄主义的苦酒，因求之不得而心力交瘁。"〔转引自〔美〕特蕾西·E.乔治、〔美〕苏珊娜·雪莉：《到法学院学什么：美国法入门读本》，屠振宇、何帆译，北京大学出版社2014年版，第162页〕其实，每一个人的法律职业之路都注定不会太平坦。"草色新雨中，松声晚窗里。"（丘为：《寻西山隐者不遇》）对你来说，也没有必要太着急，一切都可以从容地来，重要的是要懂得享受探索的过程，在学习中体会到愉悦。

"无论世界如何改变，你最后的栖身之所、安身之处都将是你对自己专业的理解和热爱，以及随之磨炼和养成的专业素养、专业知识和专业技能。"（祁春轶：《法学院苹果酒屋法则》，载桑磊主编：《法学第一课》，中国政法大学出版社2017年版，第35页）在这里，我想对各位说的最后一句话就是：往后余生，与刑法学同行！